Die Indienstnahme Privater im Lichte des Steuerstaatsprinzips

Mannheimer Beiträge zum Öffentlichen Recht und Steuerrecht

Herausgegeben von Hans-Wolfgang Arndt

Band 27

PETER LANG
Frankfurt am Main · Berlin · Bern · Bruxelles · New York · Oxford · Wien

ANDREAS SCHIRRA

Die Indienstnahme Privater im Lichte des Steuerstaatsprinzips

PETER LANG
Europäischer Verlag der Wissenschaften

Die Deutsche Bibliothek - CIP-Einheitsaufnahme

Schirra, Andreas:

Die Indienstnahme Privater im Lichte des Steuerstaatsprinzips / Andreas Schirra. - Frankfurt am Main ; Berlin ; Bern ; Bruxelles ; New York ; Oxford ; Wien : Lang, 2002
(Mannheimer Beiträge zum öffentlichen Recht und Steuerrecht ; Bd. 27)
Zugl.: Mannheim, Univ., Diss., 2001
ISBN 3-631-39318-0

D 180
ISSN 0944-7659
ISBN 3-631-39318-0

www.peterlang.de

Vorwort

Die vorliegende Arbeit wurde im Herbst 2001 von der Fakultät für Rechtswissenschaft der Universität Mannheim als Dissertation angenommen. Sie wurde thematisch von *Herrn Prof. Dr. Hans-Wolfgang Arndt* angeregt und durch ein Stipendium der Landesgraduiertenförderung Baden-Württemberg gefördert. Für die Drucklegung konnten aktuelle Entwicklungen partiell noch bis März 2002 berücksichtigt werden.

Mein aufrichtiger Dank gilt zunächst meinem Doktorvater und akademischen Lehrer, *Herrn Prof. Dr. Hans-Wolfgang Arndt*, welcher die Dissertation in jeder Phase ihrer Entstehung mit Interesse begleitet und durch die für ihn charakteristische Effizienz und seine Freundlichkeit stets für ein angenehmes Arbeitsklima gesorgt hat. Ein herzliches Dankeschön möchte ich auch an *Herrn Prof. Dr. Wolf-Rüdiger Schenke* richten, welcher sich trotz vielfältiger Verpflichtungen sofort zur Erstellung des Zweitgutachtens bereit erklärt hat.

Danken möchte ich aber auch meinen Kolleginnen und Kollegen am Lehrstuhl, *Herrn Dr. Johannes Beil, Frau Claudia Bourfeindt, Herrn Dr. Thomas Fetzer, Herrn PD Dr. Kristian Fischer, Herrn Thomas Groß, Frau Dr. Heike Krapf, Frau Dr. Monika Reimer, Frau Sandra Schwarz, Herrn Dr. Jürgen Vogt und Frau Natalia Wilczek*, mit welchen ich in einer sehr freundschaftlichen Atmosphäre zusammenarbeiten durfte. Eine unschätzbare Hilfe bei der formalen Konzeption der Arbeit war mir schließlich *Frau Gertrud Bruck*, die mit großer Sorgfalt und viel Geduld das Manuskript korrekturgelesen hat.

Für den exzellenten Rückhalt im privaten Bereich danke ich schließlich ganz herzlich meinen Eltern sowie meiner Freundin *Daniela*, die mir stets alle nur erdenkliche Unterstützung und Ermutigung zum Erreichen meiner Zielsetzungen zuteil werden ließen. Ihnen möchte ich diese Arbeit widmen.

Mannheim, im April 2002

Andreas Schirra

Inhaltsverzeichnis

Abkürzungsverzeichnis **XIII**

1. Teil: Gegenstand der Untersuchung **1**

I. Einführung 1

II. Der Begriff der Indienstnahme Privater in Rechtsprechung und Literatur 5
1. Die öffentlichen Aufgaben als Bezugspunkt der Indienstnahme 5
2. Der Begriff des Privaten 8
3. Der Begriff der Indienstnahme 8
a) Verhältnis zur Beleihung 8
b) Verhältnis zur Polizeipflicht 11
c) Verhältnis zur Verwaltungshilfe 12
d) Verhältnis zu reinen Duldungs- und Unterlassungspflichten 12
e) Verhältnis zu Geldleistungspflichten 13
f) Positive Begriffsbestimmung 14

III. Die Indienstnahme Privater in Beispielen 14
1. Indienstnahmen im Bereich des Steuerrechts 14
a) Verpflichtung der Arbeitgeber zu Einbehalt und Abführung der Lohnsteuer 14
b) Verpflichtung der Banken zu Einbehalt und Abführung der Kapitalertragsteuer 16
2. Indienstnahmen im Arbeitsrecht 17
a) Mutterschutz und Erziehungsurlaub 17
b) Die Pflicht der Arbeitgeber zur Gewährung von Weiterbildungsurlaub 20
c) Die zwischen 1996 und 1998 bestehende Pflicht der Arbeitgeber zur Auszahlung des Kindergelds 21
d) Schwerbehindertenschutz 23
3. Indienstnahmen im Bereich des Wirtschaftsverwaltungs- und Umweltrechts 24
a) Abfallrechtliche Pflichten im Rahmen der sogenannten Produktverantwortung 24

b) Pflicht zur Mineralölbevorratung 26
4. Aufgaben der Gefahrenabwehr und Hilfsdienste im Bereich der Strafverfolgung 27
a) Eigensicherungspflichten gefährdeter Betriebe 27
b) Hilfsdienste im Bereich der Strafverfolgung 29
aa) Pflicht der Telefonnetzbetreiber zur Bereitstellung von Abhörvorrichtungen 29
bb)Pflicht der Banken zur Mitwirkung bei der Bekämpfung der Geldwäsche 31

IV. Vorläufige Systematisierung der Beispielsfälle nach allgemeinen Kriterien 32

2. Teil: Das Steuerstaatsprinzip 35

I. Das Steuerstaatsprinzip in Rechtsprechung und Literatur 35
1. Der Begriff des Steuerstaates 35
2. Die Entwicklung des Steuerstaatsprinzips der Literatur 36
3. Das Steuerstaatsprinzip in der Rechtsprechung 38
a) Die Entscheidung des BVerfG zur Berufsausbildungsabgabe als Bekenntnis zum Steuerstaatsprinzip 38
b) Die Lockerung der für Sonderabgaben entwickelten Kriterien in bezug auf Lenkungsabgaben 40
c) Die Aufweichung des Steuerstaatsprinzips im Gebührenrecht 45
d) Die Nichtanwendung des Steuerstaatsprinzips durch das BVerfG in Fällen der Indienstnahme Privater 50
e) Ergebnis: Nur rudimentäre Umsetzung des Steuerstaatsprinzips durch die Rechtsprechung 53
4. Die Ablehnung des Steuerstaatsprinzips durch Teile der neueren Literatur 54

II. Das Steuerstaatsprinzip – finanzverfassungsrechtliche Leitlinie oder Leerformel? – Auseinandersetzung mit dem Meinungsstand 56
1. Keine Stütze des Steuerstaatsprinzips im Wortlaut der Finanzverfassung 56

2. Bundesstaatliche Argumente pro und contra Steuerstaatsprinzip 57
a) Die Finanzverfassung als abschließendes System abgabenrechtlicher Balance zwischen Bund und Ländern 57
b) Das Steuerstaatsprinzip – ein der Finanzverfassung fremder Hemmschuh für abgabenrechtliche Flexibilität? 60
c) Der kommunalrechtliche Grundsatz der Subsidiarität der Steuer – ein Beleg für die Fiktivität des Steuerstaatsprinzips? 61
d) Das Steuerstaatsprinzip – eine Schwächung des Bundesstaatsprinzips? 63
e) Das quantitative Element des Steuerstaatsprinzips 66
3. Der individualschützende Aspekt des Steuerstaatsprinzips 68
a) Nicht-steuerliche Abgaben im Lichte der Belastungsgleichheit – Meinungsstand 68
b) Der allgemeine Gleichheitssatz und das Leistungsfähigkeitsprinzip 69
aa) Die Leistungsfähigkeit als einziges legitimes Differenzierungsziel i.S. des Art. 3 Abs. 1 GG? 69
bb) Keine unmittelbare Herleitung des Steuerstaatsprinzips aus dem allgemeinen Gleichheitssatz 70
cc) Die Errichtung eines in sich widerspruchsfreien Abgabensystems als Gebot des Art. 3 Abs. 1 GG 72
dd) Art. 106 GG als verfassungsrechtliche Verpflichtung des Gesetzgebers auf das Leistungsfähigkeits- und damit auf das Steuerstaatsprinzip 75
c) Das Steuerstaatsprinzip und die Freiheitsgrundrechte 78

III. Fazit: Steuerstaatsprinzip als normativer Grundsatz 79

IV. Grundsätzliche Relevanz des Steuerstaatsprinzips für Indienstnahmen 80

3. Teil – Die Auswirkungen des Steuerstaatsprinzips auf die verfassungsrechtliche Zulässigkeit von Indienstnahmen **81**

I. Auswirkungen des Steuerstaatsprinzips auf die Kompetenz von Bund und Ländern zum Erlaß von Indienstnahmegesetzen 81

II. Auswirkungen des Steuerstaatsprinzips auf die materielle Verfassungsmäßigkeit von Indienstnahmegesetzen 84
1. Die von einer Indienstnahme betroffenen Freiheitsgrundrechte 84
a) Art. 12 Abs. 2 GG 85
b) Art. 12 Abs. 1 GG 90
c) Art. 14 Abs. 1 S. 2 GG 93
aa) Recht am eingerichteten und ausgeübten Gewerbebetrieb 95
bb) Das Vermögen 99
2. Rechtfertigung von Eingriffen in die betroffenen Freiheitsgrundrechte 105
a) Legitime gesetzgeberische Zielsetzung der Indienstnahme 105
b) Geeignetheit der Indienstnahme zur Erreichung des vom Gesetzgeber verfolgten legitimen Zwecks 108
c) Erforderlichkeit der Indienstnahme 108
aa) Unmöglichkeit der Aufgabenwahrnehmung durch den Staat selbst 110
bb) Nur erheblich erschwert mögliche Aufgabenwahrnehmung durch den Staat selbst 111
cc) Besondere Verantwortungsbeziehung des Privaten zur übertragenen Aufgabe 112
α) Abgrenzung zur bloßen Sachnähe 113
αα) Terminologie und Funktion des Verantwortungsbegriffs in der Rechtsprechung des BVerfG 113
ββ) Die Trennung von Verantwortung und Sachnähe im Polizeirecht 116
χχ) Sachnähe als der Verantwortungsbeziehung wesensmäßig vorgelagerte Stufe 116
β) Typisierte Fallgruppen einer besonderen

Verantwortungsbeziehung Privater 118

αα) Verantwortung der Unternehmen für eine sozialverträgliche Ausgestaltung des Arbeitslebens 119

(1) Soziale Verantwortlichkeit der Arbeitgeber bei der Neubegründung von Arbeitsverhältnissen 119

(2) Verantwortungsbeziehung der Arbeitgeber aufgrund der allgemeinen arbeitsrechtlichen Fürsorgepflicht 121

ββ) Verantwortungsbeziehung aufgrund einer vorangegangenen spezifischen Gefahrschaffung 123

(1) Unmittelbar zurechenbare Gefahrschaffung durch Private 123

(2) In der Regel keine Verantwortungsbeziehung bei bloßer Ermöglichung der Gefahrschaffung durch Dritte 125

(3) Sonderfall: Bekämpfung von Umweltgefahren durch lenkende Indienstnahmen 128

χχ) Verantwortungsbeziehung Privater aus sonstigen Gründen 131

(1) Historisch bedingte Verantwortlichkeit 131

(2) Keine Verantwortlichkeit aufgrund einer allgemeinen staatsbürgerlichen Grundpflicht 132

d) Verhältnismäßigkeit von Indienstnahmen 134

aa) Ausgleichsbedürfnis grundsätzlich kein Problem der Verhältnismäßigkeit 134

bb) Halbteilungsgrundsatz als Verhältnismäßigkeitsgrenze? 134

α) Geltung des Halbteilungsgrundsatzes 135

β) Analogiefähigkeit des Halbteilungsgrundsatzes in bezug auf Indienstnahmen 136

3. Die Indienstnahme Privater für öffentliche Aufgaben im Licht des allgemeinen Gleichheitssatzes des Art. 3 Abs. 1 GG 138

a) Notwendigkeit eines finanziellen Ausgleichs bei fehlender Verantwortungsbeziehung des Privaten 138

b) Rechtsgrundlage für einen Ausgleichsanspruch

bei fehlender Verantwortungsbeziehung 139
aa) Ausgleichsregelungen unmittelbar im Indienstnahmegesetz selbst 139
bb) Ungeschriebene allgemeine Ausgleichsregelungen für Indienstnahmen? 139
α) Öffentlich-rechtlicher Erstattungsanspruch 140
β) Auftragsrecht 140
χ) Aufopferungsanspruch 141
δ) Anspruch sui generis 143

Zusammenfassung 147

Literaturverzeichnis 153

Abkürzungsverzeichnis

a.A.	anderer Ansicht
ABl.	Amtsblatt der Europäischen Gemeinschaften
ähnl.	ähnlich
Abs.	Absatz
a.E.	am Ende
AG	Aktiengesellschaft
AöR	Archiv des öffentlichen Rechts
Anm. d. Verf.	Anmerkung des Verfassers
ArchivPT	Archiv für Post und Telekommunikation
Art.	Artikel
AtG	Atomgesetz
Aufl.	Auflage
AWG	Außenwirtschaftsgesetz
Az.	Aktenzeichen
BAG	Bundesarbeitsgericht
BayVBl.	Bayerisches Verwaltungsblatt
BB	Betriebsberater
Bd.	Band
ber.	berichtigt
BErzGG	Bundeserziehungsgeldgesetz
BFH	Bundesfinanzhof
BGB	Bürgerliches Gesetzbuch
BGBl.	Bundesgesetzblatt
BImSchG	Bundesimmissionsschutzgesetz

BT-Dr.	Bundestagsdrucksache
BVerfG	Bundesverfassungsgericht
BVerfGE	Entscheidungen des Bundesverfassungsgerichts (amtliche Sammlung)
BVerfGG	Bundesverfassungsgerichtsgesetz
BVerwG	Bundesverwaltungsgericht
BVerwGE	Entscheidungen des Bundesverwaltungsgerichts (amtliche Sammlung)
BW	Baden-Württemberg
bzw.	beziehungsweise
DB	Der Betrieb
ders.	derselbe
d.h.	das heißt
dies.	dieselbe
DIHT	Deutscher Industrie- und Handelstag
DM	Deutsche Mark
DÖV	Die öffentliche Verwaltung
DSD	Duales System Deutschland
DStJG	Deutsche Steuerjuristische Gesellschaft
DStR	Deutsches Steuerrecht
DVBl.	Deutsches Verwaltungsblatt
EDV	Elektronische Datenverarbeitung
EFG	Entscheidungen der Finanzgerichte/Sammlung
EGV	Vertrag zur Gründung der Europäischen Gemeinschaft
ErdölBevG	Erdölbevorratungsgesetz
EStG	Einkommensteuergesetz
EU	Europäische Union
f.	folgende

FA	Finanzarchiv
ff.	fortfolgende
Fn.	Fußnote
FR	Finanz-Rundschau
FS	Festschrift
FÜV	Fernmeldeverkehrsüberwachungsverordnung
G 10	Gesetz zur Beschränkung des Brief-, Post- und Fernmeldegeheimnisses
GAU	größter anzunehmender Unfall
GG	Grundgesetz für die Bundesrepublik Deutschland
ggf.	gegebenenfalls
GO	Gemeindeordnung
GoA	Geschäftsführung ohne Auftrag
GwG	Geldwäschegesetz
HS	Halbsatz
i.d.F.	in der Fassung
i.S.	im Sinne
i.V.m.	in Verbindung mit
Jura	Juristische Ausbildung
JuS	Juristische Schulung
JZ	Juristische Zeitung
Kap.	Kapitel
KrW/AbfG	Kreislaufwirtschafts- und Abfallgesetz
LAG	Landesarbeitsgericht
LT-Dr.	Landtagsdrucksache
LuftVG	Luftverkehrsgesetz
MMR	Multimedia und Recht
Mrd.	Milliarden

MuSchG	Mutterschutzgesetz
m.w.N.	mit weiteren Nachweisen
Nachdr.	Nachdruck
nds.	niedersächsisch
NJW	Neue Juristische Wochenschrift
Nr.	Nummer
NVwZ	Neue Zeitschrift für Verwaltungsrecht
NZA	Neue Zeitschrift für Arbeitsrecht
PolG	Polizeigesetz
RAO	Reichsabgabenordnung
RdE	Recht der Energiewirtschaft
Rdnr.	Randnummer
RL	Richtlinie
S.	Satz / Seite
SchwbG	Schwerbehindertengesetz
Slg.	Sammlung
sog.	sogenannte/r/s
StGB	Strafgesetzbuch
StPO	Strafprozeßordnung
ThürVBl.	Thüringische Verwaltungsblätter
TKG	Telekommunikationsgesetz
TKÜV	Telekommunikations-Überwachungsverordnung
UMTS	Universal Mobile Telecommunications System
usw.	und so weiter
u.v.m.	und vieles mehr
v.	von
VBlBW	Verwaltungsblätter Baden-Württemberg
VerpVO	Verpackungsverordnung

Verw.Arch.	Verwaltungsarchiv
VGH	Verwaltungsgerichtshof
vgl.	vergleiche
VVDStRL	Veröffentlichungen der Deutschen Staatsrechts-lehrer
WM	Wertpapier-Mitteilungen
WRV	Weimarer Reichsverfassung
z.B.	zum Beispiel
ZSEG	Gesetz über die Entschädigung von Zeugen und Sachverständigen
zust.	zustimmend

1. Teil: Gegenstand der Untersuchung

I. Einführung

Während die vom modernen Staat zu bewältigenden Aufgaben nicht nur immer vielfältiger, sondern darüber hinaus auch kontinuierlich kostspieliger werden[1], wächst die Sensibilität für die Grenzen der Belastbarkeit der Bürger durch neue oder höhere Steuern, mit welchen diese Aufgaben finanziert werden könnten. Mit der Verabschiedung der großen Steuerreform im Sommer 2000 hat nun auch die rot-grüne Bundesregierung der Erkenntnis, daß sich zu hohe Steuerbelastungen konjunkturhemmend auswirken, mit umfassenden Steuersenkungen Rechnung getragen. Die wachsende Kluft zwischen neuen Herausforderungen an den Staat auf der einen und engeren Spielräumen für zusätzliche Steuereinnahmen auf der anderen Seite wirft die Frage nach alternativen Konzepten für die Entlastung der öffentlichen Haushalte auf. Daß es der Politik diesbezüglich an Kreativität nicht mangelt, hat unlängst die Versteigerung der UMTS-Mobilfunklizenzen, bei welcher im August 2000 nicht weniger als 99,36 Milliarden DM für die Staatskasse erlöst wurden, eindrucksvoll unter Beweis gestellt.

Im Grundsatz bieten sich für den Staat neben der – im Hinblick auf das Erfordernis finanzieller Stabilität begrenzten – Möglichkeit zur Aufnahme von Krediten und den hiermit verwandten Instrumenten der Finanzierung durch Leasing- und Veräußerungsmodelle[2] insbesondere zwei unterschiedliche Konzepte an, um die Erfüllung öffentlicher Aufgaben auch bei einem begrenzten bzw. verminderten Steueraufkommen zu gewährleisten: Die Festsetzung anderer Geldleistungspflichten in Form von Gebühren oder Sonderabgaben und die unentgeltliche Verlagerung öffentlicher Aufgaben auf Private. Während Gebühren nur als Gegenleistung für konkrete und individualisierbare Leistungen der öffentlichen Verwaltung zulässig sind[3], unterscheiden sich Sonderabgaben nach herrschender Auffassung dadurch von den Steuern, daß sie zur Finanzierung besonderer, nicht im Haushaltsplan erfaßter Aufgaben erhoben werden[4] und ihr Erlös damit noch stärker als bei Zweck-

---

[1] Näher zur fortschreitenden Verengung der finanziellen Handlungsfähigkeit von Bund, Ländern und Gemeinden *Zimmermann*, Die Steuerung der öffentlichen Aufgabenerfüllung durch finanzielle Mittel in Zeiten der Finanznot (1997), S. 11.

[2] Näher zu diesen sowie zu ihrer Vereinbarkeit mit den finanzverfassungsrechtlichen Vorgaben *Jahndorf*, NVwZ 2001, S. 620 ff.

[3] Vgl. *Birk*, Steuerrecht, 3. Aufl. (2000), Rdnr. 108 ff.; *Kirchhof*, NVwZ 1987, S. 1034.

[4] Vgl. *Tipke/Lang*, Steuerrecht, 16. Aufl. (1998), § 3, Rdnr. 21; *Kirchhof*, Grundriß des Steuer- und Abgabenrechts, 2. Aufl. (2001), Rdnr. 233 ff.

steuern einer konkreten Zweckbindung unterliegt[5]. Da eine solche Finanzierung außerhalb des Haushalts die Gefahr in sich birgt, die fein ausbalancierte Finanzverfassung (Art. 105 ff. GG) zu unterlaufen, wird die Erhebung solcher Sonderabgaben vom BVerfG von der Erfüllung strenger Rechtmäßigkeitsvoraussetzungen abhängig gemacht[6]. Konkret forderte das Gericht in seiner Grundsatzentscheidung zur Berufsausbildungsabgabe vom 10.12.1980, daß die Abgabepflichtigen eine von der Allgemeinheit nach bestimmten Kriterien klar abgrenzbare Gruppe bilden müsse, die eine besondere Verantwortung für den mit der Abgabe verfolgten Zweck trage und die schließlich als Gruppe von dem mit der Abgabe erzielten Erlös profitiere (Erfordernis der Gruppennützigkeit). Die Erhebung von Sonderabgaben ist demnach nur in eng begrenzten Ausnahmefällen möglich[7].

Damit wird für den Staat die zweite Möglichkeit zunehmend attraktiv - die Verpflichtung Privater zur Erledigung öffentlicher Aufgaben. Eine Entschädigung oder gar ein Entgelt für diese privaten Hilfsdienste wird in aller Regel nicht gezahlt, so daß diese Praxis die Entlastung der Staatskasse zur Folge hat. Obgleich sich diese Entlastung aber ebenso wie im Fall der Sonderabgabe jenseits des finanzverfassungsrechtlich vorgesehenen Instrumentariums vollzieht, hat die Rechtsprechung an die Zulässigkeit derartiger Verpflichtungen, für die *Ipsen* im Jahre 1950 den heute noch gebräuchlichen Terminus der Indienstnahme Privater für Verwaltungsaufgaben prägte[8], bisher keine allzu strengen Anforderungen gestellt. Lange Zeit verzichtete sie vielmehr gänzlich auf eine finanzverfassungsrechtliche Würdigung und unterzog Indienstnahmegesetze lediglich einer schlichten Verhältnismäßigkeitsprüfung am Maßstab der einschlägigen Freiheitsgrundrechte[9].

Da diese Prüfung in der Regel nicht zur Verfassungswidrigkeit führte, nahm der Umfang der von Privaten für den Staat zu erbringenden Dienstleistungen mit der Zeit kontinuierlich zu. Finanzverfassungsrechtliche Zweifel an der Rechtmäßigkeit einer derartigen Staatsentlastung kamen - von wenigen Ausnahmen abgesehen[10] - lange Zeit auch in der Literatur nicht auf; so forderte *Stober* noch 1983 den Staat „zu einer verstärkten Inpflichtnahme der Bürger

---

5 Vgl. *Schiller*, Sonderabgaben mit einer wirtschaftslenkenden Antriebs- und Sanktionsfunktion in der Wirtschafts- und Finanzverfassung des Grundgesetzes (2000), S. 9.

6 Vgl. BVerfGE 55, 274 ff.; 91, 186 ff.

7 Näher dazu unten, 2. Teil, I 2.

8 Vgl. *Ipsen*, in: FS Kaufmann (1950), S. 143 ff.

9 Vgl. z.B. BVerfGE 22, 380 ff.; 30, 292 ff.

10 Vgl. zu Ausnahmen *Friauf*, Öffentliche Sonderlasten und Gleichheit der Steuerbürger, in: FS *Jahrreiß* (1974), S. 45 ff.; *Berg*, Hilfsdienste der Wirtschaft für den Staat, in: FS *Scupin* (1983), S. 519 ff.

für ehrenamtliche staatsentlastende Tätigkeiten vornehmlich im Bereich der öffentlichen Verwaltung" auf[11].

Nachdem das BVerfG in den späten 80er Jahren für die Zulässigkeit von Indienstnahmen erstmals die Forderung nach dem Vorliegen einer „Verantwortungsbeziehung" des Privaten erhob, gleichzeitig aber die entsprechende Anwendung der zu den Sonderabgaben entwickelten Rechtmäßigkeitsanforderungen auf Indienstnahmen abgelehnt hatte[12], wurde auch in der Literatur die Diskussion um die Verfassungsmäßigkeit der privaten Hilfsdienste für den Staat wieder angeregt[13]. Da die Zahl der Gesetze, welche Dienstpflichten Privater begründen, gleichwohl immer noch zunimmt und die der Privatwirtschaft indienstnahmebedingt entstehenden Kosten bereits aufgrund von Zahlen aus den Jahren 1983 – 1994 je nach Berechnungsgrundlage auf 10 – 70,5 Mrd. DM pro Jahr beziffert wurden[14], hat es sich die vorliegende Arbeit zur Aufgabe gemacht, für die verfassungsrechtliche Beurteilung einer Indienstnahme Privater für öffentliche Aufgaben nach allgemeingültigen Kriterien zu suchen. Anhand dieser Kriterien sollen schließlich die Grenzen einer solchen Finanzierungsmöglichkeit der öffentlichen Hand jenseits der Steuer aufgezeigt werden, welche ungeachtet ihrer tendenziell zunehmenden Problematisierung durch die Literatur im Vergleich zu den für Sonderabgaben geltenden Restriktionen bisher immer noch relativ wenig erörtert worden sind.

Dabei wird im Rahmen der Grundrechtsprüfung als zentralem Punkt zu fragen sein, inwieweit das finanzverfassungsrechtliche Primat der Steuer, aus welchem die Rechtsprechung die eingeschränkte Zulässigkeit von Sonderabgaben folgert, nicht auch einer Belastung Privater durch Indienstnahmen Grenzen setzt. Insoweit ist der Frage nachzugehen, ob entgegen der - insbesondere von der Rechtsprechung vertretenen Auffassung - die für Sonderab-

---

11 Vgl. *Stober*, Entwicklung und Wandel der Grundpflichten, in: FS *Scupin* (1983), S. 661; in terminologischer Hinsicht problematisch ist dabei die Verknüpfung der Begriffe „Inpflichtnahme" und „Ehrenamt". Wie noch darzulegen ist, ist einer Indienst- oder Inpflichtnahme das Merkmal der Unfreiwilligkeit wesensimmanent; dagegen trägt das Ehrenamt wohl in erster Linie deshalb zur Ehre einer Person bei, weil diese sich aus freien Stücken, mithin gerade ohne gesetzlichen Zwang, Belange der Allgemeinheit zu eigen macht.

12 Vgl. BVerfGE 77, 308 ff. [337], näher dazu unten.

13 Vgl. insbesondere *Depenheuer*, BB 1996, S. 1218 ff.; *Peterek*, Eigentumsschutz durch Ausgleichszahlungen (2000), S. 128 ff.; *Waechter*, Bereitstellungspflicht für Fernmeldeanlagenbetreiber, in: Verw. Arch. 87 (1996), S. 68 ff.

14 Ausweislich der detaillierten Gegenüberstellung der entsprechenden Untersuchungen bei *Halldorn*, Der Unternehmer als Erfüllungsgehilfe des Staates: Einsparpotentiale im internationalen Vergleich (1996), S. 38 ff., stammt dabei der unterste Wert aus dem Jahre 1989 (*Kitterer*-Studie) und der höchste aus dem Jahre 1986 (*Tiebel*-Studie).

gaben geltenden Restriktionen nicht wenigstens partiell auf die Indienstnahme Privater für öffentliche Aufgaben übertragen werden können bzw. müssen. Eine solche Übertragbarkeit setzt freilich voraus, daß das vom BVerfG postulierte Primat der Steuer von der Finanzverfassung auch tatsächlich vorgegeben ist; eben dies wird indessen gerade von der neueren Literatur zunehmend bestritten[15], so daß in einem vorangestellten Abschnitt dieser Untersuchung zunächst Geltungsgrund, Inhalt und Grenzen des Steuerstaatsprinzips einer näheren Betrachtung unterzogen werden sollen.

Schließlich soll auch auf eine neuere Literaturauffassung eingegangen werden, welche nicht nur die Sonderabgabenkriterien auf Indienstnahmen übertragen, sondern diese noch zusätzlich an dem vom BVerfG für Ertragssteuern postulierten sogenannten Halbteilungsgrundsatz messen will[16].

In welch vielseitiger Form das Phänomen der Indienstnahme Privater bereits die unterschiedlichsten Lebensbereiche durchdrungen hat, soll zunächst anhand einiger Beispielsfälle kurz veranschaulicht werden. Diese Beispiele zeichnen sich sämtlich dadurch aus, daß es sich bei dem indienstgenommenen Privaten typischerweise um ein Wirtschaftsunternehmen handelt. Auf die in der Praxis darüber hinaus wichtigen Fälle von Dienstpflichten Privater im Bau- und Denkmalschutzrecht soll im Rahmen dieser Arbeit nicht weiter eingegangen werden, um den Umfang der angeführten Beispiele nicht zu überfrachten[17]. Schließlich erfahren auch all diejenigen – an Zahl und Umfang stetig zunehmenden - gesetzlichen Dienstpflichten Privater hier keine Erwähnung, die dergestalt auf einem Rechtsakt der Europäischen Gemeinschaften beruhen, daß dem nationalen Gesetzgeber hinsichtlich der zentralen Fragen kein eigener Gestaltungsraum eröffnet ist: Gemeinschaftsrecht genießt einen Anwendungsvorrang auch vor nationalem Verfassungsrecht[18], so daß sich insoweit schon die Frage nach der Verfassungswidrigkeit ersichtlich nicht stellt[19].

---

15 Vgl. insbesondere *Sacksofsky*, Umweltschutz durch nicht-steuerliche Abgaben (2000); *Gawel*, Das Steuerstaatsprinzip des Grundgesetzes, Der Staat, Bd. 39 (2000), S. 209 ff.

16 Vgl. etwa *Depenheuer*, BB 1996, S. 1220; *ders.*, in: v. *Mangoldt/Klein/Starck*, GG, 5. Aufl., 2000, Bd. I, Art. 14 Rdnr. 223; *Dönneweg*, Der bezahlte Bildungsurlaub (1997), S. 231 f..

17 Vgl. insoweit die Nachweise bei *Peterek*, Eigentumsschutz durch Ausgleichsregelungen (2000), S. 57, Fn. 73 ff.

18 Vgl. etwa *Arndt*, Europarecht, 5. Aufl. (2001), S. 88 ff.; *Fischer*, Europarecht, 2. Aufl. (1997), S. 127 ff.

19 Ein Beispiel für eine solche unmittelbar aus EG-Recht resultierende Indienstnahme bietet die im Jahre 2000 verabschiedete europäische Altauto-Richtlinie, abgedruckt in ABl. EG Nr. L 269, 34. Nach dieser Richtlinie sollen die Kfz-Hersteller zur unentgeltlichen Entsorgung aller jetzt neu zugelassenen Fahrzeuge sowie ab 2007 auch aller äl-

Ungeachtet dieser Einschränkungen sind die verbleibenden Erscheinungsformen der Indienstnahme immer noch so vielgestaltig, daß Teile der Literatur die Möglichkeit der Entwicklung allgemeingültiger Kriterien zur Überprüfung ihrer Verfassungsmäßigkeit überhaupt in Zweifel ziehen[20]. Die vorliegende Untersuchung will indessen zeigen, daß sich die verschiedenen Fallgruppen ungeachtet ihrer jeweiligen Besonderheiten hinreichend ähneln, um sie auf einer abstrakteren Ebene auf ihre Vereinbarkeit mit den Freiheitsgrundrechten bzw. auf die Ausstrahlungen der finanzverfassungsrechtlichen Vorgaben auf diese zu überprüfen.

Im übrigen will sich die vorliegende Arbeit auf die finanzverfassungs- sowie die grundrechtlichen Probleme einer Indienstnahme Privater für öffentliche Aufgaben beschränken, so daß der gleichfalls umstrittenen Frage, inwieweit Art. 33 Abs. 4 GG der Übertragung genuiner Staatsaufgaben auf Private entgegensteht, hier nicht nachgegangen werden soll[21].

II. Der Begriff der Indienstnahme Privater in Rechtsprechung und Literatur

1. Die öffentlichen Aufgaben als Bezugspunkt der Indienstnahme

Der Begriff der Indienstnahme steht in unlösbarem Zusammenhang mit dem Begriff der öffentlichen Aufgaben als Gegenstand der Indienstnahme. Bereits dieser von *Ipsen* als Synonym für Verwaltungsaufgaben verwendete Begriff der öffentlichen Aufgaben[22] ist in Ermangelung einer fundierten Staatsaufgabenlehre[23] keinesfalls so unumstritten, wie man bei unbefangener Betrachtung annehmen möchte. Tatsächlich war in der Literatur diesbezüglich schon vor mehr als 35 Jahren sehr treffend von einer „Begriffsverwirrung" die Rede[24], während *Arndt* 1983 ebenso treffend den „Nebel von Unklarheiten" be-

---

teren Fahrzeuge verpflichtet werden. Da hinsichtlich des Ob und Wie der Indienstnahmeregelung hier kein nennenswerter Spielraum für den nationalen Gesetzgeber besteht, verbietet es sich, die Altauto-Richtlinie am nationalen (Finanz-) Verfassungsrecht zu messen.

20 So z.B. *Krohn*, BB 1969, S. 1233.

21 Vgl. zu diesem Problemkreis insbesondere *Ossenbühl*, Eigensicherung und Gefahrenabwehr (1981); *Sorge*, Kostentragung für den Schutz von Anschlägen (1991); S. 76 ff.

22 *Ipsen* in: FS Kaufmann (1950), S. 141.

23 Vgl. *Steiner*, DÖV 1970, S. 528 f.; *Ossenbühl*, VVDStRL 29 (1971), S. 159; *Bull*, Die Staatsaufgaben nach dem Grundgesetz, 2. Aufl. (1977), S. 5; *Plewa*, Die Verfassungsmäßigkeit der Indienstnahme Privater für Verwaltungsaufgaben am Beispiel des Gesetzes über Mindestvorräte an Erdölerzeugnissen (1978), S. 4.

24 Vgl. *Klein*, DÖV 1965, S. 756.

klagte, welcher sich um den Begriff der öffentlichen Aufgabe ranke[25]. Umstritten ist hierbei insbesondere die Abgrenzung gegenüber den staatlichen Aufgaben. Während ein Teil der Literatur die beiden Begriffe für austauschbar hält[26], nimmt die wohl herrschende Meinung insoweit eine Differenzierung vor, wobei öffentliche Aufgaben entweder neben den staatlichen stehen[27], oder aber diese als Teilmenge eines größeren Ganzen umfassen sollen[28]. Das BVerfG vertritt schließlich die Auffassung, daß eine öffentliche Aufgabe immer dann zur staatlichen wird, wenn sich der Staat ihrer annimmt[29]; dabei verwendet es die beiden Begriffe aber bei weitem nicht immer konsequent gemäß dieser Definition, so daß etwa im Urteil zur Mineralölbevorratung von einer „öffentlichen, ja im engeren Sinn staatlichen Aufgabe" die Rede ist[30]. Weitgehende Einigkeit besteht gleichwohl darin, daß im Begriff des Öffentlichen noch keine Staatsbezogenheit zum Ausdruck kommt; öffentlich bezeichnet vielmehr einen Bezug zu Belangen, welche eine Vielheit oder Gesamtheit von Personen betreffen und stellt somit schlicht den Gegensatz zum rein Privaten dar[31].

Öffentliche Aufgaben sind demnach Aufgaben, deren Erfüllung im Interesse der Allgemeinheit liegt[32]. Hierunter fallen auch eine ganze Reihe von Agenden, die ebensogut wie vom Staat oder vielfach sogar besser von Privaten wahrgenommen werden können[33]; so hängt beispielsweise in einer freien Marktwirtschaft der technische und ökonomische Fortschritt, welcher auch

---

25 Vgl. *Arndt*, Steuern, Sonderabgaben und Zwangsanleihen (1983), S. 23.

26 Vgl. etwa *Zeidler*, VVDStRL 19 (1961), S. 397 f.; *Böckenförde*, Die Organisationsgewalt im Bereich der Regierung (1964), S. 252.

27 So *von Heimburg*, Verwaltungsaufgaben und Private (1982), S. 15.

28 So v. a. *Kirmer*, Der Begriff der öffentlichen Aufgabe in der Rechtsprechung des Bundesverfassungsgerichts (1995), S. 57.

29 Vgl. BVerfGE 12, 205 ff. [243].

30 Vgl. BVerfGE 30, 292 ff. [311]; bereits früher war die Terminologie des BVerfG zu öffentlichen und staatlichen Aufgaben äußerst uneinheitlich, vgl. die kritische Rezension einschlägiger Entscheidungen durch *Krautzberger*, Die Erfüllung öffentlicher Aufgaben durch Private (1971), S. 97 ff.

31 Eine ausführliche etymologische Betrachtung des Öffentlichkeitsbegriffs findet sich bei *Martens*, Öffentlich als Rechtsbegriff (1969), S. 22 ff.: Demnach ist „öffentlich" ein Synonym zu dem alten Begriff „gemein", welcher wiederum eine Übersetzung des lateinischen Begriffs „publicus" darstellt. „Publicus" wurde *Martens* zufolge zwar in der imperialen Zeit für die Bezeichnung des Staatlichen gebraucht, in seiner ursprünglichen Bedeutung bezeichnete es jedoch als Adjektiv zu „populus" lediglich die Angelegenheiten des Volkes.

32 Vgl. *Peters*, in: FS *Nipperdey* II (1965), S. 878; *Dönneweg*, Der bezahlte Bildungsurlaub, Schnittstelle zwischen Arbeits- und Abgabenrecht (1997), S. 144.

33 Vgl. etwa *Gersdorf*, Öffentliche Unternehmen im Spannungsfeld zwischen Demokratie- und Wirtschaftlichkeitsprinzip (2000), S. 105.

und gerade ein Anliegen der Allgemeinheit und damit eine öffentliche Aufgabe im oben genannten Sinn darstellt, in erster Linie von der Privatinitiative der Unternehmen ab. Die in der Literatur vereinzelt vertretene Auffassung, welche einer Aufgabe den öffentlichen Charakter immer dann absprechen will, wenn ihre Durchführung auch oder überwiegend im privaten Interesse liegt[34], ist daher abzulehnen.

Damit ist aber auch denjenigen Vertretern der Literatur zu widersprechen, welche eine Identität von öffentlichen und staatlichen Aufgaben annehmen: Zwar steht dem Staat bezüglich der Befassung mit Belagen der Allgemeinheit grundsätzlich eine Kompetenz-Kompetenz zu[35], doch stehen diesem Grundsatz dennoch nicht unerhebliche Ausnahmen gegenüber: So weist *Isensee* zutreffend darauf hin, daß viele öffentliche Aufgaben, wie sie z.B. von der Presse oder politischen Parteien wahrgenommen werden, vom Staat gar nicht erfüllt werden könnten bzw. dürfen[36].

Da mithin eine Unterscheidung von öffentlichen und staatlichen Aufgaben geboten ist, bietet sich die Formel des BVerfG an, wonach öffentliche Aufgaben dann zu staatlichen werden, wenn sich der Staat mit ihnen befaßt. Freilich kann diese Formel nur insoweit gelten, als der Staat sich überhaupt mit der betreffenden Aufgabe befassen darf[37] Die Formulierung des BVerfG ist indessen im Hinblick auf die daraus folgende fast grenzenlose Weite möglicher Staatsaufgaben höchst problematisch[38]; unklar ist insbesondere, wie danach Aufgaben zu qualifizieren sind, die vom Staat gemeinsam mit Privaten in einem Kooperationsverhältnis wahrgenommen werden oder vom Staat gänzlich auf Private delegiert wurden[39]. *Plewa* will in solchen Fällen immer dann von „staatlichen Aufgaben im weiteren Sinne“ sprechen, wenn dem Staat gegenüber dem Privaten noch Weisungs- und Kontrollrechte verbleiben[40]. Sinnvoller, weil klarer, erscheint dagegen der von *Kirmer* beschrittene Weg, nur solche Aufgaben als staatlich zu qualifizieren, deren Durchführung grundsätzlich dem Staat selbst vorbehalten ist, weil ihre

---

34 Vgl. *von Heimburg*, Verwaltungsaufgaben und Private (1982), S. 17.

35 Vgl. *von Heimburg*, Verwaltungsaufgaben und Private, S. 14; zu Einschränkungen der Befassungskompetenz des Staates das o.g. Beispiel der politischen Parteien.

36 Vgl. *Isensee*, Handbuch des Staatsrechts III (1996), S. 63; vgl. auch *Martens*, Öffentlich als Rechtsbegriff (1969), S. 120.

37 Vgl. *Isensee*, Handbuch des Staatsrechts III (1996), S. 63.

38 Siehe auch die scharfe Kritik von *Peters*, in: FS *Nipperdey* II (1965), S. 877 f.

39 Mit diesem Dilemma befaßt sich insbesondere *Plewa*, Mineralölbevorratung (1978), S. 8 f.

40 Vgl. *Plewa*, Mineralölbevorratung (1978), S. 9.

Durchführung das Innehaben hoheitlicher Gewalt erfordert und die auf Private allenfalls auf dem Wege der Beleihung delegiert werden können[41].

Die von *Ipsen* im Jahre 1950 untersuchte Indienstnahme von Privaten für Verwaltungs-/öffentliche Aufgaben bezog sich ausschließlich auf staatliche Aufgaben im hier verstandenen Sinn[42]. Dagegen will die vorliegende Untersuchung auch solche Aufgaben einbeziehen, welche nur das erste Kriterium erfüllen, also vom Staat auf Private übertragen werden können, ohne daß deren Beleihung erforderlich oder auch nur möglich ist. Ein Beispiel für eine solche Aufgabe bietet die Pflicht zur Bereithaltung von Mineralölvorräten für Krisenzeiten[43]. Im folgenden soll daher stets von einer Indienstnahme Privater für *öffentliche* Aufgaben die Rede sein; die Indienstnahme Privater für staatliche Aufgaben im o.g. Sinn ist als Teilbereich hiervon ebenfalls erfaßt.

2. Der Begriff des Privaten

Wenn im folgenden von Privaten die Rede ist, so sind hiermit Privatrechtssubjekte gemeint, welche dem Staat als Grundrechtsberechtigter gegenübertreten. Entscheidend ist mithin stets das Staat-Bürger-Verhältnis, unerheblich dagegen, in welcher Rechtsform der Private nach außen gegenüber Dritten auftritt[44]. Nicht erfaßt werden von dieser Untersuchung dagegen diejenigen Fälle, in denen Unternehmen, die allein vom Staat selbst lediglich in privatrechtlicher Form wahrgenommen werden, mit der Durchführung öffentlicher Aufgaben betraut werden[45].

3. Der Begriff der Indienstnahme

a) Verhältnis zur Beleihung

Der Begriff der Indienstnahme wird gemeinhin als Inanspruchnahme von persönlichem oder sächlichem privatem Potential zur Erledigung öffentlicher Aufgaben verstanden[46]. Während bei der Indienstnahme nach überwiegender

---

41 Vgl. *Kirmer*, Öffentliche Aufgaben (1995), S. 271.

42 Vgl. *Ipsen*, in: FS Kaufmann (1950), S. 145 f.

43 *Plewa*, Mineralölbevorratung (1978), S. 7, qualifiziert diese Aufgaben entgegen der hier vertretenen Auffassung als „staatlich im weiteren Sinn".

44 Vgl. *Eckhardt*, Staatliche Finanzierung der Wahrnehmung übertragener Verwaltungsaufgaben durch Private (1974), S. 5.

45 Ebenso *von Heimburg*, Verwaltungsaufgaben und Private (1982), S. 14.

46 Vgl. *Peterek*, Eigentumsschutz durch Ausgleichsregelungen (2000), S. 54 f. in Anlehnung an *Ipsen*, in: FS Kaufmann (1950), S. 141.

Auffassung schlicht Tätigkeiten für die staatliche Wirtschaftsverwaltung auf den Privaten übertragen werden[47], ist konstitutives Merkmal der Beleihung, daß der Private zum Zweck der Aufgabenerfüllung auch mit einzelnen hoheitlichen Kompetenzen ausgestattet wird, kraft derer er Dritten als staatliche Behörde gegenübertritt[48].

Hieraus den Schluß zu ziehen, daß Beleihung und Indienstnahme sich gegenseitig ausschließen, wäre jedoch voreilig[49]. So ist darauf hinzuweisen, daß bereits *Ipsen* als „Schöpfer" des Begriffs der Indienstnahme als Beispiel für eine solche die §§ 12, 13 des Ersten Gesetzes zur Neuordnung des Geldwesens vom 18.06.1948 anführte[50]. Nach diesen Vorschriften waren die Banken im Zuge der Währungsreform zur Entgegennahme von Altgeld sowie zur Anmeldung und Umstellung von Altguthaben verpflichtet[51]. Damit waren den Banken - wenngleich zwangsweise - eindeutig hoheitliche Befugnisse übertragen. Daß *Ipsen* hier gleichwohl von einer Indienstnahme sprach, zeigt, daß er offenbar nicht der Auffassung war, daß Indienstnahme und Beleihung zueinander in einem Ausschließlichkeitsverhältnis stehen.

Um dennoch zu einer vernünftigen Abgrenzung zwischen Indienstnahme und Beleihung zu gelangen, bietet *Plewa* zwei Unterscheidungskriterien an: Zum einen seien die Interessen des Privaten zu beachten, dem bei der Beleihung etwas „gegeben" werde - nämlich Hoheitsgewalt -, während ihm bei der Indienstnahme etwas „genommen" werde - nämlich Arbeitskraft bzw. die Dispositionsbefugnis über sein betriebliches Potential[52]. Diese Feststellung mag in der Regel zutreffen, in den hier interessierenden Fällen, in denen der Private eine Aufgabe - und damit auch die mit dieser verbundene Hoheitsgewalt

---

47 Vgl. *Arndt*, Wirtschaftsverwaltungsrecht, in: *Steiner*, Besonderes Verwaltungsrecht, 6. Aufl. (1999), Rdnr. 235.

48 Vgl. *Erichsen*, in: *Ders.* , Allgemeines Verwaltungsrecht, 11. Aufl. (1998), § 12, Rdnr. 18; *Schliesky*, Öffentliches Wirtschaftsrecht (2000), S. 128.

49 Gleichwohl ist diese Auffassung in der Literatur wohl herrschend, vgl. nur *Geurts*, DB 1997, S. 1998; *Kirmer*, Öffentliche Aufgaben (1995), S. 271; *Peterek*, Eigentumsschutz durch Ausgleichsregelungen (2000), S. 5; *Schmidt*, in: *Achterberg/Püttner/Würtenberger*, Besonderes Verwaltungsrecht, 2. Aufl. (2000), § 1, Rdnr. 91; *Steiner*, Öffentliche Verwaltung durch Private (1975), S. 196 ff., welcher allerdings schon den Begriff „Indienstnahme" für verfehlt hält und es vorzieht, von einer „Inpflichtnahme" zu sprechen; siehe zu dieser terminologischen Frage auch *Ferger*, Ausgleichsansprüche bei der Indienstnahme Privater für Verwaltungsaufgaben (1979), S. 4 m.w.N.

50 *Ipsen*, in: FS *Kaufmann* (1950), S. 147 f.

51 Eine vergleichbare Aufgabe traf die Banken auch infolge der Einführung des Euro.

52 *Plewa*, Mineralölbevorratung (1978), S. 23 ff.

- aber gar nicht übertragen bekommen will, hilft sie indessen nicht weiter[53]. Als für die Abgrenzung letztlich entscheidender Punkt ist nach *Plewa* daher „das Verhältnis des Stellenwertes von Pflicht zur Aufgabenerfüllung einerseits und von hoheitlichen Befugnissen andererseits“ zu betrachten[54]. Mit anderen Worten: Immer dann, wenn im Vordergrund die zwangsweise Delegation der Aufgabe steht und die Übertragung von Hoheitsbefugnissen hierzu nur einen „zwangsläufigen Annex“[55] bildet, soll eine Indienstnahme und keine Beleihung vorliegen. Als Abgrenzungskriterium entbehrt indessen auch diese - im Einzelfall nur unter erheblichen Schwierigkeiten mögliche - Unterscheidung der erforderlichen Klarheit.

Auch diese Abgrenzungsschwierigkeiten ergeben sich allerdings nur dann, wenn man von der Prämisse ausgeht, daß Indienstnahme und Beleihung sich gegenseitig ausschließen. Führt man sich dagegen den - unstreitigen - Umstand vor Augen, daß eine Beleihung stets die Übertragung von Hoheitsbefugnissen zum Gegenstand hat, während dies bei einer Indienstnahme möglich, aber nicht notwendigerweise der Fall ist, kommt man zwanglos zu dem Schluß, daß sich Beleihung und Indienstnahme zueinander verhalten wie zwei sich überschneidende Kreise: Während dem Begriff der Indienstnahme das Merkmal der Unfreiwilligkeit der Aufgabenerfüllung durch den Privaten innewohnt[56] und für die Beleihung die Übertragung von Hoheitsbefugnissen konstitutive Merkmale darstellen, gibt es auch Fälle, die beide Kriterien erfüllen und daher der Sache nach gleichzeitig Beleihung und Indienstnahme sind[57]. Gleichwohl ist es ein Gebot sprachlicher Klarheit, sich für die Bezeichnung dieser „Schnittmenge“ für einen der beiden Begriffe zu entscheiden. Von einer „Beleihung wider Willen“ zu sprechen, erscheint aus sprachlichen Gründen insoweit verfehlt, als der Begriff der Beleihung in der Tat suggeriert, daß dem Privaten etwas auf freiwilliger Basis übertragen wird. Daher ist für alle Fälle, in denen die Aufgabenübertragung gegen den Willen des Privaten erfolgt, dem Begriff der Indienstnahme den Vorzug zu geben. Hierzu gehören auch die Fälle, in denen ein Privater eine Aufgabe freiwillig nur in einem geringen Umfang übernehmen würde[58]. Dies ist beispielsweise

---

[53] Dies räumt *Plewa*, Mineralölbevorratung (1978), S. 42, auch selbst ein.

[54] *Plewa*, Mineralölbevorratung (1978), S. 43.

[55] *Plewa*, Mineralölbevorratung (1978), S. 37.

[56] So auch *Ferger*, Ausgleichsansprüche (1979), S. 4.

[57] Der - gerade in den letzten Jahren - heftig geführte Streit um die Frage, ob die Arbeitgeber beim Einbehalt und der Abführung der Lohnsteuer bzw. die Banken beim Einbehalt und der Abführung der Kapitalertragssteuer sowie in Erfüllung der sich aus dem Geldwäschegesetz ergebenden Aufgaben hoheitlich tätig werden oder nicht, ist damit in diesem Zusammenhang unbeachtlich; näher zu dieser Frage *Dahm*, WM 1996, S. 1286 ff.; *Heuermann*, ThürVbl. 1999, S. 153 ff. m.w.N.

[58] Vgl. *Peterek*, Eigentumsschutz durch Ausgleichsregelungen (2000), S. 57.

bei der Mineralölbevorratung der Fall[59], die von Privatunternehmen nur insoweit freiwillig durchgeführt wird, wie sie ihren wirtschaftlichen Interessen dient[60].

Obgleich *Ipsen* den Begriff Indienstnahme nur für die Fälle verwendete, in denen Private unmittelbar durch Gesetz zur Erfüllung von Verwaltungsaufgaben herangezogen wurden, stellt sein Begriff der gesetzlichen Indienstnahme keine untrennbare Einheit dar; schon *Ipsen* selbst nennt vielmehr auch Beispiele, in denen Private „auf gesetzlicher Grundlage durch Verwaltungsakt in Anspruch genommen werden“[61]. Eine Indienstnahme aufgrund eines öffentlich-rechtlichen Vertrages scheidet dagegen wegen der dem Begriff der Indienstnahme immanenten Einseitigkeit und Unfreiwilligkeit schon aus terminologischen Gründen aus[62].

b) Verhältnis zur Polizeipflicht

In der Literatur wird der Begriff der Indienstnahme in aller Regel nur für den Fall verwendet, daß ein Privater zur Erledigung solcher öffentlicher Aufgaben verpflichtet wird, die an sich vom Staat mit seinem eigenen Verwaltungsapparat durchgeführt werden müßten[63]. Werden solche Aufgaben, für die *Forsthoff* den Begriff der Verwaltungsobliegenheiten geprägt hat[64], auf einen Privaten delegiert, stellt sich ihre Durchführung für diesen als von außen an ihn herangetragene und mithin fremde Angelegenheit dar.

Anders verhält es sich dagegen, wenn der Staat dem Privaten eine Aufgabe überträgt, deren Erledigung zwar ebenfalls im öffentlichen Interesse liegt, für deren Erfüllung den Privaten aber gleichzeitig eine besondere eigene Verantwortung trifft. Eine solche findet sich etwa in ordnungsrechtlichen Vorschriften wie insbesondere im allgemeinen Polizeirecht. Diese Fälle, in denen keine primär dem Staat obliegende Aufgabe auf den Privaten delegiert, sondern dieser lediglich in seinem eigenen Verantwortungskreis in die Pflicht genommen wird, sollen nach einer in der Literatur vertretenen Auffassung nicht vom Begriff der Indienstnahme umfaßt sein[65].

---

59 Vgl. dazu unten, III 3 b.

60 Vgl. *Plewa*, Mineralölbevorratung (1978), S. 40.

61 Vgl. *Ipsen*, in: FS *Kaufmann*, (1950), S. 143.

62 Vgl. *Plewa*, Mineralölbevorratung (1978), S. 19; anders wohl *Ferger*, Ausgleichsansprüche (1979), S. 4.

63 Vgl. etwa *Ossenbühl*, Eigensicherung und Gefahrenabwehr (1981), S. 19.

64 Vgl. *Forsthoff*, Verwaltungsrecht, 10. Aufl. (1973), S. 117.

65 Vgl. etwa *Ossenbühl*, Eigensicherung und Gefahrenabwehr (1981), S. 17; anders dagegen wohl *Peterek*, Eigentumsschutz durch Ausgleichsregelungen (2000), S. 70 f.

Einer derartigen Einengung kann hier jedoch nicht gefolgt werden: Ziel der folgenden Überlegungen soll es ja gerade sein, Zurechnungskriterien zu entwickeln, welche die Zuweisung einer Aufgabe an einen Privaten im einen Fall gestatten und im anderen verbieten. Dieses Ziel würde vereitelt, wenn bereits auf Tatbestandsebene das Ergebnis vorweggenommen und all diejenigen Sachverhalte ausgeschieden würden, die - wie die Fälle der Polizeipflicht - eine besondere Verantwortungsbeziehung des Privaten zur übertragenen Aufgabe erkennen lassen. Die Zurechnung von Verantwortungsbereichen kann daher erst auf der Rechtfertigungsebene eine Rolle spielen, wo ihr für die Frage nach der Zulässigkeit oder Unzulässigkeit einer Indienstnahme eine zentrale Bedeutung zukommt.

c) Verhältnis zur Verwaltungshilfe

Vereinzelt wird in der Literatur nochmals zwischen Indienstnahmen und sogenannten Verwaltungshilfsdiensten Privater unterschieden. Während im erstgenannten Fall der Private zu einer Tätigkeit herangezogen werde, die „auf einem unverändert selbst- bzw. eigenständigen Tätigkeitsprofil des jeweiligen Berufs- oder Gewerbeträgers aufbaut", sollen letztere die Übertragung solcher Aufgaben erfassen, die lediglich aus Hilfstätigkeiten bestehen, welche auch berufsfremd sein können[66]. Eine solche Unterscheidung ist indessen schon insoweit entbehrlich, als die beiden Bereiche erhebliche Schnittmengen aufweisen[67]; im übrigen gilt das oben Gesagte auch hier, wonach die vorliegende Untersuchung Differenzierungen, die in den Bereich der materiellen Verfassungsmäßigkeit gehören – hier etwa zur Frage, ob im konkreten Fall Art. 12 Abs. 1 oder Art. 2 Abs. 1 GG betroffen ist - , an dieser Stelle nicht vorwegnehmen will. Auf eine Unterscheidung zwischen Indienstnahmen und Verwaltungshilfen wird daher ebenso verzichtet wie auf eine terminologische Abgrenzung zur Polizeipflicht.

d) Verhältnis zu reinen Duldungs- und Unterlassungspflichten

Freilich implizieren die Termini „Indienstnahme" und „Aufgabe", daß der Private vom Staat zu einem – wie auch immer im Einzelfall gearteten – aktiven Tätigwerden und nicht zu einem bloßen Dulden oder Unterlassen verpflichtet wird; nähme man diese Einschränkung nicht vor, müßte praktisch jede staatliche Beschränkung von vermögenswerten Rechten - und damit jeder Eingriff in Art. 14 GG – als Indienstnahme qualifiziert werden. Zwar werden in der Tat mit jeder Inhalts- und Schrankenbestimmung des Eigentums – und erst recht mit jeder Enteignung – private Vermögenswerte für öf-

---

66 Vgl. *Scholz*, Archiv PT 1995, S. 178.

67 Dies räumt auch *Scholz* im Ansatz ein, vgl. *Scholz*, Archiv PT 1995, S. 178.

fentliche Belange dienstbar gemacht, so daß *Leisner* insoweit zu Recht vom „Dienst des Eigentums am Allgemeinwohl" spricht[68], doch würde eine entsprechende Ausweitung des Indienstnahmebegriffs diesen allzu weit von seinem ursprünglichen, von *Ipsen* und anderen geprägten Sinngehalt wie auch vom allgemeinen Sprachgebrauch entfernen, ohne dabei den Zugang zu neuen Erkenntnissen zu erschließen.

e) Verhältnis zu Geldleistungspflichten

Auch Geldleistungspflichten in Form von Steuern und Abgaben können vom Wortsinn her nicht mehr unter den Begriff der Indienstnahme subsumiert werden - gleichwohl ist jedoch ihre enge Verwandtschaft zu diesen augenfällig. So gehen manche gesetzlichen Dienstpflichten nahtlos in reine Abgabepflichten über; besonders deutlich wird dies etwa bei der Pflicht der Arbeitgeber zur Beschäftigung von Schwerbehinderten, die sich im Falle ihrer Nichtbefolgung in die Pflicht zur Zahlung einer Ausgleichsabgabe umwandelt[69]. Zwar ist regelmäßig davon auszugehen, daß eine Dienstpflicht im Hinblick auf die mit ihr verbundene Freiheitsbeschränkung für den betroffenen Grundrechtsträger belastender wirkt als eine bloße Zahlungspflicht, doch folgt hieraus keine grundlegende Wesensverschiedenheit, sondern eher eine Art Stufenverhältnis zwischen Geldleistungspflichten und Indienstnahmen.

Gemeinsam ist Dienstleistungs- und (nichtsteuerlichen) Zahlungspflichten damit, daß sie im Gegensatz zur Steuer einer spezifischen Rechtfertigung für die Belastung der im konkreten Falle Betroffenen bedürfen. Denn unabhängig davon, welchen dogmatischen und inhaltlichen Gehalt die in der Literatur vertretenen Gruppierungen dem Steuerstaatsprinzip einräumen, besteht doch immerhin insoweit ein Konsens, daß allein der Steuer das Privileg zukommt, „dem Bürger ohne Nachweis der Belastungsnotwenigkeit auferlegt werden zu können"[70].

Dieser Umstand macht es indessen notwenig, im Zusammenhang der Indienstnahme Privater für öffentliche Aufgaben auch solche Geldleistungspflichten zu thematisieren, die wie die oben erwähnte Ausgleichsabgabe im Schwerbehindertengesetz zu der primären Dienstpflicht der Arbeitgeber in einem engen und nahezu untrennbaren Verhältnis stehen. Auch im Rahmen des Steuerstaatsprinzips wird auf die Zulässigkeitsvoraussetzungen von nicht-steuerlichen Abgaben zurückzukommen sein; dies schon insoweit, als Rechtsgrund und Inhalt des Steuerstaatsprinzips zunächst nahezu ausschließ-

---

[68] Vgl. *Leisner*, in: Handbuch des Staatsrechts, Bd. VI (1989), § 149, Rdnr. 134.

[69] Vgl. hierzu unten, 1. Teil, III 2 d.

[70] Vgl. *Henseler*, Begriffsmerkmale und Legitimation von Sonderabgaben (1984), S. 36.

lich im Rahmen der Sonderabgabenproblematik diskutiert worden sind und sich auch die neuere finanzverfassungsrechtliche Literatur kaum mit der Indienstnahmeproblematik befaßt. Eine eingehende Darstellung der Steuerstaatsdogmatik ist aber im Rahmen der vorliegenden Untersuchung erforderlich, um die Indienstnahme Privater für öffentliche Aufgaben in ihrer gesamten (finanz-)verfassungsrechtlichen Dimension zu erfassen.

f) Positive Begriffsbestimmung

Der Begriff der Indienstnahme im hier verstandenen Sinne umfaßt somit jede einseitige staatliche Maßnahme, aufgrund derer einem Privaten im öffentlichen Interesse liegende Handlungspflichten auferlegt werden, die sich nicht in der bloßen Zahlung eines Geldbetrags in Form von Steuern oder Abgaben erschöpfen[71].

III. Die Indienstnahme Privater in Beispielen

Im folgenden sollen vier besonders wichtige Fallgruppen einer Indienstnahme privater Unternehmen für öffentliche Aufgaben einer näheren Betrachtung unterzogen werden: Indienstnahmen im Steuerrecht, im Arbeitsrecht, im Recht der Gefahrenabwehr und Strafverfolgung sowie der stetig zunehmende Bereich der Indienstnahmen im Umwelt- und Wirtschaftsverwaltungsrecht.

1. Indienstnahmen im Bereich des Steuerrechts

Die Mitwirkungspflichten der Unternehmen im Bereich des Steuerrechts gehören sicherlich zu den klassischen Beispielen für eine Indienstnahme Privater für öffentliche Aufgaben[72].

a) Verpflichtung der Arbeitgeber zu Einbehalt und Abführung der Lohnsteuer

Zu nennen ist in diesem Zusammenhang vor allem die aus §§ 38 ff. EStG resultierende Verpflichtung der Arbeitgeber, die Lohnsteuer ihrer Beschäftigten zu berechnen, sie einzubehalten und schließlich an den Staat abzuführen (sog. Quellenabzugsverfahren). Für hierbei auftretende Fehler ordnet § 42 d

---

[71] Ähnlich *Berg*, Hilfsdienste der Wirtschaft für den Staat, in: FS *Scupin* (1983), S. 524.

[72] Die Frage, ob die Arbeitgeber hierbei hoheitlich tätig werden oder nicht, ist umstritten, im Rahmen der vorliegenden Untersuchung jedoch irrelevant; näher zur Rechtsstellung des Arbeitgebers beim Lohnsteuerabzug *Heuermann*, ThürVBl. 1999, S. 153 ff. m.w.N.

Abs. 1 EStG eine Haftung des Arbeitgebers an. Speziell diese Haftung ist umstritten[73], nach Auffassung des BVerfG aber verfassungsgemäß[74].

Aber auch und gerade die Mitwirkungspflichten der Unternehmen als solche werden - ungeachtet des Umstandes, daß diese Pflichten auch schon in vorkonstitutioneller Zeit bestanden und somit auf eine lange Tradition zurückblicken können - im Hinblick auf die durch sie beanspruchte Arbeitszeit und die daraus folgende Kostenbelastung für die Betriebe von diesen auch heute noch als sehr lästig empfunden. Dies gilt insbesondere dann, wenn neben den ohnehin anfallenden Belastungen, welche von der Anschaffung der erforderlichen Computersoftware bis zur Führung von getrennten Lohnkonten reichen, noch zusätzliche Arbeit dadurch entsteht, daß beispielsweise Lohnpfändungen zu bearbeiten sind oder die EDV eines Unternehmens aufgrund einer Änderung der Rechtslage umgestellt werden muß[75]. Die Verfassungsmäßigkeit dieser von den Unternehmen unentgeltlich zu erbringenden Dienstpflichten war bereits in den frühen 60er Jahren Gegenstand eines Rechtsstreits; auch nach der – vor dem BVerfG erfolglos angegriffenen - Grundsatzentscheidung des BFH aus dem Jahre 1963, in welcher dieser die genannten Mitwirkungspflichten der Arbeitgeber für verfassungsgemäß erklärte[76], blieb die Zulässigkeit des geltenden Quellenabzugsverfahrens in der Literatur stets in der Diskussion[77]. Im Hinblick auf den allgemeinen Gleichheitssatz sowie den vom BVerfG bezüglich der Zulässigkeit von Sonderabgaben vertretenen Grundsatz, daß öffentliche Aufgaben regelmäßig nicht durch eine Dienstverpflichtung der Bürger, sondern durch ein eigenes - durch Steuern finanziertes - Tätigwerden des Staates zu erfüllen sind, stellt sich dennoch die Frage nach einem Zurechnungsgrund für die unentgeltliche Inpflichtnahme der Arbeitgeber. Ein solcher Zurechnungsgrund könnte sich

---

73 Vgl. *Schick*, BB 1983, S. 1041 m.w.N.

74 Vgl. BVerfG, DB 1964, S. 204.

75 Zu den von den Arbeitgebern als besonders belastend empfundenen Bereichen vgl. *Halldorn*, Der Unternehmer als Erfüllungsgehilfe des Staates (1996), S. 149.

76 Vgl. BFH, DB 1963, S. 1380 f.; die gegen dieses Urteil erhobene Verfassungsbeschwerde, in welcher der Beschwerdeführer eine Verletzung des Art. 12 Abs. 2 GG rügte, wurde vom BVerfG als offensichtlich unbegründet zurückgewiesen, vgl. DB 1964, S. 204 f.; ebenso wies das Gericht 1977 eine gegen die Verpflichtung der Arbeitgeber zur Einbehaltung und Abführung der Kirchenlohnsteuer gerichtete Verfassungsbeschwerde ab, vgl. BVerfGE 44, 103 f.

77 Kritisch etwa *Hendel*, Die Belastung der Arbeitgeber durch die Lohnsteuer (1997); *Krohn*, BB 1969, S. 1233 ff.; *Trzaskalik*, Die Steuererhebungspflichten Privater, DStJG 12 (1989), S. 157 ff.; weiterführend zu den steuerrechtlichen Aspekten *Kloubert*, Rechtliche Stellung des Arbeitgebers beim Lohnsteuerabzug (1988), *Schäfer*, Die Dreiecksbeziehung zwischen Arbeitnehmer, Arbeitgeber und Finanzamt beim Lohnsteuerabzug (1990) und *Winter*, Der Arbeitgeber im Lohnsteuerrecht (1998).

aus zwei Umständen ergeben: Einerseits bezieht sich die Lohnsteuer auf das vom Arbeitgeber an den Arbeitnehmer zu entrichtende Gehalt; andererseits und vor allem aber ist allein der Arbeitgeber tatsächlich dazu in der Lage, die Lohnsteuer bereits an der Quelle abzuführen. Zwar sind andere Möglichkeiten der Lohnsteuerzahlung denkbar als das geltende Quellenabzugsverfahren; stellt man sich jedoch auf den Standpunkt, daß allein dieses die Abführung der Lohnsteuer effektiv gewährleistet[78], ist hierfür die Mitwirkung des Arbeitgebers unerläßlich.

b) Verpflichtung der Banken zu Abführung und Einbehalt der Kapitalertragsteuer

Eine andere gesetzliche Dienstpflicht für steuerrechtliche Aufgaben betrifft einen Fall, in welchem die Nähe der Pflichtigen zu der ihnen übertragenen Aufgabe schon weitaus schwächer ausgeprägt ist: Die Pflicht der Banken zur Abführung der Kapitalertragsteuer ihrer Kunden gemäß § 44 Abs. 1 EStG.

Freilich bestehen auch zwischen Bank und Kunden vertragliche Beziehungen, doch sind diese keineswegs so ausgeprägt wie die umfassenden gegenseitigen Bindungen, die aus einem Arbeitsverhältnis resultieren. Gleichwohl haften auch die Banken gemäß § 44 Abs. 5 EStG für die ordnungsgemäße Abführung der Kapitalertragsteuer. Im Gegensatz zur Haftung beim Lohnsteuereinbehalt, welche nach § 42 d EStG auch ohne Verschulden des Arbeitgebers eintritt[79], können sich die Kreditinstitute gemäß § 44 Abs. 5 S. 1 EStG a.E. allerdings dadurch der Haftung entziehen, daß sie den Nachweis erbringen, ihre Pflichten nicht vorsätzlich oder grob fahrlässig verletzt zu haben. Ungeachtet dieser Haftungserleichterung sind auf die Banken mit der Einführung der Zinsabschlagsteuer zum 01.01.1993 erhebliche neue Belastungen zugekommen[80], die sich keineswegs in der durch die Abführung der Steuer entstehenden Mehrarbeit erschöpften. Vielmehr waren auch insoweit umfangreiche Aufwendungen im Bereich der EDV vorzunehmen sowie die Information der Kunden über die geänderte Rechtslage durchzuführen. Außerdem fällt im Zusammenhang mit der Zinsabschlagssteuer zusätzliche Arbeit dadurch an, daß die Freistellungsaufträge der Kunden bearbeitet werden müssen[81]. Die jüngste Reduzierung des Sparerfreibetrags von

---

[78] Diese Prämisse ist freilich angreifbar: So sind beispielsweise in der Schweiz die Arbeitnehmer schon seit langem für die Abführung ihrer Lohnsteuer selbst verantwortlich; näher zum Schweizer System *Halldorn,* Der Unternehmer als Erfüllungsgehilfe des Staates (1996), S. 135 ff.

[79] Vgl. dazu *Schmidt*, EStG, 20. Aufl. (2001), § 42 d Rdnr. 6.

[80] Vgl. zu diesem Bereich *Dahm*, WM 1996, S. 1285.

[81] Vgl. hierzu *Geurts*, DB 1997, S. 1997 ff.; eingehend zu den zusätzlichen Belastungsfaktoren *Halldorn*, Der Unternehmer als Erfüllungsgehilfe des Staates (1996), S. 77.

6.000/12.000 DM auf 3.000/6.000 DM zum 01.01.2000 erforderte schließlich wiederum eine Anpassung der EDV durch die Banken.

Schon vor der Einführung der Zinsabschlagsteuer von 1993 wurde im Jahre 1967 eine gegen den damaligen § 45 EStG (Pflicht der Banken zur Einbehaltung und Abführung der Kuponsteuer) gerichtete Verfassungsbeschwerde abgewiesen - die unentgeltliche Indienstnahme der Banken wurde dabei vom BVerfG als zulässige, weil verhältnismäßige Einschränkung der Berufsausübungsfreiheit i. S. des Art. 12 Abs. 1 GG angesehen[82]. Ebenso ist das BVerfG in einem Beschluß aus dem Jahre 2000 auch von der Verfassungsmäßigkeit der Pflicht der Banken zur unentgeltlichen Bearbeitung der Freistellungsaufträge ausgegangen[83].

2. Indienstnahmen im Arbeitsrecht

Ein besonders wichtiger Teil der gesetzlichen Dienstpflichten Privater findet sich im Arbeits- bzw. Sozialrecht. Er umfaßt zunächst einmal die Verpflichtung der Arbeitgeber zur Berechnung, zum Einbehalt und zur Abführung der Sozialversicherungsbeiträge der Arbeitnehmer, also der Beiträge für die Kranken-, Arbeitslosen-, Renten- und Pflegeversicherung. Dieser ist hinsichtlich der Sachnähe der Arbeitgeber zur übertragenen Aufgabe mit dem Lohnsteuereinbehalt vergleichbar und soll daher hier nicht näher erläutert, statt dessen ein Überblick über vier andere zentrale Bereiche arbeitsrechtlicher Indienstnahmen gegeben werden, die sich sowohl vom Umfang der Belastung als auch von der Nähe des Arbeitgebers zur jeweils übertragenen Aufgabe deutlich unterscheiden.

a) Mutterschutz und Erziehungsurlaub

Ein besonders umfangreiches Bündel an Pflichten resultiert für die Arbeitgeber aus den gesetzlichen Bestimmungen zum Mutterschutz und zum Erziehungsurlaub. Hier ist zunächst § 2 MuSchG zu erwähnen, welcher die Arbeitgeber dazu verpflichtet, bei der Gestaltung des Arbeitsplatzes besondere Rücksichten auf die werdende Mutter zu nehmen sowie dieser unter den Voraussetzungen des Abs. 3 Gelegenheit zu kurzen Unterbrechungen ihrer Arbeit zu geben. Soweit die werdende Mutter unter ein Beschäftigungsverbot i.S. des § 3 Abs. 1 bzw. des § 4 MuSchG fällt, hat der Arbeitgeber ihr gemäß § 11 Abs. 1 MuSchG weiterhin das vereinbarte Arbeitsentgelt zu zahlen. Gemäß § 3 Abs. 2 MuSchG sind schließlich werdende Mütter in den letzten sechs Wochen vor der Entbindung überhaupt von der Arbeit freizustellen;

---

82 Vgl. BVerfGE 22, 380 [385].
83 Vgl. BVerfG NJW 2000, 3635 ff.

das gleiche gilt gemäß § 6 Abs. 1 MuSchG für die ersten acht Wochen, die sich an die Entbindung anschließen. Während dieser Zeit schließlich erhalten die Frauen nach § 200 RVO von der Krankenkasse Mutterschaftsgeld, welches dem durchschnittlichen kalendertäglichen Verdienst entspricht, sich jedoch maximal auf 25 DM pro Tag beläuft. Den verbleibenden Betrag muß gemäß § 14 Abs. 1 MuSchG der Arbeitgeber als „Zuschuß" tragen. Nach dem Mutterschaftsurlaub besteht für stillende Mütter unter bestimmten Voraussetzungen weiterhin ein Beschäftigungsverbot (vgl. § 6 Abs. 3 MuSchG) bzw. jedenfalls die Verpflichtung des Arbeitgebers, diesen zweimal am Tag eine halbe Stunde Stillzeit zu gewähren. Müttern, die sich in der ersten Zeit nach der Geburt ganz um ihr Kind kümmern möchten, hat der Arbeitgeber gemäß § 15 Abs. 1 BErzGG bis zur Vollendung des dritten Lebensjahres Erziehungsurlaub zu gewähren; während dieser Zeit genießt die Mutter Kündigungsschutz (§ 18 BErzGG).

Neben der durch das Arbeitsverhältnis hergestellten persönlichen Nähe des Arbeitgebers zu den bei ihm beschäftigten Müttern ist den meisten der aus dem MuSchG resultierenden Aufgaben zudem gemein, daß ihre Durchführung überhaupt nur durch den Arbeitgeber erfolgen kann; so hat beispielsweise allein der Arbeitgeber die Möglichkeit, einer Mutter nach dem Erziehungsurlaub die Rückkehr an ihren Arbeitsplatz zu ermöglichen. Dagegen könnte die Zahlung des Mutterschaftsgelds ohne weiteres auch in voller Höhe vom Staat übernommen werden, zumal es sich hierbei nicht um einen spezifisch arbeitsrechtlichen Belang, sondern um die in erster Linie die Allgemeinheit betreffende Aufgabe der Gewährleistung finanzieller Absicherung für junge Familien geht.

Gerade diese „Zuschußpflicht" wird aber von den Betrieben als besonders belastend empfunden[84]. Bereits 1973 legte das LAG Düsseldorf, welches von der Verfassungswidrigkeit der Vorschrift überzeugt war, diese gemäß Art. 100 Abs. 1 GG dem BVerfG vor. Bemerkenswert an diesem Vorlagebeschluß ist, daß das LAG primär von einer Verletzung des Art. 6 Abs. 4 GG ausging. Diese Auffassung, wonach die teilweise Delegation der öffentlichen Aufgabe Mutterschutz an Private gegen die vom GG statuierte staatliche Fürsorgepflicht verstoße, wurde vom BVerfG entschieden zurückgewiesen: Keineswegs lasse sich aus Art. 6 Abs. 4 GG der Grundsatz herleiten, daß der Staat alle Fürsorgeleistungen aus eigenen Mitteln zu erbringen habe; er genüge seiner Fürsorgepflicht gegenüber der Mutter vielmehr ohne weiteres

---

[84] Vgl. *Halldorn*, Der Unternehmer als Erfüllungsgehilfe des Staates (1996), S. 155, welcher in seinen weiteren Ausführungen darlegt, daß in keinem anderen EU-Staat eine so weitreichende Einbindung der Arbeitgeber in den Mutterschutz besteht wie in Deutschland.

auch dadurch, daß er die Zahlung des Mutterschaftsgelds zum Teil auf die Arbeitgeber abwälzt[85].

In seinen weiteren Ausführungen prüfte und verneinte das BVerfG eine Verletzung von Art. 3 GG: Hierbei ging es allerdings auf die für den weiteren Gang dieser Untersuchung entscheidende Frage, ob die Gruppe der Arbeitgeber gegenüber der Allgemeinheit in verfassungswidriger Weise ungleich behandelt wird, nicht ein. Vielmehr stellte es nur einen Vergleich zwischen Arbeitgebern mit hohem bzw. niedrigem Anteil an weiblichen Beschäftigten einerseits bzw. Arbeitgebern mit vorwiegend hoch bzw. niedrig entlohnten Frauen andererseits an. Die hierdurch möglichen Ungleichheiten wurden vor allem mit dem Argument als verfassungskonform qualifiziert, daß der Anwendungsbereich des § 14 Abs. 1 MuSchG denkbar gering sei[86]. Einen Verstoß der Regelung gegen Art. 12 und 14 GG lehnte das BVerfG schließlich schon mangels Betroffenheit dieser Grundrechte ab: So stehe die Zahlungspflicht der Arbeitgeber in keinem hinreichend engen Zusammenhang zu deren Beruf und habe auch keine berufsregelnde Tendenz; als (zudem bloß geringfügige Geldleistungspflicht) tangiere § 14 Abs. 1 MuSchG auch nicht den grundgesetzlichen Eigentumsschutz[87].

Es liegt auf der Hand, daß das vom BVerfG schon im Rahmen der Prüfung des Art. 3 GG bemühte Geringfügigkeitsargument heute nicht mehr aufrechterhalten werden kann. - Während nach einer vom BVerfG herangezogenen statistischen Erhebung von 1971 nur 22,4 % aller berufstätigen Frauen mehr als 25 DM pro Tag (also 750 DM im Monat!) verdienten[88], wird dieser Betrag heute von der ganz überwiegenden Zahl der berufstätigen Frauen erreicht bzw. weit überschritten. Angesichts dieser gewandelten Verhältnisse den Arbeitgeberanteil weiterhin als „Zuschuß" zu bezeichnen, stellt mithin einen Anachronismus dar, welcher die tatsächlichen Belastungsanteile verschleiert. Auch die mittelbaren Folgen dieser Gesetzgebung sind zu bedenken: Je mehr der gesetzliche Mutterschutz die Arbeitgeber belastet, desto größer ist die Gefahr, daß er sich zum Einstellungshindernis für junge Frauen insgesamt entwickelt.

85 Vgl. BVerfGE 37, 121 ff. [126].
86 Vgl. BVerfGE 37, 121 ff. [129].
87 Vgl. BVerfGE 37, 121 ff. [131].
88 Vgl. BVerfGE 37, 121 ff. [129].

b) Die Pflicht der Arbeitgeber zur Gewährung von Weiterbildungsurlaub

Eine von den Arbeitgebern vor dem BVerfG ebenso erfolglos bekämpfte Regelung ist die in den Weiterbildungsgesetzen der Länder enthaltene Verpflichtung der Unternehmen, ihren Mitarbeiten bezahlten Urlaub zu Zwecken der Weiterbildung zu gewähren. Während es einige Bundesländer bei der Förderung der berufsspezifischen Weiterbildung bewenden lassen, gehen andere darüber hinaus, indem sie die Arbeitgeber auch zur Freistellung ihrer Beschäftigten zwecks politischer bzw. allgemeiner Weiterbildung verpflichten[89]. Zweck der letztgenannten Maßnahmen ist mithin die „umfassende Förderunge der im Menschen liegenden praktischen, emotionalen und geistigen Fähigkeiten“[90]; sie dienen damit in weiten Bereichen Zielsetzungen, die keinerlei Bezug zum konkreten Arbeitsverhältnis und damit zu den jeweiligen Arbeitgebern aufweisen[91].

Dennoch entwickelte das BVerfG, welches sich im Jahre 1987 mit zwei der letztgenannten Gesetze, dem hessischen Gesetz über den Anspruch auf Bildungsurlaub sowie dem nordrhein-westfälischen Arbeitnehmerweiterbildungsgesetz, zu befassen hatte[92], gerade für diesen Fall das Kriterium der „Verantwortungsbeziehung“[93], in welcher der Indienstgenommene zur übertragenen Aufgabe stehen müsse. Allerdings wird dieser Begriff der Verantwortungsbeziehung in der gesamten Entscheidung nur ein einziges Mal verwendet und auch dabei nicht näher konkretisiert. Insoweit kann zwar durchaus eine erhöhte Sensibilisierung des Gerichts für die zunehmende Belastung der Unternehmen durch Indienstnahmen festgestellt werden, von einer wirklichen Trendwende in der Rechtsprechung aber keine Rede sein. So läßt das BVerfG der Forderung nach einer Verantwortungsbeziehung sogleich die Einschränkung folgen, daß die zu den Sonderabgaben entwickelten Rechtmäßigkeitskriterien auf Indienstnahmen nicht anwendbar seien[94]; im Ergebnis wies es die Verfassungsbeschwerden der betroffenen Unternehmen zurück.

---

89 Eingehend zur unterschiedlichen Ausgestaltung der Landesweiterbildungsgesetze *Dönneweg*, Der bezahlte Bildungsurlaub (1997), S. 38 ff.

90 Vgl. *Dönneweg*, Der bezahlte Bildungsurlaub (1997), S. 32.

91 Vgl. zur Abgrenzung von berufsspezifischer und nicht berufsspezifischer Weiterbildung die Ausführungen und Nachweise in BVerfGE 77, 308 ff. [330 f.].

92 Vgl. BVerfGE 77, 308 ff.

93 Vgl. BVerfGE 77, 308 ff. [337].

94 Vgl. BVerfGE 77, 339; demgegenüber hatte das Arbeitsgericht Düsseldorf in seinem Vorlagebeschluß vom 22.04.1986 eine solche Analogie zur Sonderabgabenrechtsprechung befürwortet.

Vier Jahre darauf hatte sich das BVerfG erneut mit einem Sonderurlaubsgesetz des Landes Hessen zu beschäftigten, welches den Arbeitnehmern einen zusätzlichen Urlaubsanspruch für ein ehrenamtliches Engagement in der Jugendarbeit einräumte. Neben Weiterbildung im Rahmen einschlägiger Seminare wurde hiervon insbesondere auch die Betreuung von Jugendlichen in Zeltlagern, Jugendherbergen und ähnlichem erfaßt. Das BVerfG blieb seiner in der ersten Entscheidung eingeschlagenen Linie insoweit treu, als es auch hier eine Verantwortungsbeziehung der Arbeitgeber annahm, im Ergebnis dann aber immerhin die Belastung der Arbeitgeber mit der vollen Lohnfortzahlung für unzumutbar und die Regelung damit für verfassungswidrig erklärte; 1999 sprach sich das BVerfG schließlich in einer weiteren Entscheidung endgültig gegen eine Finanzierungsverantwortung der Arbeitgeber für die nicht betriebsbezogene Jugendarbeit in Hessen aus[95].

Hinsichtlich der praktischen Bedeutung der verbleibenden Bildungsurlaubsgesetze für die Unternehmen ist zwar festzustellen, daß nur ein Bruchteil der Arbeitnehmer (etwa 2 %) den Bildungsurlaub tatsächlich in Anspruch nimmt, doch wurden schon 1986 allein die den nordrhein-westfälischen Arbeitgebern hierdurch in jedem Jahr entstehenden Kosten auf 70-80 Millionen DM geschätzt[96]. Weiter verschärft wird die Belastung der Unternehmen dadurch, daß sich die Gerichte bei der Auslegung der entsprechenden Landesgesetze gegenüber den Arbeitnehmern oft überaus großzügig zeigen, indem sie beispielsweise den Besuch eines Italienischkurses durch eine Krankenschwester als berufliche[97] bzw. die Teilnahme an einer „ökologischen Wattenmeerexkursion“ als politische Weiterbildung i.S. des nw. AwbG[98] einstufen.

c) Die zwischen 1996 und 1998 bestehende Pflicht der Arbeitgeber zur Auszahlung des Kindergelds

Überhaupt keinen Bezug zum Arbeitsverhältnis wies schließlich die von 1996 bis Ende 1998 bestehende Pflicht der Arbeitgeber zur Auszahlung des ihren Beschäftigten zustehenden Kindergelds[99] auf. Das Kindergeld dient

---

95 Vgl. BVerfGE 85, 226 [237 f.]; 101, 132 [149].

96 Vgl. *Schlömp*, NZA 1986, S. 815 m. w. N.

97 Vgl. BAG NZA 1994, S. 692 f.; demnach genügt es, wenn wie hier „das erlernte Wissen im Beruf verwendet werden kann und so im weitesten Sinne für den Arbeitgeber von Vorteil ist, wie z. B. der Erfahrungsgewinn im Umgang mit Menschen und der Erwerb von Eigeninitiative und Verantwortungsbereitschaft“.

98 Vgl. BAG NZA 1994, S. 456 ff. [458] mit der Begründung, daß das Konzept der Veranstaltung darauf abzielt, „ein größeres Verständnis für das Beziehungsgeflecht zwischen Schutz der natürlichen Lebensgrundlagen, den politischen Rahmenbedingungen, den Bedürfnissen der Wirtschaft und den sozialen Folgewirkungen zu wecken“.

99 Vgl. hierzu § 73 EStG a.F.

vielmehr ausschließlich sozialen bzw. familienpolitischen Zwecken und kann ohne weiteres auch von staatlichen Stellen ausgezahlt werden. Zwar erfolgt die Auszahlung des Kindergelds seit dem 01.01.1999 wieder, wie bereits in der Zeit vor 1996, durch die Familienkassen der Arbeitsämter, doch war gerade dieser Verpflichtung der Arbeitgeber eine Besonderheit eigen, die der Erwähnung bedarf:

Diese Besonderheit bestand zum einen darin, daß die Delegation der Kindergeldauszahlung einen der ganz wenigen Fälle darstellt, in welchen der Staat eine Aufgabe erst auf die Privatwirtschaft übertrug, nachdem er diese zunächst über Jahrzehnte hinweg selbst wahrgenommen hatte; zum anderen verdient das tragende Motiv dieser Überwälzung Beachtung, welches auf einer rein psychologischen Erwägung basierte: Dadurch, daß der Arbeitnehmer bereits unmittelbar auf seinem Lohnzettel das ihm ausbezahlte Kindergeld ablesen könne, werde ihm dessen Entlastungseffekt deutlicher vor Augen geführt als bei der bisherigen Auszahlung durch die Familienkassen[100].

Ungeachtet der hieran anknüpfenden scharfen Kritik in der Literatur[101] und dem von den betroffenen Unternehmen beklagten erheblichen Kostenaufwand[102] hat das FG Rheinland-Pfalz die Verfassungsmäßigkeit der Kindergeldauszahlung durch den Arbeitgeber bestätigt[103]. Nachdem sich allerdings der BFH im Revisionsverfahren eingehend mit der in der Literatur geäußerten Kritik befaßt und das Bundesministerium der Finanzen zum Beitritt aufgefordert hatte[104], nahm der Gesetzgeber mit dem Jahressteuergesetz 1999 die Auszahlungspflicht der Arbeitgeber wieder zurück[105].

---

100 Vgl. BT-Dr. 13 / 1558, S. 140.

101 Vgl. *Depenheuer*, BB 1996, S. 1218 ff.; *Kanzler*, FR 1996, S. 473 ff.; *Pelka/Balmes*, DStR 1997, S. 1309 ff.

102 Schätzungen zufolge waren die Unternehmen allein durch die Pflicht zur Auszahlung des Kindergeldes bei 50 Mitarbeitern mit Kosten von 3.000 DM (zuzüglich 1.200 DM einmalige Kosten infolge der Umstellung) und bei 5.000 Mitarbeitern mit Kosten von 120.000 DM jährlich (zuzüglich 30.000 DM einmalige Kosten) belastet; vgl. *Kanzler*, FR 1996, S. 473 ff. unter Berufung auf Zahlen des DIHT, veröffentlicht von *Beise/Heinacker* im Handelsblatt vom 06.05.1996.

103 Vgl. Urteil vom 31.07.1996, EFG 1997, S. 367 ff.

104 Vgl. Beschluß vom 26.05.1998, DStR 1998, S. 1125.

105 Vgl. BT-Dr. 14 / 23, S. 190.

d) Schwerbehindertenschutz

Aus dem Schwerbehindertengesetz[106] ergeben sich für den Arbeitgeber zunächst Verpflichtungen, die dem Schutz der in einem Betrieb bereits beschäftigten Schwerbehinderten dienen; so beispielsweise die aus § 28 SchwBG resultierende Pflicht zur Bestellung eines Betriebsbeauftragten für Schwerbehinderte. Insoweit steht der Arbeitgeber zur übertragenen Aufgabe in einem ähnlichen Näheverhältnis wie bei den Mutterschutzregelungen; hier wie dort wird er zur Fürsorge für besonders schutzbedürftige Beschäftigte verpflichtet, denen er aufgrund der bestehenden Arbeitsverhältnisse deutlich näher steht als die Allgemeinheit.

Darüber hinaus enthält das Schwerbehindertengesetz aber auch Pflichten des Arbeitgebers, die insoweit einer differenzierten Betrachtung bedürfen. So sind private Arbeitgeber nach § 5 Abs. 1 SchwbG ab einer Zahl von 20 beschäftigten Arbeitnehmern dazu verpflichtet, auf mindestens 5 % der Arbeitsplätze Schwerbehinderte zu beschäftigen[107]. Können sie dies nicht, sind sie gemäß § 11 Abs. 1 SchwbG verpflichtet, eine Ausgleichsabgabe zu leisten, welche dann vom Staat gemäß § 11 Abs. 3 SchwbG für bestimmte Zwecke der beruflichen Förderung von Schwerbehinderten verwendet werden muß. Dabei richtet sich die Höhe der Ausgleichsabgabe nach der jüngsten Gesetzesänderung vom 29.09.2000 danach, wie stark sich ein Arbeitgeber darum bemüht, Schwerbehinderte in sein Unternehmen zu integrieren; unterläßt er solche Bemühungen ganz, wird er nach der neuen Regelung sehr viel stärker belastet als bisher.

Anders als im Fall des Erziehungsurlaubs geht es bei der Pflicht zur Beschäftigung von Schwerbehinderten um den Schutz von solchen Personen, zu denen der private Arbeitgeber eine persönliche Nähebeziehung erst noch aufbauen muß; eine Sonderstellung gegenüber der Allgemeinheit kommt ihm freilich insoweit zu, als er die tatsächliche Verfügungsgewalt über die benötigten Arbeitsplätze innehat. Der Staat selbst ist zwar ebenfalls zur Beschäftigung von Schwerbehinderten in der Lage, doch können in einer freien Marktwirtschaft viele Berufe eben nur in der Privatwirtschaft ausgeübt werden. Es ist daher nicht ersichtlich, wie der Staat eine effektive Eingliederung

[106] In der Fassung der Bekanntmachung vom 26.08.1986 (BGBl. I S. 1421, ber. S. 1550), zuletzt geändert durch Art. 1 des Gesetzes zur Bekämpfung der Arbeitslosigkeit Schwerbehinderter vom 29.09.2000 (BGBl. I S. 1394).

[107] Diese Regelung resultiert aus der jüngsten Änderung des SchwBG vom 29.09.2000; zuvor mußten bereits ab einer Zahl von 16 Beschäftigten 6% der verfügbaren Arbeitsplätze mit Schwerbehinderten besetzt werden. Die Lockerung ist allerdings zunächst befristet: Sollte es bis Oktober 2002 nicht gelingen, die Zahl der arbeitslosen Schwerbehinderten um 25% zu senken, soll eine Rückkehr zur alten Regelung erfolgen.

Schwerbehinderter anders erreichen könnte als durch eine Indienstnahme privater Arbeitgeber. Verfügt ein Betrieb dagegen im Einzelfall über keine geeigneten Arbeitsplätze, fragt es sich, ob sich auch für die Belastung mit der Ausgleichsabgabe ein sachlicher Grund anführen läßt.

Diese Frage war Anfang der 80er Jahre Gegenstand eines Verfahrens vor dem BVerfG, welches die Auffassung vertrat, daß es sich bei der Schwerbehindertenabgabe nicht um eine Sonderabgabe im eigentlichen Sinn handele und diese daher auch nicht das Erfordernis der Gruppenverantwortung bzw. der Gruppennützigkeit erfüllen müsse[108]. Dies folge daraus, daß den Sonderabgaben typischerweise eine Finanzierungsfunktion zukomme, bei der Schwerbehindertenabgabe aber der Antrieb zur Beschäftigung von Schwerbehinderten sowie der Ausgleich gegenüber den die Einstellungspflicht erfüllenden Unternehmen im Vordergrund stehe. Damit, so das BVerfG, liege ein Verstoß gegen Art. 3 GG nicht vor[109].

3. Indienstnahmen im Bereich des Wirtschaftsverwaltungs- und Umweltrechts

Eine Vielzahl an Indienstnahmetatbeständen findet sich ferner in wirtschaftsverwaltungs- und umweltrechtlichen Gesetzen.

a) Abfallrechtliche Pflichten im Rahmen der sogenannten Produktverantwortung

Zu nennen ist in diesem Zusammenhang zunächst die in der Literatur als „Grundpflicht“ des Abfallrechts[110] bezeichnete Produktverantwortung i.S. des § 22 KrW-/AbfG, welche gemäß Abs. 1 dieser Vorschrift all diejenigen trifft, die Erzeugnisse entwickeln, herstellen, be- und verarbeiten bzw. vertreiben. Ihr Umfang ist in Abs. 2 umschrieben: Demnach ist z.B. schon bei der Entwicklung eines Produkts dessen Umweltverträglichkeit in Rechnung zu stellen und beim Inverkehrbringen auf schädliche Bestandteile hinzuweisen. Gemäß § 22 Abs. 2 S. 5 KrW-/AbfG fällt unter die Produktverantwortung insbesondere auch „die Rücknahme der Erzeugnisse und der nach Gebrauch

---

108 Vgl. BVerfGE 57, 139 ff.; kritisch zu dieser Argumentation *Schiller*, Sonderabgaben mit einer wirtschaftslenkenden Antriebs- und Sanktionsfunktion in der Wirtschafts- und Finanzverfassung des Grundgesetzes, S. 28.

109 Vgl. BVerfGE 57, 167 ff.; näher dazu unten, 2. Teil, I 1 3.

110 Vgl. *Kloepfer*, Umweltrecht, in: *Achterberg/Püttner/Würtenberger*, Besonderes Verwaltungsrecht, 2. Aufl. (2000), Rdnr. 463 sowie *Bender/Sparwasser/Engel*, Umweltrecht, 4. Aufl. (2000), Kap. 12, Rdnr. 159.

der Erzeugnisse verbleibenden Abfälle sowie deren nachfolgende Verwertung oder Beseitigung".

Wie schon der Begriff „Produktverantwortung" zum Ausdruck bringt, ist eine spezifische Nähe der von § 22 KrW-/AbfG betroffenen Unternehmen zu den ihnen durch diese Vorschrift auferlegten Pflichten klar erkennbar.

So orientiert sich die Auswahl der Pflichtigen hier an dem insbesondere aus Art. 174 Abs. 2 S. 2 EGV resultierenden Prinzip der Entsorgung von Abfällen an ihrem Ursprungsort: Wer für die Entstehung von Müll verantwortlich ist, steht demnach auch in einer besonderen Verantwortung für dessen umweltgerechte Entsorgung. Freilich erfordert eine solche Pflicht der Wirtschaft ein Gebrauchmachen der Bundesregierung von den Verordnungsermächtigungen der §§ 22 Abs. 4, 23 bzw. 24 KrW-/AbfG. Eine solche - wenn auch noch auf der Grundlage des ehemaligen § 14 AbfG ergangene - Rechtsverordnung stellt die Verpackungsverordnung dar, deren Herzstück die Pflicht von Handel und Industrie zur unentgeltlichen Rücknahme von Verkaufsverpackungen statuiert (vgl. § 6 Abs. 1 VerpVO). Gemäß § 6 Abs. 3 VerpVO können sich die von dieser Verpflichtung Betroffenen der Rücknahmepflicht allerdings dadurch entziehen, daß sie sich an einem flächendeckenden Abholungs- und Recyclingsystem beteiligen[111].

Teilweise versucht die Wirtschaft auch, solchen Rücknahmepflichten - wie sie auch in anderen Rechtsverordnungen des Bundes wie beispielsweise in § 5 Batterieverordnung verankert sind - durch sogenannte Selbstverpflichtungen zu entgehen, mithin durch die verbindliche Zusage, freiwillig gewisse Umweltstandards einzuhalten[112]. Dabei ist indessen im Hinblick auf die den Unternehmen als Alternative drohende gesetzliche Inpflichtnahme zu beachten, daß der Begriff der Freiwilligkeit im Zusammenhang mit solchen Selbstverpflichtungen gedanklich meist mit Anführungszeichen zu versehen ist[113].

---

[111] Von dieser Möglichkeit hat die Wirtschaft mit der Gründung des Dualen Systems Deutschland (DSD) auch umgehend Gebrauch gemacht; näher dazu *Arndt*, Umweltrecht, in: *Steiner*, Besonderes Verwaltungsrecht (1999), Rdnr. 226 ff.

[112] Ausführlich dazu jüngst *Schendel*, NVwZ 2001, S. 494 ff.

[113] Ein anschauliches Beispiel hierfür bietet der Kompromiß, den die Getränkeindustrie mit dem ehemaligen Bundesumweltminister *Töpfer* vereinbarte: Solange die in Verkehr gebrachten Getränke zu mindestens 72 % in Mehrwegverpackungen abgefüllt sind, verzichtet die Bundesregierung auf die bindende Einführung eines Pfand- und Rücknahmesystems für Getränkedosen. Nachdem dieser Prozentsatz gemäß einer im August 2000 vorgelegten Studie unterschritten war, sollte ab 2001 automatisch eine Pfand- und Rücknahmepflicht zunächst für Bier- und Mineralwasserdosen eintreten; Bundesumweltminister *Trittin* stellte sich insoweit das Dilemma, ob er aus Gleichheitsgründen diese Verpflichtung für alle Einwegdosen einführen oder ganz darauf

b) Pflicht zur Mineralölbevorratung

Die Verpflichtung der Mineralölproduzenten bzw. Mineralölimporteure zur Lagerung von Erdölmindestvorräten für Krisenzeiten wurde vor allem in den 60er und 70er Jahren heftig diskutiert[114]. Diese bezog sich zwar noch auf das ehemalige Gesetz über Mindestvorräte an Erdölerzeugnissen vom 09.09.1965, welches mittlerweile aufgehoben und durch das oben genannte Erdölbevorratungsgesetz ersetzt wurde[115]; die einzige hier interessierende Neuregelung besteht dabei aber darin, daß Adressat der Bevorratungspflicht nunmehr der Erdölbevorratungsverband als Körperschaft des öffentlichen Rechts (vgl. § 1 Abs. 1 ErdölBevG) ist und nicht mehr - wie bisher - die Mineralölkonzerne selbst. Allerdings sind diese nunmehr gemäß § 9 Abs. 1 ErdölBevG (Pflicht-)Mitglieder des Bevorratungsverbandes, so daß sich in der Sache wenig geändert hat.

Ein Zurechnungsgrund für die unentgeltliche Inpflichtnahme der Mineralölkonzerne, läßt sich allein darin finden, daß diese - im Gegensatz zu den staatlichen Stellen - bereits über die entsprechenden Vorrichtungen und Lagerkapazitäten verfügen. Das BVerfG hatte noch zur alten Rechtslage entschieden, daß die unentgeltliche Bevorratungspflicht eine im Grundsatz zulässige Berufsausübungsregelung darstelle[116]. Art. 3 Abs. 1 GG sei zwar im Hinblick auf die erhebliche und ungerechtfertigte Mehrbelastung der konzernunabhängigen einstufigen Importeure verletzt, eine verfassungswidrige Ungleichbelastung der Mineralölimporteure gegenüber der Allgemeinheit liege ebenfalls nicht vor[117].

---

verzichten sollte. Nachdem eine Novellierung der Verpackungsverordnung im Sinne der ersten Variante am Widerstand der Bundesländer scheiterte, ein gänzlicher Verzicht von *Trittin* aber nicht gewollt ist, soll nun ab dem 01.01.2003 ein Pfand auf Bier- und Mineralwasserdosen sowie Dosen mit kohlesäurehaltigen Erfrischungsgetränken erhoben werden, vgl. Bundesumweltministerium, www.bmu.de/fset1024.php; näher zur Dosenpfandproblematik *Arndt/Fischer*, BB 2001, S. 1909 ff.

114 Vgl. etwa *Ipsen*, Gesetzliche Bevorratungsverpflichtung Privater, AöR 1965, S. 393 ff.; *Plewa*, Die Verfassungsmäßigkeit der Indienstnahme Privater für Verwaltungsaufgaben am Beispiel des Gesetzes über Mindestvorräte an Erdölerzeugnissen vom 09.09.1965 in der Fassung vom 04.09.1975 (1978).

115 Vgl. BGBl. I 1978, S. 1073; letztmals novelliert durch Gesetz vom 29.10.2001, BGBl. I 2001, 2785.

116 Vgl. BVerfGE 30, 292 ff.

117 Vgl. BVerfGE 30, 292 [327].

4. Aufgaben der Gefahrenabwehr und Hilfsdienste im Bereich der Strafverfolgung

Ein letzter wichtiger Komplex von Indienstnahmen betrifft schließlich den Bereich der Gefahrenabwehr sowie der Strafverfolgung.

a) Eigensicherungspflichten gefährdeter Betriebe

Bedeutsam sind insoweit vor allem die sogenannten Eigensicherungspflichten gefährdeter Betriebe, welche sich etwa im Atom- sowie im Luftverkehrsgesetz finden. So hat der Gesetzgeber im Hinblick darauf, daß von Kernkraftwerken besondere Gefahren für die Allgemeinheit ausgehen, im Atomgesetz (vgl. insbesondere §§ 11, 12 AtG) Verordnungsermächtigungen geschaffen, welche die Bundesregierung autorisieren, die Betreiber zu umfangreichen Schutzmaßnahmen zu verpflichten. Ähnliche Sicherungspflichten ergeben sich aus dem Luftverkehrsgesetz bzw. aus Verwaltungsakten, die aufgrund dieses Gesetzes erlassen wurden, auch für die Betreiber von Flughäfen. Hintergrund solcher Eigensicherungspflichten ist der Gedanke, daß derjenige, dessen Betrieb eines besonderen Schutzes bedarf, diesen nicht ausschließlich vom Staat und auf Kosten der Allgemeinheit erwarten darf, sondern auch seinen eigenen Teil zur Sicherung der Anlage beitragen muß. Ähnlich wie im Beispiel der Produktverantwortung folgen diese Eigensicherungspflichten also dem Verursacherprinzip.

Neben der Abwehr betriebsimmanenter, also solcher Gefahren, die sich aus Risiken ergeben, die im Betrieb selbst angelegt sind, werden unter der Eigensicherungspflicht aber überwiegend auch solche Schutzpflichten verstanden, welche die Abwehr betriebsfremder Gefahren wie insbesondere den Schutz vor terroristischen Anschlägen zum Inhalt haben[118]. Insoweit dient die Inpflichtnahme der Anlagenbetreiber dann nicht mehr nur der Sicherung eigener Rechtsgüter, sondern vor allem auch dem Schutz der Rechtsgüter Dritter wie z.B. Leib und Leben der Flugpassagiere[119]. Dabei werden die Anlagenbetreiber zum Teil sogar zu aktiven Gefahrenabwehrmaßnahmen verpflichtet. So bestimmt § 19b Abs. 1 Nr. 4 LuftVG, daß die Betreiber von Verkehrsflughäfen unter bestimmten Voraussetzungen Luftfahrzeuge, die Gegenstand von Bombendrohungen sind, auf Sicherheitspositionen zu verbringen haben.

---

[118] Eine ausführliche Darstellung der von den Flughafenbetreibern zu erbringenden Eigensicherungspflichten findet sich bei *Ronellenfitsch*, Verw.Arch. 77 (1986), S. 435 ff.

[119] Vgl. *Waechter*, Bereitstellungspflicht für Fernmeldeanlagenbetreiber, Verw.Arch. 87 (1996), S. 87 (Fn 77).

Im Hinblick darauf, daß Private hier zur Abwehr von Gefahren verpflichtet werden, die von Verbrechern ausgehen und die den Anlagenbetreibern auch nicht als Zweckveranlassung im polizeirechtlichen Sinne zugerechnet werden können[120], stellt sich in diesen Fällen die Frage nach einem Zurechnungsgrund für eine Inpflichtnahme sehr viel eindringlicher als in den Fällen der Eigensicherung gegen rein interne Gefahren.

Nach Auffassung des VGH Mannheim, welcher sich mit einer Klage des Flughafens Stuttgart-Echterdingen gegen den Erlaß von Sicherheitsauflagen aufgrund § 29 LuftVG zu befassen hatte[121], ist wegen der besonderen Gefährdung der Flughäfen im Hinblick auf terroristische Anschläge von einer erweiterten polizeilichen Zustandshaftung der Flughäfen auszugehen. Obgleich es im Falle eines drohenden terroristischen Anschlags ausschließlich um die Beseitigung einer von Dritten ausgehenden Gefahr gehe, ergebe sich diese erweiterte Verantwortlichkeit des Betreibers aus der Sozialbindung des Eigentums gemäß Art. 14 Abs. 2 S. 2 GG[122].

Das BVerwG versagte dieser Rechtsprechung insoweit die Zustimmung, als die Sozialbindung des Eigentums per se gerade nicht zu einer Erweiterung der polizeilichen Zustandshaftung führe. Wohl aber stehe es dem Gesetzgeber frei, eine entsprechende Verantwortlichkeit des Eigentümers spezialgesetzlich zu begründen[123].

---

120 Vgl. zu solchen Fällen der Zweckveranlassung *Schenke*, Polizeirecht, in: *Steiner*, Besonderes Verwaltungsrecht, 6. Aufl. (1999), Rdnr. 157 ff.

121 Vgl. VGH Mannheim, DÖV 1983, S. 81 ff.

122 Vgl. VGH Mannheim, DÖV 1983, S. 82 f.

123 Vgl. BVerwG, DÖV 1986, S. 287 f.; die Rechtmäßigkeit der angefochtenen Verfügungen war nach dem im Jahre 1978 geltenden Recht zu beurteilen, so daß es nach Ansicht des BVerwG an einer hinreichenden gesetzlichen Ausgestaltung der Sozialbindung im LuftVG fehlte. Unter Zugrundelegung der mit dem 9. Änderungsgesetz vom 18.09.1980 eingefügten §§ 19 b und 29 c LuftVG wäre die Entscheidung des Gerichts wohl anders ausgefallen. So wird die grundsätzliche Zulässigkeit der Inpflichtnahme besonders gefährdeter Betriebe zum Zwecke der Abwehr terroristischer Anschläge in einer späteren Entscheidung des BVerwG, welche eine Sicherheitsauflage für das Kernkraftwerk Neckarwestheim zum Gegenstand hatte, bestätigt, vgl. BVerwG, JZ 1989, S. 895 ff.

b) Hilfsdienste im Bereich der Strafverfolgung

Während es bei der Eigensicherung stets um präventive Maßnahmen zum Zwecke der Gefahrenabwehr geht, verpflichten andere Gesetze auch zu privaten Hilfsdiensten im repressiven Bereich der Strafverfolgung.

aa) Pflicht der Telefonnetzbetreiber zur Bereitstellung von Abhörvorrichtungen

Während die Polizei bisher über die technischen Möglichkeiten verfügte, Telefongespräche, die von einem stationären Apparat aus geführt wurden, abzuhören und aufzuzeichnen, wurde ihr dies mit der Einführung und rasanten Verbreitung des Handys in zunehmendem Maße unmöglich. Während etwa der niedersächsische Landesgesetzgeber dieses Problem, soweit es den Bereich der Gefahrenabwehr betraf, schon im Jahre 1994 dadurch löste, daß er die Betreiber von Mobilfunknetzen zur Einrichtung von Aufzeichnungsmöglichkeiten über die mobil geführten Gespräche verpflichtete (vgl. § 33 Abs. 3 nds. Gefahrenabwehrgesetz)[124], folgte ein Jahr darauf eine Rechtsverordnung des Bundes, welche die in §§ 100b Abs. 3 StPO, 1 Abs. 2 G 10 a.F., 39 Abs. 5 AWG bzw. § 10 b FAG als Vorläufer des heutigen § 88 TKG bereits schon zuvor abstrakt statuierte Pflicht der Netzbetreiber zur unentgeltlichen Schaffung bzw. Vorhaltung von derartigen Aufzeichnungs- sowie von Abhörmöglichkeiten auch zu Zwecken der Strafverfolgung konkret festlegte[125]. Dabei stellt § 88 Abs. 1 TKG klar, daß der Netzbetreiber die Entwicklung und Vorhaltung der hierfür erforderlichen technischen Einrichtungen unentgeltlich zu erbringen hat[126].

Diese Pflicht trifft neben den Mobilfunknetzbetreibern auch die Betreiber konventioneller Festnetzanschlüsse; für letztere halten sich die zu tätigenden Aufwendungen indessen in Grenzen, während die Betreiber von Mobilfunknetzen eine völlig neue Computerhard- und Software entwickeln mußten, welche abgesehen von den erheblichen Entwicklungskosten allein an Be-

---

[124] Eingehend dazu *Waechter*, Verw.Arch. 87 (1996), S. 68 ff. sowie *Schenke, Ralf P.*, AöR 2000, S. 1 ff., welcher neben der Indienstnahmeproblematik auch auf staatsorganisationsrechtliche Aspekte sowie die Grundrechte der von der Abhöraktion Betroffenen eingeht; ausführlich zum Ganzen *Friedrich*, Die Verpflichtung privater Telekommunikationsunternehmen, die staatliche Überwachung und Aufzeichnung der Telekommunikation zu ermöglichen (2001).

[125] Verordnung über die technische Umsetzung von Überwachungsmaßnahmen des Fernmeldeverkehrs in Fernmeldeanlagen, die für den öffentlichen Verkehr bestimmt sind (FÜV) vom 18.05.1995, vgl. BGBl. I 1995, 722.

[126] Für die darüber hinaus entstehenden Kosten sind in § 13 G 10 bzw. § 17a ZSEG Entschädigungszahlungen vorgesehen.

triebs- und Wartungsmaßnahmen jedes Jahr Kosten in Millionenhöhe verursachen[127]. Ungeachtet dieser erheblichen Belastung hielt das VG Köln in einer Entscheidung vom 15.02.2000 die Pflicht der Telekommunikationsunternehmen zur Tragung der Investitionskosten für Überwachungsmaßnahmen für verfassungsgemäß[128].

Eine Verantwortlichkeit insbesondere der Mobilfunknetzbetreiber für die unentgeltliche Durchführung all dieser Maßnahmen könnte sich daraus ergeben, daß durch das Inverkehrbringen von Handies bzw. die Unterhaltung eines entsprechenden Netzes eine Gefahr für die effektive Durchführung von Abhörmaßnahmen i.S. der StPO überhaupt erst entstand. Auch hier würde die Dienstpflicht der Unternehmen dann im weitesten Sinne dem Verursacherprinzip folgen. Anders als in den Fällen der Eigensicherung gefährdeter Anlagen erscheint dieses im hier vorliegenden Fall allerdings schon deutlich gelockert; so wohnt der Ermöglichung telefonischer Kommunikation im Gegensatz zum Betreiben eines Flughafens oder Atomkraftwerks keine spezifische Gefährlichkeit inne. Die Mißbrauchsmöglichkeiten eines Telefonnetzes gehen vielmehr nicht erkennbar über die Mißbrauchsmöglichkeiten hinaus, die fast alle anderen Dienstleistungen und Produkte ebenfalls in sich bergen. Darüber hinaus gehören die hier delegierten Aufgaben der Strafverfolgung – gleich, welcher staatsaufgabenrechtlichen Ansicht man folgt – zweifellos in noch viel stärkerem Maße als die polizeiliche Gefahrenabwehr zum engsten Kreis der staatlichen Kernaufgaben[129]. Das Vorliegen einer Verantwortungsbeziehung der Netzbetreiber für die ihnen übertragenen Aufgaben erscheint daher äußerst fraglich.

Gleichwohl ist mit der novellierten Telekommunikations-Überwachungsverordnung (TKÜV) gerade jüngst eine erhebliche Erweiterung der privaten Überwachungspflichten erfolgt, da künftig unter den Voraussetzungen des § 2 TKÜV auch die Schaffung von Überwachungsmöglichkeiten bezüglich des privaten E-Mail-Verkehrs im Wege der Indienstnahme gewährleistet werden soll. Da hierzu jeder Einwahlknoten mit Überwachungsmechanismen versehen werden muß, dürfte diese neue Überwachungspflicht ungleich teurer ausfallen als die Überwachung von Telefongesprächen. Da – anders als in den Vereinigten Staaten, wo Private für eine solche Überwachungstätigkeit vom Staat entschädigt werden – in Deutschland auch für die Internet-Überwachung keine finanzielle Kompensation vorgese-

127 Näher dazu *Scholz*, Archiv PT 1995, S. 169.
128 Vgl. VG Köln, Az: 22 K 5896/96.
129 Vgl. *Scholz*, Archiv PT 1995, S. 170.

hen ist, haben die betroffenen Unternehmen infolge der neuen TKÜV mit einem weiteren exorbitanten Finanzopfer für die Strafverfolgung zu rechnen[130].

Eine Klage gegen diese neue Pflicht der Telekommunikationsdienstleister ist vor dem Hintergrund des weltweiten Schocks über die verheerenden Terroranschläge vom 11. September 2001 gleichwohl äußerst unwahrscheinlich.

bb) Pflicht der Banken zur Mitwirkung bei der Bekämpfung der Geldwäsche

Die Telekommunikationsüberwachung stellt auch gegenwärtig nicht die einzige Mitwirkungspflicht privater Wirtschaftsunternehmen auf dem Sektor der Strafverfolgung dar. So werden Privatunternehmen etwa auch im Bereich der Geldwäschebekämpfung vom Staat in die Pflicht genommen: Gemäß § 2 Abs. 1 GwG sind die Banken dazu verpflichtet, bei Bargeld-, Wertpapier- oder Edelmetalltransaktionen über einem Wert von DM 30.000 die Identität des Kunden festzustellen und in Aufzeichnungen festzuhalten (§ 9 GwG).

Auch über geringere Transaktionen ist gemäß § 6 GwG dann Buch zu führen, wenn ein Verdacht auf eine Straftat i.S. des § 261 StGB besteht. Derartige Verdachtsfälle sind außerdem gemäß § 11 GwG unverzüglich den Strafverfolgungsbehörden anzuzeigen. Daneben trifft die Kreditinstitute nach § 14 GwG aber auch noch eine Fülle weiterer Pflichten, wie die Bestellung eines Ansprechpartners für die Staatsanwaltschaft, die Entwicklung interner Verfahren zur Verhinderung der Geldwäsche, eine Zuverlässigkeitskontrolle sowie eine regelmäßige Unterrichtung der Beschäftigten über die Methoden der Geldwäsche. Eine Entschädigung für diese Maßnahmen der Kreditinstitute ist nicht vorgesehen[131].

Im vorliegenden Fall fällt es noch schwerer als bei der Telefonüberwachung, eine spezifische Verantwortlichkeit der Banken für die ihnen durch das GwG zugewiesenen Aufgaben zu erkennen; insoweit kommt allein der Umstand in Betracht, daß nur die Banken tatsächlich in der Lage sind, Einblick in die finanziellen Transaktionen ihrer Kunden zu nehmen. Ähnlich wie im Fall der Mineralölbevorratung liegt damit ein Sachverhalt vor, in dem allein das In-

---

[130] Experten gehen allein für die Deutsche Telekom von notwendigen Aufwendungen in Höhe von zwei Milliarden DM aus, vgl. *Riedel,* in: Handelsblatt vom 04.07.2001, S. 1: „Lausch-Verordnung kostet Telekomkonzerne Milliarden"; die TKÜV ist ungeachtet dieser Bedenken im Januar 2002 in Kraft getreten, vgl. BGBl. I 2002, 458.

[131] Mit dem Problem der Indienstnahme von Banken zur Bekämpfung der Geldwäsche befassen sich in der Literatur insbesondere *Dahm,* WM 1996, S. 1285 ff. sowie *Hetzer*, Geldwäsche und Steuerhinterziehung, WM 1999, S. 1306 ff.

nehaben der zur Durchführung der Aufgabe erforderlichen Mittel über die Auswahl des Pflichtigen entscheidet.

IV. Vorläufige Systematisierung der Beispielsfälle nach allgemeinen Kriterien

Die vorstehend erläuterten Beispiele machen deutlich, daß die Auswahl der von einer Indienstnahme Betroffenen weitgehend nach ähnlichen, von den jeweils betroffenen Lebensbereichen unabhängigen Kriterien erfolgt. Diese lassen sich grob in drei Kategorien gliedern:

Einerseits gibt es Aufgaben, bezüglich derer die Bejahung einer spezifischen Verantwortungsbeziehung der indienstgenommenen Privaten naheliegt. Eine solche ist insbesondere dann denkbar, wenn eine enge persönliche Bindung des Pflichtigen zu dem von einer Indienstnahme Begünstigten besteht (Beispiel: Bestellung eines Betriebsbeauftragten für Schwerbehinderte) sowie dann, wenn der Pflichtige ein besonderes Risiko für Rechtsgüter der Allgemeinheit geschaffen hat (Beispiel: Sicherung eines Kernkraftwerks). Insoweit ist zu klären, welche graduellen Anforderungen eine solche Verantwortungsbeziehung erfüllen muß, um eine Rechtfertigung dafür zu liefern, daß der Staat eine Aufgabe nicht selbst durchführt und mit Steuermitteln finanziert, sondern Private mit ihrer unentgeltlichen Durchführung belastet.

Auf der anderen Seite stehen Aufgaben, für deren Erfüllung die Privaten zwar nicht in besonderem Maße verantwortlich erscheinen, die aber aus tatsächlichen Gründen nur sie allein zu erfüllen imstande sind, da nur sie über die hierzu erforderlichen Mittel verfügen (Beispiel: Bekämpfung der Geldwäsche durch Banken). Diese Fälle werfen mehrere Fragen auf: Muß sich der Staat der Erfüllung solcher Aufgaben im Hinblick auf das Steuerstaatsprinzip mit ggf. weniger effektiven Mitteln selbst annehmen und auf eine Verpflichtung des Privaten ganz verzichten? Oder aber rechtfertigt es die Wichtigkeit einer Aufgabe, sie dann, wenn der Private sie besser erfüllen kann, auf diesen abzuwälzen? Bejaht man letzteres, fragt sich schließlich, ob dann nicht wenigstens eine Entschädigung des Privaten erfolgen muß, um eine Kollision mit dem Steuerstaatsprinzip jedenfalls finanziell abzufedern.

Drittens schließlich gibt es Fälle, in denen weder ein besonderer Zurechnungsgrund, noch eine besondere Notwendigkeit für die Durchführung einer Aufgabe durch Private festgestellt werden kann (Beispiel: Kindergeldauszahlung durch Arbeitgeber). Hier fragt sich bereits, ob die Abwälzung der Aufgabe auf Private überhaupt einem legitimen Ziel dient, oder aber nur eine

Finanzierung öffentlicher Aufgaben jenseits der Steuer bezweckt und insoweit eine unzulässige Durchbrechung des Steuerstaatsprinzips darstellt.

2. Teil: Das Steuerstaatsprinzip

I. Das Steuerstaatsprinzip in Rechtsprechung und Literatur

Es hat sich gezeigt, daß der Frage nach Inhalt und Umfang des Steuerstaatsprinzips in allen Fallgruppen der Indienstnahme entscheidende Bedeutung für deren verfassungsrechtliche Beurteilung zukommt. Gleichwohl erscheint dieses weitgehend als verfassungsrechtliche Unbekannte; im Gegensatz zu anderen Verfassungsprinzipien, wie etwa dem Rechts- oder Sozialstaatsprinzip, ist das Steuerstaatsprinzip selbst hinsichtlich seiner Existenz nicht unbestritten. Während es teilweise als „Eckpfeiler der Finanzverfassung" und damit als unveränderlicher Verfassungsgrundsatz i.S. des Art. 79 Abs. 3 GG verstanden wird[132], wird ihm von einem anderen Teil der Literatur gar jeglicher normativer Gehalt abgesprochen, es vielmehr als rein deskriptiver Begriff qualifiziert[133].

1. Der Begriff des Steuerstaates

Nimmt man die historische Entwicklung des Steuerstaatsprinzips in den Blick, fällt auf, daß der Begriff des Steuerstaats schon geläufig war, bevor die Frage seiner Einbindung in ein normatives Prinzip auch nur diskutiert wurde. Nachdem *Lorenz von Stein* in seinem Lehrbuch der Finanzwissenschaft bereits 1885 den Begriff des Steuerstaats gebraucht hatte[134], markierte dieser Begriff in den Jahren 1917/18 den Dreh- und Angelpunkt einer finanzpolitischen Diskussion, welche maßgeblich durch zwei Schriften von *Goldscheid*[135] und *Schumpeter*[136] geprägt wurde.

Der Steuerstaatsbegriff steht hierbei für ein Staatssystem, welches keine ausgiebige eigene Wirtschaftstätigkeit entfaltet und seine Bürger auch nicht – wie im Mittelalter geläufig – in größerem Umfang zu persönlichen Diensten in die Pflicht nimmt, sondern sich zu seinem Funktionieren in erster Linie der

---

132 Vgl. *Isensee*, in: FS *Ipsen* (1977), S. 434; *Kirchhof*, Die Verwaltung, Bd. 21 (1988), S. 140; ähnlich *Friauf*, in: FS *Haubrichs* (1976), S. 107.

133 Vgl. *Heun*, in: *Sacksofsky/Wieland*, Vom Steuerstaat zum Gebührenstaat (2000), 1. Aufl. S. 21; *Sacksofsky*, Umweltschutz durch nicht-steuerliche Abgaben (2000), S. 188; *Luhmann*, in: Das Parlament Nr. 11/2001, S. 15.

134 Vgl. *v. Stein*, Lehrbuch der Finanzwissenschaft (1885/86), Bd. I, S. 133 ff.

135 Vgl. *Goldscheid*, Staatssozialismus oder Staatskapitalismus. Ein finanzsoziologischer Beitrag zur Lösung des Staatsschuldenproblems (1917).

136 Vgl. *Schumpeter*, Die Krise des Steuerstaats (1918).

Steuer, als rein materiellem Beitrag des Einzelnen für die Allgemeinheit bedient[137].

Sowohl *Goldscheid,* als auch *Schumpeter* verwendeten den Begriff des Steuerstaats allerdings lediglich dazu, die Vor- bzw. Nachteile verschiedener Optionen zur finanziellen Bewältigung der Folgen des Ersten Weltkriegs zu erörtern. Dabei ging es beiden Autoren ersichtlich allein um die wirtschaftspolitischen, nicht dagegen um die rechtlichen Folgen der Entscheidung für oder gegen einen Steuerstaat; die Beschreibung des Steuerstaates als „Parasit", der von einer funktionierenden Privatwirtschaft abhängig ist und sich zu dieser im eigenen Interesse möglichst nicht durch eigene Wirtschaftstätigkeit in Konkurrenz begibt[138], ist daher nur als eine Beschreibung der zu dieser Zeit praktizierten staatlichen Finanzierung zu verstehen[139]. Ein normatives Prinzip i.S. eines verfassungsrechtlichen Vorrangs der Steuer wurde dagegen weder damals, noch in der sich unmittelbar anschließenden Zeit der Weimarer Republik auch nur diskutiert.

2. Die Entwicklung des Steuerstaatsprinzips in der Literatur

Ein früher Vertreter eines solchen normativen Prinzips ist *Forsthoff,* welcher sich in einem Vortrag anläßlich der Jahrestagung der deutschen Staatsrechtslehrer bereits 1953 für einen verfassungsrechtlichen Vorrang der steuerlichen Finanzierung öffentlicher Aufgaben aussprach[140]. In diesem Vortrag erweiterte *Forsthoff* die gängige Vorstellung vom Steuerstaat als bloßem Gegensatz zum eigenerwerbswirtschaftlich tätigen Unternehmerstaat um die These, daß der Vorrang der Steuerfinanzierung durch die grundgesetzlich vorgegebenen Prinzipien des Rechts- und des Sozialstaatsprinzips auch verfassungsrechtlich determiniert sei. Ein so verstandenes verfassungsrechtliches Primat der Steuer sei das notwendige Bindeglied zwischen Rechts- und Sozialstaatsprinzip, da nur die Steuer eine Abschöpfung des vom Bürger Erwirtschafteten auch dann zulasse, wenn eine Gemeinwohlverantwortung des Bürgers i.S. der Sozialbindung des Eigentums gerade nicht mehr bejaht werden könnte[141].

---

137 Vgl. dazu die ausführliche Darstellung zur Geschichte des Steuerstaatsprinzips bei *Sacksofsky*, Umweltschutz durch nicht-steuerliche Abgaben (2000), S. 130 f. sowie *Heun*, in: *Sacksofsky/Wieland:* Vom Steuerstaat zum Gebührenstaat, 1. Aufl., (2000) und *Vogel*, in: Handbuch des Staatsrechts, Bd. I (1990), § 27 Rdnr. 55 ff.

138 Vgl. *Schumpeter*, Die Krise des Steuerstaats (1918), S. 26.

139 So auch zutreffend *Sacksofsky*, Umweltschutz durch nicht-steuerliche Abgaben (2000), S. 136.

140 Vgl. *Forsthoff*, VVDStRL 12 (1954), S. 1 ff.

141 Vgl. *Forsthoff*, VVDStRL 12 (1954), S. 32.

Ungeachtet dieses Ansatzes in Richtung eines normativ verstandenen Steuerstaatsprinzips knüpfte die überwiegende Literatur erst in den 70er Jahren an diesen Gedanken an, als die Frage nach der finanzverfassungsrechtlichen Zulässigkeit nichtsteuerlicher Abgaben zunehmend an Bedeutung gewann. Neben Veröffentlichungen von *Selmer* und *Friauf* aus den Jahren 1972 bis 1976[142] hat insbesondere ein Festschriftbeitrag von *Isensee* aus dem Jahre 1977 eine finanzverfassungsrechtliche Diskussion des Steuerstaatsprinzips auf breiter Basis angestoßen, welche bis heute nicht mehr verstummt ist[143].

Die zentrale Aussage *Isensees* war dabei das Postulat der Steuerstaatlichkeit als „verfassungsdogmatisches Koordinatensystem", welches nur begrenzten Durchbrechungen in Gestalt von außersteuerlichen Abgaben bzw. tatsächlichen Dienstleistungspflichten zugänglich sei[144]. *Isensee* begründet seine Auffassung zum einen mit dem Umstand, daß die Finanzverfassung allein für die Steuergesetzgebung umfangreiche und besonders ausbalancierte Kompetenzregelungen enthalte. Um diese vor einer Aushöhlung durch die beliebige Einführung nichtsteuerlicher, auf Art. 73 ff. GG gestützter Abgaben zu schützen, sei es indessen erforderlich, für die Finanzierung öffentlicher Aufgaben die Steuer als Regel, die sonstigen Abgaben dagegen als Ausnahme zu begreifen. Um dieses Regel-Ausnahme-Verhältnis zu wahren, müßten nichtsteuerliche Abgaben weiterhin auch materiell von Steuern klar unterscheidbar sein; während die Finanzierung allgemeinwohlbezogener Staatsausgaben ausschließlich der Steuer vorbehalten sei, erforderten nichtsteuerliche Abgaben stets einen spezifischen Zurechnungsgrund in der Person des Abgabepflichtigen, welcher etwa aus der Abschöpfung eines besonderen Vorteils oder dem Vorliegen einer besonderen Solidarbeziehung resultieren könne. Charakteristikum der Steuer sei dagegen gerade die Voraussetzungslosigkeit ihrer Erhebung, der Umstand also, daß sie alle Staatsbürger im Rahmen ihrer Leistungsfähigkeit gleichmäßig erfasse[145].

Einen Beleg für eine verfassungsrechtliche Verankerung des Steuerstaats als Abkehr von der primär persönlichen und durch Dienstpflichten jederzeit aktualisierbaren Verantwortlichkeit des Bürgers sieht *Isensee* schließlich im Ausnahmecharakter der Art. 12 Abs. 2 GG, Art. 12a GG sowie der verfas-

---

142 Vgl. *Selmer,* Steuerinterventionismus und Verfassungsstaat (1972); *Friauf,* in: FS *Jahrreiß* (1974), S. 45 ff.; *ders.*, in: FS *Haubrichs* (1976), S. 103 ff.

143 Vgl. *Isensee,* in: FS *Ipsen* (1977), S. 409 ff.; *Sacksofsky,* Umweltschutz durch nichtsteuerliche Abgaben (2000), S. 150, spricht insoweit von einem „Siegeszug" des Steuerstaatsprinzips.

144 Vgl. *Isensee,* in: FS *Ipsen* (1977), S. 436.

145 Vgl. *Isensee,* in: FS *Ipsen* (1977), S. 428 ff.

sungsrechtlichen Institutsgarantie des öffentlichen Dienstes. Hieraus folge, daß der Staat den Bürger grundsätzlich nicht zur Erbringung von Dienstleistungen für das gemeine Wohl, sondern lediglich zu deren Finanzierung verpflichten dürfe[146]. Der Steuerstaat fordere von den Bürgern demnach „nicht ihre Arbeitskraft [...], sondern nur ihr Geld“[147].

3. Das Steuerstaatsprinzip in der Rechtsprechung

a) Die Entscheidung des BVerfG zur Berufsausbildungsabgabe als Bekenntnis zum Steuerstaatsprinzip

Drei Jahre nach diesen Ausführungen *Isensees* nahm auch das BVerfG in seiner richtungsweisenden Entscheidung zur Berufsausbildungsabgabe vom 10.12.1980 von seiner bisherigen – eher großzügigen - Rechtsprechung zur Zulässigkeit nicht-steuerlicher Abgaben[148] Abstand und schloß sich der Forderung nach einer primär steuerfinanzierten Deckung des allgemeinen Finanzbedarfs an. Den verfassungsrechtlichen Vorrang der Steuer leitet es zunächst aus der Notwendigkeit ab, die gleiche Teilhabe aller Staatsbürger an der Finanzierung öffentlicher Aufgaben zu gewährleisten. Die staatsbürgerliche Lastengleichheit werde bei der Besteuerung dadurch sichergestellt, daß diese nach Maßgabe der wirtschaftlichen Leistungsfähigkeit erfolge. Der Bestand der hierdurch getroffenen Lastentragungsentscheidung sei indessen dadurch bedingt, daß es der Gesetzgeber mit der Finanzierung öffentlicher Aufgaben durch Steuern im wesentlichen bewenden lasse. Werden die Bürger dagegen neben ihrer Steuerpflicht vom Gesetzgeber noch in größerem Umfang zu anderen, von ihrer Leistungsfähigkeit unabhängigen Abgaben herangezogen, werde die zunächst vorhandene Lastengleichheit der Sache nach wieder aufgehoben. Somit aktualisiere auch Art. 110 Abs. 1 GG, welcher zur vollständigen Einsetzung des Steueraufkommens in den Haushaltsplan verpflichtet, neben der Budgethoheit des Parlaments „den fundamentalen Grundsatz der Gleichheit der Bürger bei der Auferlegung öffentlicher Lasten“ [149].

Daneben folge indessen auch aus der fein ausdifferenzierten Kompetenzordnung der Art. 105 ff. GG, daß der Verfassungsgeber die Finanzierung öffentlicher Aufgaben primär der Steuer zugewiesen habe. Hätte es der Gesetzgeber in der Hand, eine Abgabe nach freiem Ermessen wahlweise auf die Art.

---

146 Vgl. *Isensee*, in: FS *Ipsen* (1977), S. 421 ff.
147 Vgl. *Isensee*, in: FS *Ipsen* (1977), S. 423.
148 Ausführlich zur historischen Entwicklung der höchstrichterlichen Rechtsprechung *Kieser*, Sonderabgaben als Steuern (2000), S. 5 ff.
149 Vgl. BVerfGE 55, 274 [302 ff.].

105 ff. GG, wahlweise auf die Sachgesetzgebungskompetenzen der Art. 73 ff. GG zu stützen, könnte dieser - um mit einem Bild von *Friauf* zu sprechen[150] – „einen der am sorgfältigsten behauenen und in einer Kette von Verfassungsänderungen mehrfach modifizierten Ecksteine aus dem Gefüge der bundesstaatlichen Verfassung herausbrechen“[151].

Um eine solche Unterminierung des finanzverfassungsrechtlichen Kompetenzgefüges zu unterbinden, ist mithin eine klare Abgrenzung zwischen Steuern und sonstigen Abgaben vorzunehmen. Das BVerfG führt hierzu dezidiert aus, daß diese Abgrenzung nicht aufgrund der Bezeichnung der jeweiligen Abgabe durch den Gesetzgeber, sondern nur aufgrund ihres materiellen Gehalts vorgenommen werden dürfe, da anderenfalls die finanzverfassungsrechtlichen Vorgaben relativ leicht umgangen werden könnten[152].

Zur Entwicklung eines materiellen Steuerbegriffs legt das BVerfG die Legaldefinition des § 1 Abs. 1 RAO zugrunde, derzufolge eine Steuer eine einmalige oder laufende Geldleistung ist, welche keine Gegenleistung für eine besondere Leistung darstellt und von einem öffentlich-rechtlichen Gemeinwesen zur Erzielung von Einkünften allen auferlegt wird[153].

Eine Sonderabgabe müsse demgegenüber folgende Kriterien erfüllen:

1. Ihr Aufkommen müsse stets einer konkreten Zweckbindung unterliegen, da die Schöpfung von Geldmitteln für den allgemeinen Finanzbedarf prinzipiell durch Steuern zu erfolgen habe.

2. Abgabepflichtig dürfe zunächst nur eine homogene, d.h. nach einer gemeinsamen Interessenlage oder durch besondere gemeinsame Merkmale abgrenzbare Gruppe sein; dabei sei es dem Gesetzgeber verwehrt, beliebige Gruppen nach Gesichtspunkten zu bilden, die nicht in der Rechts- und Sozialordnung materiell vorgegeben sind.

---

150 Vgl. *Friauf*, in: FS *Haubrichs* (1976), S. 107.

151 Vgl. BVerfGE 55, 274 [302].

152 Vgl. BVerfGE 55, 274 [304].

153 Vgl. BVerfGE 55, 274 [305]. Auch die ganz h.M. in der Literatur attestiert der RAO eine entscheidende Bedeutung für die Auslegung des verfassungsrechtlichen Steuerbegriffs; eine starre und uneingeschränkte Rezeption des einfach-gesetzlichen Steuerbegriffs durch die Verfassung wird dagegen überwiegend abgelehnt, vgl. *Birk*, Steuerrecht, 3. Aufl. (2000); *Hall*, NJW 1970, S. 2189 ff.; *Knies*, Steuerzweck und Steuerbegriff (1976), S. 42 ff.; eingehend zum Meinungsstand *Schaefer*, Der verfassungsrechtliche Steuerbegriff (1997) sowie *Kieser*, Sonderabgaben als Steuern (2000), S. 133 ff.

3. Diese Gruppe müsse weiterhin dem Abgabenzweck derart näher stehen als die Allgemeinheit, daß bezüglich diesem nicht nur eine bloße Sachnähe, sondern darüber hinaus auch eine echte Sachverantwortung der Pflichtigen festgestellt werden könne. Auch dieses Kriterium der Sachverantwortung sei nach der materiell vorgegebenen Lebenswirklichkeit zu bestimmen und stehe nicht zur Disposition des Gesetzgebers; andernfalls könne das finanzverfassungsrechtliche Gebot, Aufgaben der Allgemeinheit nur mittels Steuern zu finanzieren, allzu leicht unterlaufen werden.

4. Schließlich müsse zwischen der durch die Abgabe bewirkten Belastung einerseits und der durch sie bewirkten Vergünstigung andererseits eine „sachgerechte Verknüpfung" bestehen, der erzielte Erlös mit anderen Worten im Interesse der belasteten Gruppe („gruppennützig") verwendet werden. Hierbei genüge allerdings eine Verwendung im überwiegenden Interesse der belasteten Gruppe; ein Nutzeffekt für jeden einzelnen Abgabepflichtigen müsse nicht erzielt werden. Außerdem könne ein Verzicht auf das Erfordernis der Gruppennützigkeit dann gerechtfertigt sein, wenn „die Natur der Sache eine finanzielle Inanspruchnahme der Abgabepflichtigen zugunsten fremder Begünstigter aus triftigen Gründen eindeutig rechtfertigt".

Schließlich müssen Sonderabgaben nach den Ausführungen des BVerfG gegenüber den Steuern eng begrenzte Ausnahmefälle bilden; die oben ausgeführten Zulässigkeitskriterien sind demnach strikt auszulegen[154].

Diese Kriterien wurden vom BVerfG in der Folgezeit mehrfach bestätigt; die Anerkennung der Steuerstaatlichkeit als normatives Prinzip mit Verfassungsrang kann daher inzwischen als gefestigte Rechtsprechung angesehen werden[155], welche in der Literatur überwiegend auf Zustimmung gestoßen ist[156].

b) Die Lockerung der für Sonderabgaben entwickelten Kriterien in bezug auf Lenkungsabgaben

Das Steuerstaatsprinzip war indes kaum höchstgerichtlich aus der Taufe gehoben, als sich das BVerfG anläßlich der Beurteilung der verfassungsrechtlichen Zulässigkeit der Schwerbehindertenabgabe bereits veranlaßt sah, die

---

154 Vgl. BVerfGE 55, 274 [305 ff.]; näher dazu *Arndt,* Steuern, Sonderabgaben und Zwangsanleihen (1983), S. 20 ff.

155 Vgl. etwa BVerfGE 67, 256 ff.; 78, 249 [267]; 82, 159 ff.; 92, 91 ff.

156 Vgl. aus der aktuelleren Literatur etwa *Arndt,* Steuerrecht, 2. Aufl. (2001), S. 4; *Birk,* Steuerrecht, 3. Aufl. (2000), Rdnr. 111 ff.; *Drömann,* Nichtsteuerliche Abgaben im Steuerstaat (2000), S. 141 ff.; vgl. zu weiteren Literaturangaben, auch aus dem älteren Schrifttum, die Nachweise in Fn. 215.

gerade erst entwickelten Zulässigkeitsanforderungen für Sonderabgaben partiell wieder zurückzunehmen. Abgesehen von dem - im konkreten Fall bejahten – Erfordernis der Gruppenhomogenität der Belasteten wendet das Gericht auf die Schwerbehindertenabgabe die strengen Maßstäbe für Sonderabgaben trotz deren eindeutiger Qualifikation als solche[157], tatsächlich überhaupt nicht an, mißt diese vielmehr ausschließlich am allgemeinen Gleichheitssatz des Art. 3 Abs. 1 GG. Als entscheidenden Grund für diese Differenzierung verweist das BVerfG auf die Lenkungsfunktion der in Frage stehenden Abgabe: Anders als bei der Berufsausbildungsabgabe stehe bei der Schwerbehindertenabgabe nicht die Finanzierung staatlicher Aufgaben im Vordergrund, sondern der Zweck, die Arbeitgeber zu einem bestimmten Verhalten – der verstärkten Einstellung von Schwerbehinderten - zu motivieren. Daneben diene die Abgabe auch dazu, die Belastungen derjenigen Arbeitgeber auszugleichen, die ihrer Einstellungspflicht aus dem SchwbG nachkommen.

Aufgrund dieser Ausgleichsfunktion wirke sich die Schwerbehindertenabgabe nicht als Störfaktor auf die Belastungsgleichheit der Arbeitgeber aus, sondern diene vielmehr gerade der Wiederherstellung einer gleichmäßigen Belastung der Arbeitgeber[158]. Die Ausgleichs- und Lenkungsfunktion der Schwerbehindertenabgabe bewahre diese somit vor dem finanzverfassungsrechtlichen Konflikt, in den Sonderabgaben mit primärer Finanzierungsfunktion wie die Berufsausbildungsabgabe nach Ansicht des BVerfG geraten[159]. Zwar sei nicht zu bestreiten, daß auch die Schwerbehindertenabgabe einen gewissen Finanzierungszweck verfolge; dieser trete jedoch angesichts der Primärfunktion der Lenkung sowie des Ausgleichs in den Hintergrund[160]. Wollte man jede Lenkungsabgabe den strengen Rechtmäßigkeitsanforderungen für Sonderabgaben unterstellen, sei es dem Gesetzgeber verwehrt, Lenkungszwecke wirksam zu verfolgen; so würde im konkreten Fall die Nichterhebung der Ausgleichsabgabe auch das primäre Anliegen des Gesetzgebers, die Eingliederung Schwerbehinderter ins Erwerbsleben zu erreichen, deutlich erschweren[161]. Diese Erwägungen rechtfertigen es daher nach Ansicht des BVerfG, Lenkungs- und Ausgleichsabgaben von den Erfordernissen der Gruppenverantwortung sowie der Gruppennützigkeit des Abgabenaufkommens zu befreien[162].

---

157 Vgl. BVerfGE 57, 139 [166].
158 Vgl. BVerfGE 57, 139 [168].
159 Vgl. BVerfGE 57, 139 [167 ff.].
160 Vgl. BVerfGE 57, 139 [169]; in einer späteren Entscheidung zweifelte das Gericht diesen Finanzierungszweck der Schwerbehindertenabgabe dagegen wieder an, vgl. BVerfGE 67, 256 ff. [277].
161 Vgl. BVerfGE 57, 139 [169].
162 Vgl. BVerfGE 57, 139 [169].

Die damit durch das BVerfG bewirkte Öffnung der Finanzverfassung für nicht-steuerliche Abgaben hatte zur Folge, daß in den vergangenen zwanzig Jahren nur wenige Abgaben vor dem BVerfG an der Hürde der Sonderabgabenkriterien scheiterten. Zu diesen Abgaben gehört insbesondere die nach dem Dritten Verstromungsgesetz vom 17.11.1980 von den Elektrizitätserzeugern erhobene Ausgleichsabgabe zur Sicherung der deutschen Steinkohleförderung (Kohlepfennig) sowie die von bestimmten Hessischen Arbeitgebern erhobene Abgabe zur Finanzierung der Lohnfortzahlung in Fällen der Gewährung von Zusatzurlaub für ehrenamtliches Engagement in der Jugendarbeit, in welcher das BVerfG am 09.10.1999 ungeachtet ihrer Ausgleichsfunktion mangels Finanzierungsverantwortlichkeit der Arbeitgeber einen Verstoß gegen das Steuerstaatsprinzip erkannte[163]. In einer weiteren Entscheidung vom 24.01.1995 stellte das BVerfG klar, daß die zur Berufsausbildungsabgabe entwickelten Rechtmäßigkeitskriterien auch für landesrechtliche Sonderabgaben Geltung beanspruchten und erklärte die in Baden-Württemberg und Bayern von männlichen Gemeindeeinwohnern erhobene Feuerwehrabgabe für verfassungswidrig[164]. In beiden Fällen erkannte das BVerfG zwar die Ausgleichsfunktion der jeweiligen Abgabe an[165], hielt sie aber – anders als im Falle der Schwerbehindertenabgabe - im Hinblick auf den mit den beiden Abgaben verfolgten Finanzierungszweck für nicht hinreichend, um diese vom Erfordernis der Gruppenverantwortung der Abgabepflichtigen zu suspendieren.

Bereits als das BVerfG am 06.11.1984 über die Verfassungsmäßigkeit der Investitionshilfeabgabe zu befinden hatte[166], hatte es festgestellt, daß - entgegen der zur Schwerbehindertenabgabe vertretenen Ansicht - bereits jegliche Finanzierungsfunktion einer Lenkungs- oder Ausgleichsabgabe dazu führe, daß diese den vollen Rechtmäßigkeitsanforderungen für Sonderabgaben unterliege[167]. Die vermeintliche Strenge dieser Feststellung war jedoch trügerisch, da das BVerfG sogleich Ausnahmefälle aufzählte, in welchen es Sonderabgaben an jeglicher Finanzierungsfunktion fehle. Als Beispiele nannte es dabei ausgerechnet die Feuerwehr- sowie die Schwerbehindertenabgabe[168]; jedenfalls hinsichtlich der Schwerbehindertenabgabe ist der Widerspruch zu

[163] Vgl. zum „Kohlepfennig" BVerfGE 91, 186 ff.; zur Hessischen Sonderurlaubsabgabe BVerfGE 101, 141 [146 ff.].
[164] Vgl. BVerfGE 92, 91 ff.
[165] Vgl. BVerfGE 92, 91 [117]; 91, 186 [201].
[166] Vgl. BVerfGE 67, 256 ff.
[167] Vgl. BVerfGE 67, 256 [278].
[168] Vgl. BVerfGE 67, 256 [277].

der hierzu ergangenen Entscheidung vom 26.05.1981 augenfällig[169]. Auch im Falle der Feuerwehrabgabe dürfte das BVerfG aber bereits in seiner ersten einschlägigen Entscheidung vom 18.10.1961 durchaus von deren Finanzierungsfunktion ausgegangen sein[170]; der Umstand, daß das Gericht die Feuerwehrabgabe zunächst noch – anders als in seiner späteren Entscheidung vom 24.01.1995 – für verfassungskonform hielt, erklärt sich vielmehr allein daraus, daß das Gericht erst 1980 das Steuerstaatsprinzip „entdeckte".

Im Ergebnis erklärte das BVerfG die Investitionshilfeabgabe schließlich für verfassungswidrig, nachdem es festgestellt hatte, daß diese weder die Zulässigkeitsvoraussetzungen einer Sonderabgabe, noch die einer Steuer oder Zwangsanleihe i.S. des Art. 115 Abs. 1 S. 1 GG erfülle. Ebenso wie in der Entscheidung zur Feuerwehrabgabe wurde vom BVerfG somit keine eindeutige Qualifikation der unzulässigen Abgabe vorgenommen; dies ist vor dem Hintergrund der bisherigen Rechtsprechung des Gerichts insoweit konsequent, als es stets darauf abstellte, daß es für die Zulässigkeit einer Abgabe nicht auf ihre Bezeichnung, sondern allein auf ihre materielle Vereinbarkeit mit der (Finanz-) Verfassung ankomme. Da es dem BVerfG somit einzig darum geht, die Grenze zwischen zulässigen und unzulässigen Abgaben zu ziehen, erfüllen die zur Berufsausbildungsabgabe entwickelten Kriterien einen doppelten Zweck, indem sie einerseits die Sonderabgabe tatbestandlich definieren und andererseits die Anforderungen an ihre verfassungsrechtliche Zulässigkeit festsetzen. Unzulässige Sonderabgaben kann es in diesem Sinne daher strenggenommen gar nicht geben[171].

In einigen Fällen wurden nicht-steuerliche Abgaben, wie etwa die von den besserverdienenden Bewohnern von Sozialwohnungen erhobene sogenannte Fehlbelegungsabgabe, vom BVerfG für verfassungskonform erklärt, ohne daß diese als Sonderabgaben qualifiziert bzw. sie an deren Rechtmäßigkeits-

---

169 Vgl. hierzu die ausführliche Rezension der einschlägigen Rechtsprechung des BVerfG von *Sacksofsky*, Umweltschutz durch nicht-steuerliche Abgaben (2000), S. 65 f., welche in der Widersprüchlichkeit der verfassungsgerichtlichen Argumentation einen Dissens zwischen dem Ersten und dem Zweiten Senat des BVerfG über die Reichweite der finanzverfassungsrechtlichen Restriktionen erkennt. Dieser Dissens dürfte mittlerweile durch die Verständigung der beiden Senate auf einen einheitlichen Begriff der Sonderabgabe weitgehend beigelegt sein, vgl. BVerfGE 81, 156 ff. [187].

170 Vgl. BVerfGE 13, 167 ff.

171 Vgl. *Henseler*, Begriffsmerkmale und Legitimation von Sonderabgaben (1984), S. 22 f.; kritisch zu dieser fehlenden Trennung zwischen Tatbestandsmerkmalen und Rechtfertigungskriterien von Sonderabgaben *Puwalla*, Qualifikation von Abgaben. Eine Untersuchung am Beispiel der Fehlbelegungsabgabe (1987), S. 66 f.; *Jakob*, in: FS *Klein* (1994), S. 667; *Sacksofsky*, Umweltschutz durch nicht-steuerliche Abgaben (2000), S. 73.

voraussetzungen gemessen worden waren[172]. Im Fall der Fehlbelegungsabgabe wurde dies mit deren Funktion als „Instrument der Subventionsrücknahme“ begründet: Die bloße Rückgängigmachung einer staatlichen Gewährung wegen des Wegfalls der Bedürftigkeit sei nicht vergleichbar mit der Gewinnung neuer Finanzmittel durch den Staat[173].

Schließlich werden vom BVerfG auch Sozialversicherungsbeiträge nicht als Sonderabgaben qualifiziert[174]. Ein Konflikt mit der Finanzverfassung könne hier schon insoweit nicht entstehen, als Art. 74 Abs. 1 Nr. 12 GG auch eine Sachgesetzgebungskompetenz zum Erlaß von Regelungen zur Finanzierung der Sozialversicherung impliziere. Im übrigen diene die Erhebung von Sozialversicherungsbeiträgen nicht der allgemeinen Mittelbeschaffung des Bundes, da die Finanzmasse der Sozialversicherung tatsächlich und rechtlich von den Staatsfinanzen getrennt sei[175]. Dagegen hatte *Isensee* bereits 1973 die erhebliche finanzverfassungsrechtliche Relevanz der Sozialversicherungsbeiträge betont und die Sozialversicherung als Medium der „zweiten Einkommensverteilung“ bezeichnet[176]. Dieses genieße zwar eine in der Verfassung verankerte institutionelle Garantie, sei jedoch gleichwohl nicht vor jedweder Kollision mit der Finanzverfassung geschützt. Vielmehr sei auch für Sozialversicherungsbeiträge erforderlich, daß die Belasteten mit den Begünstigten eine Solidargemeinschaft bilden[177].

Das BVerfG lehnte diese Auffassung dagegen ausdrücklich ab: Im Gegensatz zur Sonderabgabe sei dem Sozialversicherungsbeitrag das Merkmal der Gruppenhomogenität der Belasteten gerade fremd. Um aber zu vermeiden, daß Sozialversicherungsbeiträge in Konkurrenz zur Steuer treten, bedürften diese dennoch eines besonderen Rechtfertigungsgrundes, welcher sich insbesondere „aus spezifischen Solidaritäts- oder Verantwortlichkeitsbeziehungen

---

172 Vgl. BVerfGE 78, 249 ff.

173 Vgl. BVerfGE 78, 249 [269].

174 Vgl. BVerfGE 75, 108 ff.; zust. *Heun*, DVBl. 1990, S. 667; *Schuppert*, in: FS *Thieme* (1993), S. 231, welche darauf abstellen, daß Sozialversicherungsbeiträge zwar den Sonderabgaben artverwandt seien, aber im Hinblick auf ihre besondere, bis ins 19. Jahrhundert zurückreichende Entstehungsgeschichte als Abgabeform eigener Art zu betrachten seien.

175 Vgl. BVerfGE 75, 108 [148]; eine Bestätigung dieser Rechtsprechung findet sich in den Ausführungen des Gerichts zur Umlage für die Konkursausfallgeldversicherung, BVerfGE 89, 132 ff. [144].

176 Vgl. *Isensee*, Umverteilung durch Sozialversicherungsbeiträge (1973), S. 43.

177 Vgl. *Isensee*, Umverteilung durch Sozialversicherungsbeiträge (1973), S. 43 bzw. 63 f.; ebenso *Selmer*, Steuerinterventionismus und Verfassungsrecht (1972), S. 371; *Leisner*, Sozialversicherung und Privatversicherung (1974), S. 96.

zwischen Zahlungsverpflichteten und Versicherten“ ergeben könne[178]. Wo exakt das BVerfG den Unterschied zu der von der Literatur erhobenen Forderung nach einer „Solidargemeinschaft“ der Beitragspflichtigen ausmacht, geht aus der Entscheidung nicht hervor.

c) Die Aufweichung des Steuerstaatsprinzips im Gebührenrecht

Die Tendenz zu einer gewissen Aufweichung des finanzverfassungsrechtlichen Standpunkts des BVerfG setzt sich neuerdings auch im Gebührenrecht fort, nachdem Gebühren lange Zeit die wohl finanzverfassungsrechtlich unproblematischste nicht-steuerliche Abgabenform dargestellt hatten. Im Gegensatz zu Steuern und Sonderabgaben ist unter einer Gebühr ein Geldbetrag zu verstehen, welcher vom Staat als Gegenleistung für die Gewährung eines bestimmten Vorteils erhoben wird. Traditionell wird dabei zwischen solchen Gebühren unterschieden, die für die Vornahme einer bestimmten Verwaltungshandlung erhoben werden (Verwaltungsgebühren) sowie solchen, mit denen der Vorteil abgeschöpft wird, der mit der Benutzung einer öffentlichen Einrichtung verbunden ist (Benutzungsgebühren)[179]. Beiden Gebührentypen ist damit der Umstand gemein, daß sie aufgrund ihres Gegenleistungscharakters im Grundsatz nicht in einen Konflikt zur Finanzverfassung treten. Die Gebühr ist insoweit hinreichend klar sowohl von Steuern, als auch von anderen nicht-steuerlichen Abgaben abgrenzbar; indem sie die anderenfalls ungerechtfertigte Gewährung eines besonderen Vorteils durch den Staat in finanzieller Hinsicht wieder ausgleicht, dient sie gerade der Sicherstellung des Grundsatzes staatsbürgerlicher Lastengleichheit. Vor einer beliebigen Festsetzung der Gebührenhöhe durch den Staat, welche zur Gewinnerzielung und damit eben doch zu einem Konflikt mit dem Steuerstaatsprinzip führen könnte, schützt dabei die ständige Rechtsprechung des BVerfG, der zufolge sich die Festsetzung der Gebührenhöhe nur an zwei Kriterien orientieren darf: Dem Kostendeckungsprinzip, nach welchem sich die Gebührenhöhe nach dem vom Staat für die abzugeltende Leistung erbrachten Aufwand richtet sowie dem Äquivalenzprinzip, nach welchem die Gebühr sich nach der Höhe des Vorteils richtet, den der Gebührenschuldner durch die staatliche Leistung erzielt hat[180]. Im Einzelfall darf nach Ansicht des BVerfG auch der Gesichtspunkt der Leistungsfähigkeit für die Bemessung der Gebührenhöhe ausschlaggebend sein, mithin die Gebührenerhebung im Rahmen einer sozialen Staffelung erfolgen – dies allerdings nur dann, wenn „auch die Höchstgebühr die anteilsmäßigen rechnerischen Kosten der Einrichtung nicht übersteigt und eine Leistung betrifft, mit welcher der Staat sowohl dem Sozialstaatsgrundsatz als auch gewichtigen grundrechtlichen Schutzgeboten

---

[178] Vgl. BVerfGE 75, 108 [158].

Rechnung trägt und die aus verfassungsrechtlichen Gründen jedem zugänglich sein muß, der auf die Leistung angewiesen ist“[181].

Nachdem das Äquivalenzprinzip lange Zeit dafür gesorgt hatte, daß sich die Gebühren harmonisch in die Finanzverfassung einfügten, hat die Grundsatzentscheidung des BVerfG vom 07.11.1995[182] im Gebührenrecht ein nicht unerhebliches Konfliktpotential eröffnet. Das BVerfG hatte sich in dieser Entscheidung mit der Verfassungsmäßigkeit der baden-württembergischen und hessischen Wasserentnahmeabgaben zu befassen, Dieser „Wasserpfennig“ wurde von den Ländern auf die Entnahme von Grund- und in Baden-Württemberg auch von Oberflächenwasser erhoben. Ein großer Teil der Literatur hatte diese und vergleichbare Wasserentnahmeabgaben anderer Bundesländer für (finanz-) verfassungswidrig gehalten[183]: Der Staat verlange hier vom Bürger ein Entgelt, ohne – wie im Falle der Verwaltungs- oder Benutzungsgebühr – eigene Aufwendungen gemacht zu haben, die es im Wege der Gebühr auszugleichen gälte; insbesondere gehöre das Oberflächenwasser auch nicht oder jedenfalls nicht ausschließlich dem jeweiligen Bundesland. Damit handele es sich bei den Wasserentnahmeabgaben aber nicht um Gebühren, sondern in Wirklichkeit um – unzulässige, weil nicht kompetenzgemäß erhobene – Steuern[184]. Das BVerfG sprach sich dagegen für die Zulässigkeit der Abgabe aus, welche es, ebenso wie die jeweiligen Landesgesetzgeber, als Gebühr qualifizierte, deren Gegenleistung in der „Eröffnung der Möglichkeit der Wasserentnahme“ liege[185], mithin als eine sogenannte Verleihungsgebühr[186]. Bereits die Zuordnung des Wasserpfennigs zu dieser Rechtsfigur war und ist indessen insoweit umstritten, als die Abgabe nicht an die Verleihung eines Rechts, sondern an die tatsächliche Entnahme von Wasser anknüpft[187]. Darüber hinaus wird zum Teil aber auch schon die Rechtsfigur der Verleihungsgebühr als solche abgelehnt, da deren Anerkennung die

---

179 Vgl. etwa *Kirchhof,* Jura 1983, S. 51.

180 Vgl. BVerfGE 50, 217 [225 f.]; 85, 337 [346]; 97, 332 [345]; dazu *Kirchhof,* Grundriß des Steuer- und Abgabenrechts, 2. Aufl. (2001), Rdnr. 236 ff.

181 Vgl. BVerfGE 97, 332 [346 f.]; im konkreten Fall ging es um die einkommensabhängige Staffelung von Kindergartengebühren aufgrund der Kindergartensatzung der Stadt Idstein in Hessen; zustimmend zur sozialen Staffelbarkeit von Gebühren auch *Helbig,* in: *Sacksofsky/Wieland,* Vom Steuerstaat zum Gebührenstaat (2000), S. 90 f.

182 Vgl. BVerfGE 93, 319 ff.

183 Vgl. *Kirchhof,* NVwZ 1987, S. 1031 ff.; *Pietzcker,* DVBl. 1987, S. 774 ff.; *Hofmann,* VBlBW 1988, S. 426 ff.

184 Vgl. *Kirchhof,* NVwZ 1987, S. 1034 ff.

185 Vgl. BVerfGE 93, 319 [338 ff.].

186 Näher zu dieser Rechtsfigur *Sacksofsky,* Umweltschutz durch nicht-steuerliche Abgaben (2000), S. 95 ff. m.w.N.

187 Vgl. *Kirchhof,* NVwZ 1987, S. 1035.

Grenzen der Gebühr konturlos werden lasse, so daß die Voraussetzungen einer Sonderabgabe allzu leicht unterlaufen werden könnten[188].

Da die Verfassung keinen bestimmten Gebührenbegriff vorgibt, sondern die Gebühr lediglich in Art. 74 Nr. 22 sowie Art. 80 Abs. 2 GG als ein aliud zur Steuer voraussetzt, kommt es nach zutreffender Ansicht des BVerfG für die Zulässigkeit der in Frage stehenden Wasserentnahmeabgabe aber ohnehin nicht auf deren Etikettierung als Gebühr, Sonderabgabe oder Steuer, sondern allein darauf an, „ob sie den Anforderungen standhält, die sich aus der bundesstaatlichen Finanzverfassung ergeben“[189]. Ein Konflikt mit der Finanzverfassung wird vom BVerfG mit der Begründung verneint, daß mit dem Wasserpfennig lediglich ein Sondervorteil abgeschöpft werde, welcher dem Abgabepflichtigen durch die Möglichkeit der Wasserentnahme erwachse. Konkret führt das Gericht aus: „Knappe natürliche Ressourcen, wie etwa das Wasser sind Güter der Allgemeinheit. Wird Einzelnen die Nutzung einer solchen, der Bewirtschaftung unterliegenden Ressource, eröffnet, wird ihnen die Teilhabe an einem Gut der Allgemeinheit verschafft. Sie erhalten einen Sondervorteil gegenüber all denen, die das betreffende Gut nicht oder nicht in gleichem Umfang nutzen dürfen. Es ist sachlich gerechtfertigt, diesen Vorteil ganz oder teilweise abzuschöpfen“[190].

Die argumentative Nähe dieser Entscheidung, welche die Diskussion um die Zulässigkeit von Verleihungsgebühren wieder neu angestoßen hat[191], zu der vom BVerfG unternommenen Rechtfertigung von Lenkungsabgaben ist augenfällig. Anders als die oben angesprochenen Lenkungsabgaben eröffnen Verleihungsgebühren wie der Wasserpfennig dem Gesetzgeber aber einen noch viel größeren Anwendungsbereich. Dies ergibt sich aus der Vielzahl knapper Ressourcen, deren Bedeutung für das Funktionieren unserer Industriegesellschaft es jeweils rechtfertigt, den Zugriff auf sie staatlich zu reglementieren. In einem Aufsatz aus dem Jahre 1997 hat *Gramm* angesichts der wachsenden Anzahl an Verleihungsgebühren im Umweltbereich, durch die eine solche Reglementierung bewirkt werden soll, die Vision eines „Gebührenstaats“ entworfen; in diesem werden keine Steuern mehr erhoben, sondern die Aufgaben des Staates ausschließlich mittels Gebühren finanziert, welche

---

188 Vgl. *Jarass*, DÖV 1989, S. 1016; *Friauf*, „Verleihungsgebühren“ als Finanzierungsinstrument für öffentliche Aufgaben?, in: FS Köln (1988); *Heun*, DVBl. 1990, S. 23.

189 Vgl. BVerfGE 93, 319 [345].

190 Vgl. BVerfGE 93, 319 [345 f.] in diesem Sinne etwa auch die Gesetzesbegründung in BW LT-Dr. 9/4237, S. 13.

191 Vgl. z.B. *Murswiek*, NVwZ 1996, S. 417; *Britz*, JuS 1997, S. 404; *Sacksofsky*, Umweltschutz durch nicht-steuerliche Abgaben (2000); *Meyer*, NVwZ 2000, S. 1000 ff.

– von wenigen staatlichen Kernbereichen abgesehen – für alle Leistungen des Staates gegenüber dem Bürger erhoben werden[192].

Wie real diese Vision *Gramms* jedenfalls partiell werden könnte, wie weitreichend also die vom BVerfG in der Wasserpfennigentscheidung geschaffene Möglichkeit zu einer Umgestaltung des staatlichen Finanzierungssystems tatsächlich ist, zeigt die Verleihung der UMTS-Mobilfunklizenzen in besonders anschaulicher Weise:

UMTS (Universal Mobile Telecommunications System) ist ein Mobilfunksystem, welches im Vergleich zu den bisherigen mobilen Kommunikationssystemen die Übertragung sämtlicher Daten gestattet, deren Konvertierung in ein digitales Format möglich ist[193]. Insbesondere im Internet- und Videobereich werden mobiler Kommunikation durch UMTS neue Dimensionen eröffnet. Da die Anzahl der zum Einsatz von UMTS erforderlichen Funkfrequenzen begrenzt ist, die Möglichkeit zur Nutzung von UMTS aber entscheidend für die künftige Konkurrenzfähigkeit auf dem Mobilfunkmarkt sein dürfte, war von staatlicher Seite nach einer gerechten Möglichkeit der Frequenzvergabe zu suchen. § 20 Abs. 1 Telekommunikationsgesetz (TKG) statuiert daher für die Erbringung öffentlicher Mobilfunkdienste eine Konzessionspflicht. Für die Erteilung einer solchen Konzession sieht § 11 TKG als Regelfall das Verfahren der öffentlichen Versteigerung (Auktionsverfahren) vor. Die Konzession erhält dabei derjenige Interessent, der das höchste Gebot abgibt. Dieses Verfahren trägt den Interessen der Wirtschaft insoweit Rechnung, als es sicherstellt, daß letztlich der Markt über den Wert einer Konzession entscheidet[194].

Bei der in diesem Verfahren durchgeführten Versteigerung, welche im August 2000 in Mainz stattfand, wurden insgesamt 99,36 Milliarden DM für die Staatskasse erlöst[195], mithin ein Betrag, der rund 20 % des Bundeshaushalts für das Jahr 2001 entsprach[196] und der – nach dem Willen des Bundesfinanzministers zur Schuldentilgung verwendet - ausreicht, allein durch die dadurch erzielten Zinsersparnisse des Bundes umfangreiche Investitionen in Bildung und Verkehr vorzunehmen. Angesichts dieser Größenordnung wurde die

---

192 Vgl. *Gramm*, Der Staat, Bd. 36 (1997), S. 267 ff.

193 Vgl. *Taucher/Vartian*, Medien und Recht 1999, S. 247.

194 Näher zum Verfahren *Heilbock*, MMR 1999, S. 27.

195 Diese Gesamtsumme verteilte sich dergestalt auf die sechs erfolgreichen Bieter, daß jeder Konzern für seine ersteigerten Lizenzen zwischen 16,4 und 16,7 Milliarden DM aufbringen mußte, vgl. *Schumacher*, NJW 2000, S. 3096.

196 Dieser sah für das Haushaltsjahr 2001 Einnahmen in Höhe von 433,2 Mrd. DM und Ausgaben in Höhe von 477 Mrd. DM vor, vgl. www.bundesfinanzministerium.de/ Anlage 1333/ Bundeshaushalt-2001.pdf, S. 5.

Freude über den in dieser Höhe unerwarteten Gewinn für die Staatskasse rasch von nachdenklichen, die Rechts- bzw. Verfassungswidrigkeit der Frequenzvergabe anmahnenden Stimmen überlagert[197]. Kritik entzündete sich dabei vor allem daran, daß dem Staat die vergebenen Frequenzen nicht gehörten, er mithin durch die Vergabe keinerlei Vermögenswerte aufgebe, die durch die exorbitanten Versteigerungserlöse ausgeglichen werden müßten. Durch diesen einseitigen Finanzierungseffekt zugunsten des Staates gerate indessen die „finanzverfassungsrechtliche Ordnung in eine Schieflage“[198].

Ungeachtet dieser gravierenden steuerstaatlichen Bedenken hat das BVerfG über die Lizenzvergabe letztlich nicht das Verdikt der Rechtswidrigkeit ausgesprochen. Zunächst freilich schien eine Klage der MobilCom hierfür Anlaß zu geben; diese Anbieterin von Telekommunikationsleistungen hatte sich zunächst (erfolgreich) an der Lizenzversteigerung beteiligt, die Lizenzgebühr aber nur unter Vorbehalt gezahlt; der Grund lag neben den angesprochenen finanzverfassungsrechtlichen auch in wettbewerbsrechtlichen Bedenken bezüglich der Rechtmäßigkeit der Lizenzvergabe, welche daraus folgten, daß die mehrheitlich in Staatseigentum befindliche Telekom AG sich an der Versteigerung beteiligt und die Preise nach Auffassung der Mitbieter künstlich in die Höhe getrieben hatte[199]. Trotz erkannter guter Erfolgsaussichten zog die MobilCom indessen im Januar 2001 ihre Klage wegen des mit den erwarteten Prozeßkosten verbundenen Kostenrisikos zurück[200].

Das BVerfG hatte damit am 28.03.2002 lediglich über eine Klage der Bundesländer Baden-Württemberg, Bayern und Hessen zu entscheiden, welche eine finanzielle Beteiligung am Versteigerungserlös begehrten. In seiner Entscheidung führte das BVerfG aus, daß Art. 106 Abs. 3 GG lediglich die Verteilung von Steuern regele; diesen könnten nicht-steuerliche Abgaben – und seien sie auch noch so hoch – nicht als dem Steuerbegriff des Art. 106 Abs. 3 GG vergleichbar angenähert werden; das Gericht läßt dabei ausdrücklich offen, „ob sich derartige nichtssteuerliche Einnahmen des Bundes noch in die Abgabensystematik des Grundgesetzes einfügen“[201].

---

197 Vgl. etwa *Arndt,* in: Kommunikation & Recht 2001, S. 23 ff.; *Schmehl,* in: Süddeutsche Zeitung vom 07.09.2000, S. 28: „Darf der Staat die Luft versteigern?“

198 So der Steuerrechtler *Lehner,* zitiert in: Süddeutsche Zeitung vom 22. 09. 2000, S. 25:.

199 Nach Ansicht von VIAG-Interkom-Chef *Ardelt,* veröffentlicht in SPIEGEL-online vom 25.10.2000 unter www.spiegel.de/wirtschaft/0,1518,99810,00.html, hat die Deutsche Telekom einen unnötigen Preisanstieg von rund sechs Milliarden DM pro Lizenz zu verantworten.

200 Eine Klage der MobilCom durch sämtliche Instanzen hätte nach Angaben des Handelsblatts vom 12./13.01.2001, S. 25, Gerichts- und Rechtsanwaltskosten in Höhe von 700 Millionen DM verursacht..

201 vgl. www.bundesverfassungsgericht.de/entscheidungen/frames/2002/3/28, S. 7.

Mit dem in der Sonderabgabenrechtsprechung postulierten Steuerstaatsprinzip, nach dem nicht-steuerliche Abgaben im System der Finanzverfassung die seltene Ausnahme bilden müssen, ist die schrankenlose Zulassung von Verleihungsgebühren jedenfalls nicht zu vereinbaren[202]. *Gramm* ist daher zuzustimmen, wenn er vor der Gefahr einer „Erosion" des Steuerstaates warnt, die durch die unkontrollierte Schaffung neuer Gebührentatbestände drohe[203].

d) Die Nichtanwendung des Steuerstaatsprinzips durch das BVerfG in Fällen der Indienstnahme Privater

Wie bereits gezeigt[204], hat das BVerfG eine Verletzung des Steuerstaatsprinzips meist überhaupt nur dann geprüft, wenn es über die Zulässigkeit einer Abgabe, also einer in Geld zu erbringenden Leistung des Bürgers an den Staat, zu entscheiden hatte. Die unentgeltliche Verpflichtung Privater für öffentliche Aufgaben wurde und wird dagegen vom BVerfG als finanzverfassungsrechtlich weitgehend unbedenklich angesehen. In seiner Entscheidung zum Arbeitnehmerweiterbildungsurlaub begründete das Gericht diese Unbedenklichkeit jedenfalls für den konkreten Fall vor allem mit zwei Argumenten:

Zunächst bestehe die Verpflichtung der Arbeitgeber zur Gewährung von Weiterbildungsurlaub nicht gegenüber dem Staat, sondern lediglich gegenüber den Arbeitnehmern; Indienstnahmen und Abgaben seien daher nicht vergleichbar[205]. Dieses Argument erweist sich indessen als vordergründig, wenn man bedenkt, daß sowohl Abgaben, als auch Indienstnahmen jeglicher Art nicht nur und nicht in erster Linie den Interessen der von der Dienstleistung/dem Abgabeaufkommen Begünstigten, sondern darüber hinaus auch dem Interesse der Allgemeinheit an der Erfüllung bestimmter öffentlicher Aufgaben dienen. Sowohl die Heranziehung des Bürgers zu Abgaben, als auch seine unentgeltliche Indienstnahme für öffentliche Aufgaben führt somit im Ergebnis zu einer sozialen Umverteilung von Gütern; diese wird im einen Fall durch die Abschöpfung von Geldmitteln, im anderen durch die Indienststellung der privaten Arbeit für öffentliche Zwecke erreicht, ohne daß hierfür die Frage eine Rolle spielt, ob die Dienstpflicht in erster Linie Dritten oder gleich unmittelbar dem Staat zugute kommt.

---

202 Kritisch zur Verleihungsgebühr als Mittel zur Erwirtschaftung von Gewinnen für die Staatskasse auch *Wieland*, Die Konzessionsabgaben (1991), S. 306 f.

203 Vgl. *Gramm*, Der Staat Bd. 36 (1997), S. 269; ähnlich *Drömann*, Nichtsteuerliche Abgaben im Steuerstaat (2000), S. 158.

204 Vgl. oben, 1. Teil, III.

205 Vgl. BVerfGE 77, 308 [339].

Besonders deutlich wird die Parallelität von Indienstnahmen und Abgaben beim Schwerbehindertenschutz: Auch dort besteht mit der Pflicht zur Einstellung einer bestimmten Quote an Schwerbehinderten zunächst nur eine Verpflichtung des Arbeitgebers gegenüber Dritten. Diese wandelt sich jedoch im Falle ihrer Nichterfüllung unmittelbar in eine Pflicht gegenüber dem Staat zur Zahlung der Ausgleichsabgabe nach § 11 Abs. 1 SchwbG um. Im Ergebnis laufen damit Primär- und Sekundärpflicht aus der Sicht des Staates auf das Gleiche hinaus: In beiden Fällen muß der Staat für die Aufgabe des Schwerbehindertenschutzes wegen der tatsächlichen oder finanziellen Heranziehung des privaten Arbeitgebers weniger eigene Mittel aufwenden, so daß sein Haushalt in beiden Fällen entlastet wird. Damit verbietet es sich aber, Primär- und Sekundärpflicht nach rein formalen Gesichtspunkten in drittbezogene Pflichten einerseits und staatsbezogene Pflichten andererseits aufzuspalten und unterschiedlichen Rechtfertigungsanforderungen zu unterwerfen[206]. Das Beispiel des Schwerbehindertenschutzes zeigt vielmehr, daß der Gesichtspunkt der Drittbezogenheit einer Dienstpflicht nichts über ihre Vereinbarkeit mit dem Steuerstaatsprinzip aussagt.

Als zweites Argument gegen die Einschlägigkeit des Steuerstaatsprinzips führt das BVerfG den Umstand an, daß es bei einer Indienstnahme nicht darum gehe, „Einnahmen für öffentliche Haushalte zu erzielen" und fügt hinzu: „Die für eine Sonderabgabe typischen Zwecke des Ausgleichs oder der Verhaltenslenkung sollen hier nicht erfüllt werden"[207]. Bereits an der Formulierung wird die Angreifbarkeit der Argumentation des Gerichts deutlich: So sind die Zwecke des Ausgleichs und der Verhaltenslenkung nach der bisherigen Rechtsprechung des BVerfG eben gerade kein typisches Merkmal einer Sonderabgabe, sondern charakterisieren einen Spezialfall dieses Abgabetyps, der sich dadurch auszeichnet, daß er – anders als die „herkömmliche" Sonderabgabe - im Hinblick auf seine besondere Funktion gerade nicht zu finanzverfassungsrechtlichen Konflikten führt. Vor diesem Hintergrund ist es aber inkonsequent, wenn das BVerfG hinsichtlich der Pflicht zur unentgeltlichen Freistellung von Arbeitnehmern zu Weiterbildungszwecken die Vorzeichen umkehrt und diese gerade deshalb für mit der Finanzverfassung vereinbar hält, weil sie keine Lenkungs- oder Ausgleichszwecke verfolgt. Angesichts dieses doppelten Selbstwiderspruchs ist die Ablehnung einer finanzverfassungsrechtlichen Relevanz von Indienstnahmen durch das BVerfG daher nicht überzeugend.

---

[206] So auch *Dönneweg*, Der bezahlte Bildungsurlaub (1997), S. 154; ähnlich *Schiller*, Sonderabgaben (2000), S. 115 ff.

[207] Vgl. BVerfGE 77, 308 [339].

Auch zu dem in der Argumentation *Isensees* zentralen Aspekt des grundsätzlichen Vorrangs von Steuern gegenüber öffentlichen Dienstpflichten[208] hat sich das BVerfG bisher nicht geäußert. Dies mag einerseits daran liegen, daß die Entscheidung zum Weiterbildungsurlaub für derartige Ausführungen insoweit keinen Anlaß bot, als eine Urlaubsgewährung durch den Staat als Alternative ausscheidet, sich die Frage eines Vorrangs hier also nicht stellt. Entscheidungen zu Indienstnahmetatbeständen wie der Mineralölbevorratung, bei welchen eine alternative Aufgabenerfüllung durch den Staat möglich wäre, liegen dagegen zu weit zurück, um die erst Mitte der 70er Jahre aufgekommene Diskussion um das Steuerstaatsprinzip zu berücksichtigen.

Ganz ohne Bedenken hinsichtlich der Vereinbarkeit von Indienstnahmen mit dem Steuerstaatsprinzip scheint das BVerfG schließlich selbst nicht zu sein; so führte es im Jahre 1987 mit dem Erfordernis der Verantwortungsbeziehung der Arbeitgeber zur übertragenen Aufgabe einen Begriff in seine Rechtsprechung ein[209], der bereits aus der Entscheidung zur Künstlersozialversicherung bekannt ist und sich im Jahre 1990 auch im Urteil zur Investitionshilfeabgabe wiederfand[210]. Wie genau eine solche Verantwortungsbeziehung beschaffen sein muß, um eine Abgaben- oder Dienstverpflichtung vor dem BVerfG zu rechtfertigen, bleibt weitgehend offen; deutlich wird lediglich, daß das BVerfG auch im Fall der Indienstnahme um die Statuierung einer gewissen Zulässigkeitshürde bemüht ist, welche zwischen der Gruppenverantwortung i.S. der Sonderabgabenrechtsprechung und dem im Rahmen des Art. 3 GG üblicherweise ausreichenden sachlichen Differenzierungsgrund anzusiedeln sein dürfte.

Eine Tendenz zur weiteren Annäherung von Indienstnahme- und Sonderabgabenrechtsprechung deutete sich zuletzt 1998 an, als der BFH im Zusammenhang mit der Kindergeldauszahlungspflicht der Arbeitgeber die Bereitschaft signalisierte, sich umfassend mit den gegen diese ins Feld geführten steuerstaatlichen Bedenken zu befassen[211]. Da aber der Gesetzgeber die streitbefangene Indienstnahme mit dem Jahressteuergesetz 1999 wieder zurücknahm, muß bis auf weiteres offen bleiben, inwieweit die Rechtsprechung gewillt ist, ihre strenge Haltung gegenüber Sonderabgaben auch auf Indienstnahmen zu erstrecken.

---

208 Vgl. *Isensee*, in: FS *Ipsen* (1977), S. 421 ff.; hierzu auch schon oben, 2. Teil, I 1 b.
209 Vgl. BVerfGE 77, 308 [337].
210 Vgl. BVerfGE 81, 156 [198].
211 Vgl. Beschluß vom 26.05.1998, DStR 1998, S. 1125.

e) Ergebnis: Nur rudimentäre Umsetzung des Steuerstaatsprinzips durch die Rechtsprechung

Zusammenfassend bleibt festzuhalten, daß das BVerfG die in der Entscheidung zur Berufsausbildungsabgabe zutage tretende Strenge bezüglich der Zulässigkeit von nicht-steuerlichen Abgaben auf breiterer Ebene nicht durchhält. Die Abstufung der Zulässigkeitsvoraussetzungen einer nicht-steuerlichen Abgabe nach der Frage, ob diese einen primären, einen sekundären oder überhaupt keinen Finanzierungszweck verfolgt, erscheint dabei insoweit als problematisch, als letztlich fast jede Abgabe zu Einnahmen der öffentlichen Hand führt und dieser Finanzierungseffekt für die Motivation des Abgabengesetzgebers wohl auch fast immer eine nicht ganz untergeordnete Rolle spielt[212]; meist wird der Gesetzgeber mit einer Abgabe ohnehin mehr als nur eine Zielsetzung verfolgen, so daß eine Aufsplittung der Abgaben in solche mit und solche ohne Lenkungsfunktion in der Praxis oft gar nicht durchführbar ist[213]. Der gleiche Einwand gilt auch für die Fälle einer Indienstnahme Privater für öffentliche Aufgaben; diese führen zwar nicht zu Einnahmen, wohl aber zu Einsparungen des Staates und wirken damit gleichermaßen haushaltsentlastend. Indem das BVerfG für die verfassungsrechtliche Zulässigkeit einer nicht-steuerlichen Abgabe in erster Linie nicht auf deren haushaltsentlastende Wirkung, also auf den tatsächlichen Finanzierungseffekt einer Abgabe, sondern auf die – in den wenigsten Fällen eindeutig feststellbare und meist aus einem Motivbündel bestehende - Intention des Gesetzgebers abstellt, eröffnet es in vielen Bereichen die Möglichkeit einer staatlichen Finanzierung jenseits der Steuer.

Insbesondere mit der Verleihungsgebühr und der Indienstnahme Privater für öffentliche Aufgaben haben die Verfassungsrichter dem Gesetzgeber zwei Instrumente in die Hand gegeben, deren ungezügelter Gebrauch den Steuerstaat zu einem Dienstleistungs- und Gebührenstaat konvertieren könnte.

---

[212] So auch *Britz*, JuS 1997, S. 407; allerdings weist *Schiller*, Sonderabgaben (2000), S. 40 f. m.w.N., überzeugend nach, daß vom Finanzierungseffekt einer Abgabe nicht zwingend auf ihren Finanzierungszweck geschlossen werden dürfe; anderenfalls müßte auch Straf- und Ordnungsgeldern ein Finanzierungszeck zuerkannt werden, was indessen deren reinem Sanktionscharakter zuwiderliefe.

[213] Vgl. insoweit die Kritik von *Hansjürgens*, Umweltabgaben im Steuersystem, 1. Aufl. (1992), S. 201.

4. Die Ablehnung des Steuerstaatsprinzips durch Teile der neueren Literatur

Die aufgezeigten Unstimmigkeiten und Widersprüche in der Rechtsprechung gehen mit dem Umstand einher, daß auch die Literatur in den letzten Jahren kaum noch Versuche unternommen hat, das Steuerstaatsprinzip dogmatisch zu rechtfertigen oder inhaltlich zu konkretisieren[214]. Dies gibt Anlaß, die These vom verfassungsrechtlich gebotenen Primat der Steuer insoweit einer kritischen Überprüfung zu unterziehen, als die nahezu einhellige Zustimmung, welche diese in der Literatur zunächst gefunden hatte[215], seit einiger Zeit einer wachsenden Skepsis zu weichen beginnt. Parallel zu der Entwicklung im Gebührenrecht, welche das von der Rechtsprechung zunächst so vehement vertretene Steuerstaatsprinzip zu konterkarieren droht, mehren sich mittlerweile auch in der Literatur die Stimmen, welche für eine großzügige Auslegung[216] oder gar eine Aufgabe des Steuerstaatsprinzips plädieren[217].

Dabei wird zwar durchaus eingeräumt, daß die Steuer nach der Vorstellung des Verfassungsgebers de facto das primäre Mittel zur Finanzierung öffentlicher Aufgaben darstelle; aus einer solchen Vorstellung bezüglich tatsächlicher Gegebenheiten könne jedoch nicht ohne weiteres darauf geschlossen werden, daß dieser Gedanke auch Eingang in die Verfassung gefunden habe; ein dahingehender Wille des Verfassungsgebers sei vielmehr gerade nicht feststellbar[218]. Im Gegenteil sei es im Hinblick auf die vom Verfassungsgeber

---

214 Eine Ausnahme stellt insoweit die Arbeit von *Drömann* dar, welche eben diese dogmatische Verortung und inhaltliche Konkretisierung bewerkstelligt, ohne allerdings näher auf die – zum Zeitpunkt der Verfassung auch noch nicht absehbare - wachsende Kritik am Steuerstaatsprinzip in der jüngsten Literatur einzugehen, vgl. *Drömann*, Nichtsteuerliche Abgaben im Steuerstaat (2000); S. 141 ff.

215 Vgl. etwa *Arndt*, Steuern, Sonderabgaben und Zwangsanleihen (1983), S. 20 ff.; *Depenheuer*, BB 1996, S. 1220 f.; *Gramm*, Der Staat 36 (1997), S. 273 ff.; *Haas-Traeger*, DÖV 1980, S. 18; *Jarass*, DÖV 1989, S. 1014; *F. Kirchhof*, Grundriß des Steuer- und Abgabenrechts, 2. Aufl. (2001), Rdnr. 20; *Ders.* Die Verwaltung, Bd. 21 (1988), S. 139 ff.; *P. Kirchhof*, Jura 1983, S. 506; *Köck*, JZ 1991, S. 692; *Maurer*, Staatsrecht, 2. Aufl. (2001), § 21, Rdnr. 19; *Morgenthaler*, Umweltschutz im Abgaben- und Steuerrecht (1993), S. 205 ff.; *Sander*, DVBl. 1990, S. 19; *Patzig*, DÖV 1981, S. 747; *Wilms*, NVwZ 1995, S. 551; das Steuerstaatsprinzip zwar begrifflich ablehnend, eine verfassungsrechtliche Grundsatzentscheidung zugunsten der Steuer aber bejahend *Siekmann*, in: *Sachs*, GG, 2. Aufl. (1999), Rdnr. 45 vor Art. 104a.

216 So wohl insbesondere *Hendler*, DÖV 1999, S. 756 ff.

217 Vgl. etwa *Schuppert*, in: FS *Thieme* (1993), S. 242; *Jakob*, in: FS *Klein* (1994), S. 697 f.; *Sacksofsky*, Umweltschutz durch nicht-steuerliche Abgaben (2000), S. 153 ff.; *Gawel*, Der Staat, Bd. 39 (2000), S. 212 ff.; *Schiller*, Sonderabgaben (2000), S. 90 f.; jüngst auch *Luhmann*, in: Das Parlament, Nr. 11/2001, S. 15.

218 Vgl. *Sacksofsky*, Umweltschutz durch nicht-steuerliche Abgaben (2000), S. 162.

intendierte Flexibilität der Finanzverfassung verfehlt anzunehmen, daß das Grundgesetz einer Abkehr vom überkommenen, primär steuerrechtlichen Finanzierungsmodell ablehnend gegenüberstehe[219]. So ergebe sich aus der differenzierten Kompetenzverteilung des Art. 105 GG kein verfassungsrechtliches Primat der Steuer, sondern allein die Notwendigkeit, zwischen Steuern und sonstigen Abgaben hinreichend klar zu differenzieren[220]. Ein Verständnis des Steuerstaates als verfassungsrechtliches Postulat stehe dagegen in nicht erklärbarem Widerspruch zu dem in zahlreichen Gemeindeordnungen der Länder verankerten kommunalrechtlichen Prinzip der Subsidiarität der Steuer, welches zwar nur einfachgesetzlich normiert sei, dessen Verfassungsmäßigkeit jedoch auch von den Befürwortern des Steuerstaatsprinzips nicht in Zweifel gezogen werde[221].

Weiterhin stoße das Steuerstaatsprinzip wegen des deutlichen Übergewichts des Bundes bei den Steuergesetzgebungskompetenzen auch auf bundesstaatliche Bedenken[222]. Schließlich folge ein Vorrang der Steuer auch nicht aus der grundrechtssichernden Funktion der finanzverfassungsrechtlichen Kompetenzordnung: So sei zwar davon auszugehen, daß Kompetenznormen insoweit eine grundrechtsschützende Wirkung zukomme, als sie den Bürger vor Grundrechtseingriffen aufgrund eines kompetenzwidrig zustande gekommenen Gesetzes bewahren; dagegen gehe es bei der Frage nach einem verfassungsrechtlichen Primat der Steuer aber um die dieser Problematik vorgelagerte Frage, ob und inwieweit das Grundgesetz in den Art. 73 ff. überhaupt eine Kompetenz zur Erhebung nicht-steuerlicher Abgaben enthalte. Eine grundrechtssichernde Maxime, welche eine besonders restriktive Auslegung der Art. 73 ff. GG gebiete, sei indessen der Verfassung fremd und werde im übrigen auch von den Anhängern des Steuerstaatsprinzips nicht behauptet[223].

Hinsichtlich der von der herrschenden Meinung beschworenen Gefahr einer Aushöhlung des Leistungsfähigkeitsprinzips durch nicht-steuerliche Belastungen der Bürger[224] wird schließlich geltend gemacht, daß Art. 3 GG lediglich irgendeinen, nicht aber zwingend einen in der Leistungsfähigkeit des Bürgers begründeten Differenzierungsgrund für die Abgabenbelastung erfordere[225].

---

219 Vgl. *Gawel*, Der Staat, Bd. 39 (2000), S. 213.

220 Vgl. *Hendler*, DÖV 1999, S. 757; *Sacksofsky*, Umweltschutz durch nicht-steuerliche Abgaben (2000), S. 167 f.; *Gawel*, Der Staat, Bd. 39 (2000), S. 213.

221 Vgl. *Sacksofsky*, Umweltschutz durch nicht-steuerliche Abgaben (2000), S. 155.

222 Vgl. insbesondere *Hendler*, AöR 115 (1990), S. 598 ff.

223 Vgl. *Sacksofsky*, Umweltschutz durch nicht-steuerliche Abgaben (2000), S. 167.

224 So insbesondere *Friauf*, in: FS *Jahrreiß* (1974), S. 46 ff.

225 Vgl. *Gawel*, Der Staat, Bd. 39 (2000), S. 214 f.

II. Das Steuerstaatsprinzip – finanzverfassungsrechtliche Leitlinie oder Leerformel? – Auseinandersetzung mit dem Meinungsstand

Ist das Steuerstaatsprinzip demnach eine bloße verfassungsrechtliche Fata Morgana, eine Leerformel allenfalls, die lediglich den Ist-Zustand der staatlichen Finanzierung umschreibt, ohne dabei normative Vorgaben zu enthalten?

1. Keine Stütze des Steuerstaatsprinzips im Wortlaut der Finanzverfassung

Für die Befürworter dieser Ansicht streitet sicherlich der Umstand, daß ein Vorrang der Steuer sich zweifellos nicht explizit aus dem Wortlaut der Verfassung ergibt. Es versteht sich weiterhin von selbst, daß es zu weit ginge, der unreflektierten Vorstellung einer primär steuerfinanzierten Aufgabendurchführung durch den Staat, welche der Verfassungsgeber bei der Konzeption der Art. 104a ff. GG gehabt haben mag, normativen Gehalt beizumessen, wenn diese Vorstellung nicht in irgendeiner Form in den Verfassungstext Eingang gefunden hätte.

Gleichwohl wäre es Ausdruck eines zu starren Verfassungsverständnisses, wollte man für die normative Geltung eines Verfassungsprinzips stets dessen explizite Erwähnung im Grundgesetz fordern; das Prinzip der Verfassungsorgantreue[226] oder der – meist aus dem Rechtsstaatsprinzip abgeleitete - Verhältnismäßigkeitsgrundsatz[227] sind nur zwei Beispiele für allgemein anerkannte Verfassungsprinzipien, die Rechtsprechung und Lehre eigenständig aus dem Geist der einschlägigen Verfassungsbestimmungen entwickelt haben, ohne daß sich hiergegen eine vergleichbare Opposition formiert hätte. Auch im Fall des Steuerstaatsprinzips ist nicht einzusehen, warum ein solch enges Verfassungsverständnis zugrunde gelegt werden sollte; insbesondere verbietet sich ein Umkehrschluß dergestalt, daß aus der in vorkonstitutioneller Zeit unbestritten rein deskriptiven Natur des Steuerstaatsbegriffs auch für die Gegenwart das Fehlen seiner normativen Verankerung im Grundgesetz zu folgern sei[228].

---

[226] Eingehend hierzu *Schenke*, Die Verfassungsorgantreue (1977).

[227] Näher zu den verschiedenen dogmatischen Wurzeln des Verhältnismäßigkeitsgrundsatzes *v. Münch*, Staatsrecht I, 6. Aufl. (2000), Rdnr. 370 m.w.N.

[228] So aber wohl *Schiller*, Sonderabgaben (2000), S. 90.

2. Bundesstaatliche Argumente pro und contra Steuerstaatsprinzip

a) Die Finanzverfassung als abschließendes System abgabenrechtlicher Balance zwischen Bund und Ländern

Es fragt sich somit, ob ein verfassungsrechtlicher Vorrang der Steuer aus Systematik, ratio, telos und/oder Historie der Finanzverfassung abgeleitet werden kann. Insoweit fällt sofort auf, daß Art. 105 GG allein für die Steuererhebungskompetenzen eine dezidierte Regelung enthält; andere Mittel der staatlichen Finanzierung wie die Gebührenerhebung oder die Kreditaufnahme werden dagegen von der Verfassung nur an anderer Stelle und auch dort nur am Rande erwähnt: Während der Kreditaufnahme mit Art. 115 GG immerhin noch ein eigener Verfassungsartikel gewidmet ist[229], wird die Gebühr lediglich von Art. 74 Abs. 1 Nr. 22 GG sowie von Art. 80 Abs. 2 GG vorausgesetzt, ohne daß dabei auch nur die mindeste Aussage über die Voraussetzungen ihrer Zulässigkeit getroffen wird.

Nun ist es aber gerade Aufgabe der Art. 105 ff. GG, den sensiblen Bereich der staatlichen Mittelbeschaffung und –verteilung klaren und berechenbaren Regeln zu unterwerfen; nicht von ungefähr hat sich für diese Bestimmungen des Grundgesetzes der Ausdruck „Finanzverfassung" eingebürgert[230]. Es fragt sich daher, welchen Zweck die sorgfältig austarierte Kompetenzverteilung des Art. 105 GG sowie die ebenso empfindliche Bund-Länder-Balance des vertikalen und horizontalen Finanzausgleichs in Art. 106 f. GG verfolgen sollten, wenn die Väter des Grundgesetzes jenseits dieser Finanzverfassung noch eine Fülle alternativer Finanzierungsmodelle für möglich gehalten hätten.

Sacksofsky meint, diesen augenscheinlichen Widerspruch mit regelungstechnischen Motiven des Verfassungsgebers erklären zu können: So stünden die Steuererhebungskompetenzen in einem untrennbaren Zusammenhang mit den Bestimmungen zur Verteilung der Steuereinnahmen sowie dem Finanzausgleich; es sei daher nicht praktikabel gewesen, die Steuererhebungskompetenzen in die Sachgesetzgebungskompetenzen der Art. 70 ff. GG zu integrieren, da diese sonst zu unübersichtlich bzw. unsystematisch geraten wären[231].

---

229 Eingehend zu den verfassungsrechtlichen Problemen einer staatlichen Finanzierung durch Kreditaufnahmen *Puhl*, Budgetflucht und Haushaltsverfassung (1996), S. 473 ff.

230 Eingehend zur Terminologie *Ulsenheimer*, Untersuchungen zum Begriff „Finanzverfassung" (1969).

231 Vgl. *Sacksofsky*, Umweltschutz durch nicht-steuerliche Abgaben (2000), S. 164 f.

Der Umstand, daß die Finanzverfassung nur die Steuererhebungskompetenzen, nicht aber die Kompetenzen zur Erhebung sonstiger Abgaben regelt, könne damit erklärt werden, daß die Steuer – anders als alle anderen Abgaben – voraussetzungslos geschuldet werde und nicht an einen bestimmten Sachbereich anknüpfe. Die gesonderte Regelung von Abgabenerhebung und -verteilung sei daher allein bei der Steuer vonnöten. Nicht-steuerliche Abgaben bedürften einer von Art. 70 ff. GG abweichenden Regelung nicht; sie würden „legitimiert und begrenzt durch ihren spezifischen Erhebungsgrund bzw. durch die staatliche (Gegen-)Leistung, die sie entgelten“[232].

Es leuchtet ein, daß die Steuern im Hinblick auf ihre Voraussetzungslosigkeit eigener Kompetenztitel bedürfen, während sich die Zuständigkeit für die Erhebung nicht-steuerlicher Abgaben zwanglos als Annex zu den jeweiligen Sachgesetzgebungskompetenzen darstellt. Allerdings hätte insoweit die Einfügung entsprechender Regelungen in das System der Art. 70 ff. GG genügt, ohne daß diese durch Bestimmungen über die Verteilung der Steuern oder den Finanzausgleich hätten ergänzt werden müssen. Keineswegs ist die Flankierung der Steuererhebungskompetenzen durch gesonderte Verteilungs- und Ausgleichsregelungen so selbstverständlich, wie *Sacksofsky* meint; vielmehr steht bei allen nicht-steuerlichen Abgaben der Erlös ohne weiteres derjenigen Gebietskörperschaft zu, in deren Zuständigkeit nach den Art. 70 ff. GG auch die Erhebung der jeweiligen Abgabe fällt. Daß die Verfassungsväter allein für die Steuer mit der ansonsten üblichen Identität von abgabenerhebender und abgabenvereinnahmender Gebietskörperschaft brachen und darüber hinaus für die Steuererhebung auch ein eigenes, sich von den Art. 70 ff. GG unter anderem durch die Aufnahme einer ausschließlichen Gesetzgebungskompetenz der Länder (Art. 105 Abs. 2a GG) unterscheidendes Kompetenzverteilungssystem kreierten, muß daher andere Gründe gehabt haben.

Diese Gründe sind zunächst in der Entstehungsgeschichte der Finanzverfassung zu suchen. Ein Vergleich mit der Weimarer Reichsverfassung zeigt, daß jene nur sehr rudimentäre Regelungen zur staatlichen Finanzierung enthielt; Art. 8 WRV erstreckte die Steuergesetzgebungskompetenz des Reichs lediglich auf „die Gesetzgebung über die Abgaben und sonstigen Einnahmen, soweit sie ganz oder teilweise für seine Zwecke in Anspruch genommen werden. Nimmt das Reich Abgaben oder sonstige Einnahmen in Anspruch, die bisher den Ländern zustanden, so hat es auf die Erhaltung und Lebensfähigkeit der Länder Rücksicht zu nehmen.“ Eine nähere Konkretisierung dieser Pflicht zur „Rücksichtnahme auf die Lebensfähigkeit der Länder“ nahm die WRV nicht vor; diese erfolgte erst einfachgesetzlich am 30.03.1920 mit dem Erlaß des Landessteuergesetzes, welches später durch die Finanzausgleichs-

[232] Vgl. *Sacksofsky*, Umweltschutz durch nicht-steuerliche Abgaben (2000), S. 166.

gesetze vom 23.06.1923 und vom 27.04.1926 ersetzt wurde[233]. Neben dem Umstand, daß die WRV im Vergleich zum Grundgesetz nur eine sehr vage Verpflichtung des Reichs zum Finanzausgleich statuierte, fällt auf, daß diese gemäß Art. 8 WRV den sehr weiten Bereich der Abgaben und sonstigen Einnahmen des Staates betraf, während die Art. 106 und 107 GG ausdrücklich nur die Verteilung der Steuererträge regeln. Dies ist um so bemerkenswerter, als die WRV den weitgefaßten Begriff der Abgaben bewußt gewählt hatte, um die Abgabenerhebungskompetenz des Reichs zu erweitern, welche sich davor nur auf die für die Zwecke des Reichs zu verwendenden Steuern erstreckt hatte[234]. Gerade aufgrund dieser Kompetenzerweiterung ergab sich die Notwendigkeit, eine Ausgleichsverpflichtung des Reichs zugunsten der Länder in der Verfassung jedenfalls anzudeuten.

Die Notwendigkeit eines Finanzausgleichs wurde auch vom Parlamentarischen Rat gesehen; anders als bei Entstehung der WRV war allerdings schon bei dessen Beratungen nur noch von der Verteilung von Steuern die Rede. Diesem Umstand lag indessen keineswegs der Wunsch zugrunde, die Abgabenerhebungskompetenz des Bundes gegenüber der des Reichs wieder einzuschränken; ganz im Gegenteil war auch dem Parlamentarischen Rat sehr viel an einer starken Zentralgewalt in der Finanzgesetzgebung gelegen[235]. Daß nicht-steuerliche Abgaben in den Beratungen zur grundgesetzlichen Finanzverfassung gleichwohl keine Rolle spielten, läßt sich daher nur so erklären, daß die finanzielle Lebensfähigkeit der Länder nach Ansicht des Verfassungsgebers offenbar ausschließlich von der Verteilung der Steuererträge abhing, die Erträge aus nicht-steuerlichen Abgaben mithin eine quantité négligeable darstellten.

Damit ist zunächst freilich wiederum nur eine Aussage über die subjektiven Vorstellungen des Verfassungsgebers getroffen, ohne daß damit der zwingende Schluß auf eine normative Umsetzung dieser Vorstellung im Grundgesetz geführt wäre. Insofern ist jedoch die Bedeutung zu beachten, die der Parlamentarische Rat sowohl den Steuererhebungskompetenzen, als auch dem vertikalen und horizontalen Finanzausgleich beimaß und die sich in den besonders ausführlichen Beratungen hierzu sowie den mehrfach abgeänderten Entwürfen für die endgültige Fassung der Art. 105 ff. widerspiegelt[236].

---

[233] Näher dazu *Apelt*, Geschichte der Weimarer Verfassung (1964), S. 154 f.

[234] Vgl. *Anschütz*, Die Verfassung des Deutschen Reichs (1933/Nachdr. 1968), S. 84.

[235] Vgl. zur Intention des Parlamentarischen Rates insbesondere die Ausführungen des späteren Präsidenten des Bundesverfassungsgerichts *Hoepker-Aschoff*, AöR 75 (1949), S. 306 ff.; sehr ausführlich zur Entstehungsgeschichte der Finanzverfassung m.w.N. zu den einschlägigen Protokollen des Parlamentarischen Rates auch *Vogel/Waldhoff*, in: Bonner Kommentar, Vorbemerkung zu Art. 104a - 115 GG (1997).

[236] Ausführlich hierzu *Hoepker-Aschoff*, AöR 75 (1949), S. 306 ff.

Hierin ist die klare Intention des Parlamentarischen Rats zu erkennen, mit der Finanzverfassung ein verläßliches System zu schaffen, um Streitigkeiten zwischen Bund und Ländern um ihre Ausstattung mit Finanzmitteln zu vermeiden, wie sie unter Geltung des vagen Art. 8 WRV an der Tagesordnung gewesen waren[237]. Dieses Bestreben nach einem verläßlichen und dauerhaften Interessenausgleich zwischen Bund und Ländern bedingt nun aber die Interpretation der Art. 105 ff. GG als weitgehend abschließendes System, welches zwar Spielräume für nicht-steuerliche Abgaben offenläßt, die Steuer als primäres Finanzierungsinstrument für Bund und Länder aber nicht in Frage gestellt sehen will[238]; bei jedem anderen Verständnis der Finanzverfassung könnten dagegen die in Art. 105 ff. GG geregelten Verteilungsmodi allzu leicht umgangen werden[239].

Diese Umgehungsgefahr sehen zwar auch die Gegner des Steuerstaatsprinzips; sie ziehen daraus gleichwohl gänzlich andere Konsequenzen: So verbiete die Finanzverfassung nicht etwa ein Wahlrecht des Gesetzgebers zwischen mehreren Abgabeformen, sondern enthalte lediglich das Gebot der „Abgabenklarheit", mithin der eindeutigen Abgrenzbarkeit der verschiedenen Abgabearten nach materiellen Kriterien. Solange diese Unterscheidbarkeit gewährleistet sei, sei daher einer abgabenrechtlichen Willkür des Gesetzgebers wirksam vorgebeugt[240]. Diese Argumentation verkennt, daß es der Finanzverfassung bei weitem nicht nur darum geht, gesetzgeberische Willkür zu verhindern; die Auslegung der Art. 105 ff. GG hat vielmehr gezeigt, daß diese auch und gerade einen im wesentlichen fixen Verteilungsschlüssel für die finanzielle Ausstattung von Bund und Ländern vorgibt, mit welchem sich eine staatliche Finanzierung jenseits der Steuer jedenfalls in größerem Umfang nicht verträgt.

b) Das Steuerstaatsprinzip – ein der Finanzverfassung fremder Hemmschuh für abgabenrechtliche Flexibilität?

Gegen eine solche Interpretation der Finanzverfassung spricht auch weder die Bestimmung des Art. 106 Abs. 4 GG, wonach die Verteilung der Umsatzsteuer dem Gesetzgeber zur Regelung durch (zustimmungspflichtiges) Bundesgesetz überlassen ist, noch Art. 106 Abs. 5 GG, welcher vorschreibt, daß

---

237 *Apelt*, Geschichte der Weimarer Verfassung (1964), S. 155.

238 Vgl. *Börner*, in: *Jakob/Zugmaier*, Rechtliche Probleme von Umweltabgaben (1996), S. 117.

239 So auch *Schemmel*, in: *Karl-Bräuer*-Institut des Bundes der Steuerzahler, Heft 92 (2000), Lenken mit Steuern und Abgaben – Große Mängel und Gefahren, S. 109.

240 Vgl. *Sacksofsky*, Umweltschutz durch nicht-steuerliche Abgaben (2000), S. 176 f.; *Gawel*, Der Staat, Bd. 39 (2000), S. 13, Fn. 18.

im Bund-Länder-Verhältnis bei einer wesentlichen Verschiebung der Steuereinnahmen eine Neufestsetzung der Umsatzsteueranteile vorzunehmen ist[241]. Zwar spricht aus diesen Vorschriften in der Tat eine gewisse Flexibilität der Finanzverfassung dergestalt, daß der Finanzausgleich einer Veränderung der tatsächlichen Verhältnisse Rechnung zu tragen hat. Keineswegs ist darin aber ein Beleg für die mangelnde Abgeschlossenheit des finanzverfassungsrechtlichen Verteilungssystems zu erkennen. Zum einen befassen sich auch die Bestimmungen des Art. 106 Abs. 4 und Abs. 5 GG lediglich mit Steuern und indizieren mit keinem Wort eine Öffnung der Finanzverfassung für nichtsteuerliche Abgaben; zum anderen geht auch von den Befürwortern des Steuerstaatsprinzips niemand von einer völligen Starre der Finanzverfassung aus. Ein derartiges Verständnis verbietet sich vielmehr schon von daher, daß das Grundgesetz unbestreitbar von der Zulässigkeit nicht-steuerlicher Finanzierungsformen wie etwa der von Art. 74 Abs. 1 Nr. 22 und Art. 80 Abs. 2 GG vorausgesetzten Gebühren ausgeht[242]. Ein überzeugendes Argument gegen das Steuerstaatsprinzip kann daher auch dem Rechtsgedanken der Art. 106 Abs. 4 und Abs. 5 GG nicht entnommen werden.

c) Der kommunalrechtliche Grundsatz der Subsidiarität der Steuer – ein Beleg für die Fiktivität des Steuerstaatsprinzips?

Gegen das Steuerstaatsprinzip wird weiterhin der Umstand ins Feld geführt, daß die Steuer im kommunalen Bereich traditionell zu sonstigen Abgaben, wie insbesondere Gebühren, in einem Subsidiaritätsverhältnis steht. Dieser in den Gemeindeordnungen zahlreicher Bundesländer enthaltene Subsidiaritätsgrundsatz[243] beinhalte gerade das Gegenteil der Steuerstaatsdoktrin und müßte von deren Anhängern daher eigentlich abgelehnt werden; an dem Umstand, daß eine solche Ablehnung seitens der herrschenden Meinung nicht erfolgt, könne man erkennen, daß das Steuerstaatsprinzip in Wirklichkeit nur ein inhaltsleerer Programmsatz sei[244]. In der Tat wird eine Verfassungswidrigkeit der kommunalrechtlichen Subsidiaritätsregelungen wohl allein von

---

[241] So aber *Sacksofsky*, Umweltschutz durch nicht-steuerliche Abgaben (2000), S. 173.

[242] Vgl. *Isensee*, in: FS *Ipsen* (1977), S. 428 f.; *F. Kirchhof*, in: Die Verwaltung, Bd. 21 (1988), S. 140 f.

[243] Vgl. etwa § 78 Abs. 2 GO BW; eine Auflistung der entsprechenden Vorschriften in anderen Bundesländern findet sich bei *Seewald*, Kommunalrecht, in: *Steiner*, Besonderes Verwaltungsrecht, 6. Aufl. (1999), Rdnr. 249, Fn. 730.

[244] Vgl. *Sacksofsky*, Umweltschutz durch nicht-steuerliche Abgaben (2000), S. 154 f., die darauf verweist, daß der Steueranteil an der Finanzierung der Kommunen im Hinblick auf den Subsidiaritätsgrundsatz nicht nur von jeher gering war, sondern darüber hinaus auch zwischen 1987 und 1995 nochmals dramatisch gesunken ist; mittlerweile geht die Statistik indessen wieder von einem höheren Steueranteil der Kommunen aus, vgl. unten, S. 82.

Isensee angenommen, welcher sie als „Rückstand aus einer versunkenen Finanzära“ bezeichnet[245], während die übrige Literatur die Verfassungsmäßigkeit der entsprechenden landesrechtlichen Bestimmungen nicht in Zweifel zu ziehen scheint.

Dies stellt indessen nur vordergründig einen Widerspruch dar, da insoweit die Unterschiede zwischen den von Bund und Ländern durchzuführenden Aufgaben einerseits und den von den Gemeinden durchgeführten (Selbstverwaltungs-)Aufgaben andererseits zu beachten sind. So tätigen die Gemeinden im Vergleich zu Bund und Ländern zu einem ungleich höheren Anteil Ausgaben für solche Leistungen, die einzelnen Bürgern konkret und individuell zugute kommen; man denke nur an die Unterhaltung von Theatern, Verkehrsbetrieben, Energieversorgungsunternehmen oder Parkanlagen. Wenn die Gemeinden ihr Geld aber – anders als der Bund oder die Länder – primär für die Erbringung individuell zurechenbarer Leistungen ausgeben, so wäre die primäre Gegenfinanzierung ihrer Ausgaben durch Steuern insofern ungerecht, als Steuern stets voraussetzungslos erhoben werden, also keine Rücksicht auf den Umstand nehmen, ob ein Bürger die von der Gemeinde angebotenen Leistungen in Anspruch genommen hat oder nicht. Dieser Ungerechtigkeit vorzubeugen, ist Aufgabe des kommunalrechtlichen Gebots der Subsidiarität der Steuer[246]. Mit der Finanzverfassung kollidiert dieses Gebot schon insoweit nicht, als das Steuerstaatsprinzip keineswegs besagt, daß sich ausnahmslos jeder Teilbereich des Staates vorwiegend durch Steuern zu finanzieren habe. Das Steuerstaatsprinzip besagt vielmehr lediglich, daß der Anteil nicht-steuerlicher Abgaben bei einer Gesamtbetrachtung der staatlichen Einnahmen aus Bund, Ländern und Gemeinden den Anteil der Steuern deutlich unterschreiten muß[247].

d) Das Steuerstaatsprinzip – eine Schwächung des Bundesstaatsprinzips?

Im Hinblick auf das deutliche Übergewicht des Bundes bei der Steuererhebung wird bisweilen auch das Bundesstaatsprinzip gegen einen Vorrang der Steuer in Stellung gebracht: Indem das Steuerstaatsprinzip den Ländern weitgehend verwehre, ihr Defizit im Bereich der Steuergesetzgebung durch die

245 Vgl. *Isensee*, in: FS *Ipsen* (1977), S. 428.

246 Vgl. *Kunze/Bronner/Katz*, Gemeindeordnung für Baden-Württem-berg (2000), § 78 Rdnr. 26; *Winands*, JuS 1986, S. 948.

247 So auch *Hendler*, DÖV 1999, S. 756; daß gerade die kommunale Steuererhebung einen Sonderfall darstellt, kommt im übrigen bereits dadurch zum Ausdruck, daß den Gemeinden durch das Grundgesetz keine eigenen Steuererhebungskompetenzen eingeräumt werden, diese sich vielmehr erst derivativ aus dem jeweiligen Landesrecht ergeben.

Erhebung anderer, auf Art. 70 GG gestützter Abgaben zu kompensieren, führe es zu einer noch stärkeren Konzentration der Gesetzgebungszuständigkeiten beim Bund und führe damit zu einer deutlichen Schwächung der Eigenständigkeit der Länder[248].

In der Tat ist nicht zu bestreiten, daß in den Art. 105 GG eine Unitarisierung zum Ausdruck kommt, welche den Ländern nur noch die Zuständigkeit für „Bagatellsteuern“[249] beläßt. Die Finanzverfassung stellt damit das auch im Rahmen der Art. 70 ff. GG zu konstatierende tatsächliche Übergewicht der Bundeszuständigkeiten noch weit in den Schatten. Diese finanzverfassungsrechtliche Leitentscheidung für eine starke Zentralisierung ist indessen keinesfalls ein Versehen des Verfassungsgebers, sondern von diesem bewußt so gewollt und gegen den massiven Widerstand der alliierten Militärgouverneure erkämpft; während diese noch am 22.11.1948 bzw. 02.03.1949 in zwei schriftlichen Memoranden die Forderung nach einer deutlichen Dezentralisierung der bundesrepublikanischen Steuergesetzgebung erhoben[250], hatte sich der Parlamentarische Rat schon frühzeitig für eine weitgehend zentralistisch orientierte Finanzverfassung stark gemacht. Dieses Bemühen erklärt sich aus den Gefahren, die der wirtschaftlichen Einheit sowie der inneren Stabilität der Bundesrepublik im Falle einer ungebremsten abgabenrechtlichen Konkurrenz zwischen den einzelnen Bundesländern drohen. Auch in der heutigen Situation gut zehn Jahre nach der Wiedervereinigung, in der das Zusammenwachsen von Ost und West nach wie vor noch nicht abgeschlossen ist, würde eine freie abgabenrechtliche Konkurrenz der Bundesländer größte Gefahren mit sich bringen. Selbst wenn sich ein solcher Wettbewerb langfristig in gesamtwirtschaftlicher Hinsicht positiv auswirken sollte, würde er allemal auf dem Rücken des inneren Friedens und damit der politischen Stabilität des Bundes ausgetragen. Dieser schon vom Parlamentarischen Rat erkannten Ge-

---

248 Vgl. *Hendler*, AöR 115 (1990), S. 598 ff.; *ders.*, DÖV 1999, S. 757 f.

249 Vgl. *v. Münch*, Staatsrecht (2000), Rdnr. 559.

250 Im zweiten alliierten Memorandum wurde die bedingungslose Forderung nach einem dualen, d.h. die Steuererhebungs- parallel zu den Steuerertragskompetenzen regelnden Finanzverfassungsrecht erhoben, welches im Falle seiner Verwirklichung eine erhebliche Stärkung der Länderzuständigkeit bedeutet hätte; dessenungeachtet blieb die Verhandlungsdelegation des Parlamentarischen Rates weitgehend hart und setzte ihr zentralistisches Konzept – nicht zuletzt auf Drängen der SPD - am 25.04.1949 auf einer Konferenz mit den alliierten Militärgouverneuren im wesentlichen durch; näher dazu *Vogel/Waldhoff*, in: Bonner Kommentar, Vorbemerkung zu Art. 104a – 115 GG (1997), Rdnr. 192 ff.; vgl. auch *Strauß*, Die Finanzverfassung (1969), S. 27 f., der das Verlangen nach einer Stärkung der Steuergesetzgebungskompetenzen der Länder als Versuch der Siegermächte interpretiert, vor dem Hintergrund des Machtmißbrauchs im Dritten Reich die deutsche Zentralgewalt zu schwächen.

fahr eines der Einflußnahme des Bundesgesetzgebers unzugänglichen abgabenrechtlichen Wildwuchses ist mithin klar entgegenzutreten[251].

Wenn einige Autoren im Steuerstaatsprinzip gleichwohl eine Schwächung des Bundesstaatsprinzips zu erkennen glauben, resultiert dies daraus, daß sie - entgegen dem allzu deutlich erklärten Willen des Verfassungsgebers - die wirtschaftliche Autonomie der einzelnen Bundesländer zu Lasten der bundesstaatlichen Solidarität überbetonen[252]. Gerade diese Solidarität i.S. eines gegenseitigen Füreinandereinstehens ist indessen ein zentraler Aspekt des Bundesstaatsprinzips, dem die Finanzausgleichsregeln des Grundgesetzes dezidiert Rechnung tragen wollen[253]; eine quasi „marktwirtschaftliche" Konkurrenz der Bundesländer auf dem Gebiet des Abgabenrechts ist hiermit unvereinbar[254]. Das Argument *Sacksofskys*, demzufolge hinter bundesstaatlichen Bedenken „eigentlich immer die Sorge um den Verlust von Eigenständigkeit der Länder"[255] steht, geht daher fehl.

Im übrigen wäre eine schrankenlose Zulassung nicht-steuerlicher Abgaben aber auch für die individuellen Wirtschaftsinteressen der Bundesländer keinesfalls nur von Vorteil. Da der Bund nach Ausschöpfung fast sämtlicher konkurrierender Sachgesetzgebungskompetenzen des Art. 74 GG auch im Bereich der nicht-steuerlichen Gesetzgebung klar über die Länder dominiert, ist mittlerweile auch für die Festsetzung der meisten nicht-steuerlichen Abgaben der Bund zuständig. Die Erlöse der aufgrund solcher Bundeszustän-

---

[251] Ausführlich zu den negativen Konsequenzen einer freien gliedstaatlichen Konkurrenz *Häde*, Finanzausgleich (1996), S. 311 ff.; *Färber*, in: Tagungsband zum wissenschaftlichen Symposium des Bundesrats vom 19. bis 21. August 1998, S. 103.

[252] Ein anderes Problem betrifft die vielfach diskutierte Frage, ob die einfach-gesetzlichen Regelungen zum Länderfinanzausgleich nicht zu einer übertriebenen Nivellierung der Finanzausstattung von „reichen" und „armen" Bundesländern führt. Selbst wenn man sich jedoch diese Position - zu eigen macht, kommt man nicht umhin, die vom Grundgesetz abgesteckten Leitlinien für eine zentralistische und solidarische Finanzverfassung zu respektieren. So war das Urteil des BVerfG zur Frage der Verfassungsmäßigkeit des Finanzausgleichsgesetzes alter Fassung vom 11.11.1999, vgl. BVerfGE 101, 158 ff., denn auch bewußt zurückhaltend, indem es zwar einerseits das Gesetz für verfassungswidrig erklärte, dem Gesetzgeber für die - inzwischen erfolgte- Neuregelung andererseits aber einen sehr breiten Spielraum beließ; einer Abkehr von den geltenden, solidarischen und damit einer Hinwendung zu mehr wettbewerbsorientierten Ausgleichsregelungen trat das Gericht grundsätzlich entgegen, vgl. eingehend *Schneider/Berlit*, NVwZ 2000, S. 841 ff.

[253] Vgl. *Schemmel/Borell*, in: *Karl-Bräuer*-Institut des Bundes der Steuerzahler, Heft 75 – Verfassungsgrenzen für Steuerstaat und Staatshaushalt (1992), S. 49.

[254] Eingehend hierzu *Korioth*, Der Finanzausgleich zwischen Bund und Ländern (1997), S. 119 ff.

[255] Vgl. *Sacksofsky*, Umweltschutz durch nicht-steuerliche Abgaben (2000), S. 179.

digkeiten erhobenen Abgaben fließen aber weder in den vertikalen, noch in den horizontalen Finanzausgleich ein. Würde man dem Bund durch eine Ablehnung des Steuerstaatsprinzips die Möglichkeit einräumen, Steuern in jedem Fall durch sonstige Abgaben zu substituieren, so gäbe man ihm damit ein probates Mittel an die Hand, die Länder in weiten Bereichen von der Partizipation an seinen Finanzquellen auszuschließen.

Als Warnung mag auch diesbezüglich das Beispiel der UMTS-Mobilfunklizenzen dienen: Während die Versteigerungserlöse dem Bund die Tilgung von nahezu 10% seiner Schulden gestattete, werden die Länder nicht nur am nahezu dreistelligen Milliardengewinn des Bundes nicht beteiligt, sondern erleiden darüber hinaus auch noch infolge des Umstands, daß die Mobilfunkanbieter die an den Bund gezahlten Lizenzgebühren von der Steuer absetzen können, steuerliche Mindereinnahmen in Milliardenhöhe[256]. Würde ein vergleichbares Vorgehen des Bundes unter Aufgabe des Steuerstaatsprinzips Schule machen, würde sich eine von den Ländern gewonnene größere Abgabenautonomie für diese rasch insoweit als Danaergeschenk erweisen, als sie um den Preis einer adäquaten Partizipation an den Einnahmequellen des Bundes erkauft wäre.

Als Zwischenergebnis bleibt daher festzuhalten, daß die Steuerstaatsdoktrin sich nicht nur mit dem Bundesstaatsprinzip vereinbaren läßt, sondern dessen Beachtung im Bereich der staatlichen Finanzierung gerade sicherstellen will, indem sie den Ländern einen verläßlichen Rahmen für eine Beteiligung an den staatlichen Einnahmen absteckt und mit dem horizontalen Finanzausgleich gleichzeitig die wirtschaftliche Einheit der Bundesrepublik stabilisiert.

e) Das quantitative Element des Steuerstaatsprinzips

Damit ist freilich noch nichts über die quantitative Grenze des verfassungsrechtlich zulässigen nicht-steuerlichen Abgabenaufkommens ausgesagt. Die auch vom BVerfG vertretene Ansicht, die staatliche Finanzierung habe „in erster Linie" durch Steuern zu erfolgen[257], mag nun zwar schwierig zu handhaben sein und gegebenenfalls einer näheren Quantifizierung bedürfen; juristisch unbrauchbar ist sie damit gleichwohl nicht[258]. Die Verfassung kennt durchaus auch in anderem Zusammenhang unbestimmte, der Rechtsprechung zur näheren Konkretisierung überlassene bzw. von dieser erst aus dem Zu-

---

[256] Nach Einschätzung des baden-württembergischen Finanzministers *Stratthaus* belaufen diese sich allein für Baden-Württemberg auf 6,3 Mrd. DM, bundesweit sogar auf rund 20 Mrd. DM, vgl. Handelsblatt vom 31.01.2001, S. 6.

[257] Vgl. BVerfGE 93, 319 [342].

[258] So aber *Sacksofsky*, Umweltschutz durch nicht-steuerliche Abgaben (2000), S. 156.

sammenspiel mehrerer Verfassungsbestimmungen eigenständig zu entwikkelnde Rechtsprinzipien, die im Hinblick auf die Notwendigkeit verfassungsrechtlicher Flexibilität auch keineswegs immer exakt konturiert sein müssen. So steht etwa das Bundesstaatsprinzip einer allzu extensiven Auslegung der Gesetzgebungskompetenzen des Bundes entgegen; würde der Bund auch in Zukunft seine bisherige Praxis fortsetzen und durch eine großzügige Auslegung der Art. 70 ff. GG immer mehr Gesetzgebungskompetenzen an sich ziehen, so läge ab einem bestimmten Zeitpunkt ein so deutliches Übergewicht der Bundesgesetzgebung vor, daß das von Art. 20 Abs. 1 GG gewährleistete Bundesstaatsprinzip gefährdet wäre.

Wie der imaginäre Tropfen, der das Faß zum Überlaufen bringt, wäre schließlich ab einer bestimmten Kompetenzkonzentration beim Bund eine Verletzung des Bundesstaatsprinzips zu beklagen, ohne daß die konkrete Kompetenzerweiterung isoliert betrachtet verfassungsrechtlich bedenklich sein müßte[259]. Ähnlich verhält es sich auch mit dem Steuerstaatsprinzip: Wann genau ein „Umkippen“ von einem gerade noch mit der Finanzverfassung zu vereinbarenden Maß an nicht-steuerlicher Finanzierung in eine verfassungswidrige Aushöhlung der Art. 105 ff. GG stattfindet, ist von der Finanzverfassung nicht exakt vorgegeben.

Damit wird das Steuerstaatsprinzip indessen ebensowenig zur Leerformel wie im Beispiel das Bundesstaatsprinzip; vielmehr obliegt die Feststellung eines „Umkippens“ von einem gerade noch verfassungsgemäßen in ein soeben verfassungswidriges Maß nicht-steuerlicher Abgaben dem BVerfG. Dies trägt zwar einerseits die Gefahr einer gewissen Rechtsunsicherheit in sich, doch kann eine Verfassung andererseits letztlich ohnehin nur einen Rahmen abstecken, dessen konkrete Ausfüllung den Gerichten anheimgegeben ist. Allzu detaillierte Vorgaben für Einzelprobleme wird eine Verfassung nicht nur we-

---

[259] Vgl. *Maurer*, Staatsrecht (2001), § 10, Rdnr. 17; ähnlich *Depenheuer*, Verfassungsrechtliche Probleme der Indienstnahme privater Arbeitgeber für die Auszahlung des Kindergelds, S. 17 bezüglich der Obergrenze der wirtschaftlichen Gesamtbelastungen des Bürgers; ein weiteres Beispiel hierfür bietet Art. 23 Abs. 1 S. 2 GG, welcher dem Bund die Übertragung von Hoheitsrechten zum Zweck der Verwirklichung der Europäischen Union gestattet; diese Bestimmung steht nach den im Maastricht-Urteil des BVerfG dargelegten Grundsätzen unter dem Vorbehalt, daß dem Deutschen Bundestag Befugnisse von hinreichend substatieller Bedeutung verbleiben, da sonst das in Art. 38 GG gewährleistete Wahlrecht auf Bundesebene jeglichen Gehalt verlieren würde, vgl. BVerfGE 89, 155 [182]. Diese Einschränkung wird von der ganz überwiegenden Literatur akzeptiert, obgleich auch hier nicht exakt bestimmt werden kann, wann konkret ein solcher Substanzverlust der nationalen Gesetzgebungshoheit eintreten würde, vgl. *Katz*, Staatsrecht, 14. Aufl. (1999), Rdnr. 129o; *von Münch*, Staatsrecht I, 6. Aufl. (2000), Rdnr. 967 m.w.N.

gen der Notwendigkeit einer gewissen normativen Flexibilität, sondern darüber hinaus schon deshalb nicht enthalten, weil diese zu einer Überfrachtung des Verfassungstextes und der damit einhergehenden Gefahr einer Grenzverwischung zwischen Wesentlichem und Unwesentlichem führen würde.

Die absolute Höchstgrenze nicht-steuerlicher Abgaben ist daher aus gutem Grund nicht auf eine bestimmte mathematische Formel fixiert; sie wird in hohem Maße von der Eigenart der in Frage stehenden nicht-steuerlichen Abgaben abhängen, insbesondere davon, wie stark sich diese auf die bundesstaatliche Finanzverteilung real auswirken. Ein – in der Literatur vereinzelt erwogener - Höchstanteil nicht-steuerlicher Abgaben in Höhe von 50%[260] dürfte allerdings bereits deutlich hinter der vom BVerfG vertretenen Forderung nach einer vorrangigen Deckung des allgemeinen Finanzbedarfs durch Steuern zurückbleiben.

Nicht zu überzeugen vermag es schließlich, wenn *Selmer/Brodersen* im Steuerstaatsprinzip überhaupt kein quantitatives, sondern allein ein qualitatives Element enthalten sehen wollen; nicht-steuerliche Abgaben müßten dann lediglich die vom BVerfG geforderten besonderen materiellen Voraussetzungen erfüllen, ohne daß es auf ihren prozentualen Anteil an der Gesamtheit der staatlichen Einnahmen ankäme[261]. Eine solche Interpretation ist angesichts der in den Formulierungen des BVerfG aufscheinenden Konnexität zwischen dem Ausnahmecharakter nicht-steuerlicher Abgaben und der strikten Auslegung ihrer Zulässigkeitskriterien zwar möglich, aber nicht mit der Notwendigkeit zu vereinbaren, die finanzverfassungsrechtliche Balance möglichst effektiv vor einer Unterminierung zu schützen. Käme es allein auf den materiellen Gehalt einer Abgabe und nicht auch auf das quantitative Verhältnis nicht-steuerlicher Abgaben zu Steuern an, wäre auch ein reiner Gebührenstaat noch vom Steuerstaatsprinzip gedeckt. Daß ein solcher Paradigmenwechsel den Zielen der Finanzverfassung zuwiderliefe, wurde indessen bereits oben dargelegt. Die Auffassung von *Selmer/Brodersen* ist mithin abzulehnen. Auch *Gramm* meint, auf ein quantitatives Element des Steuerstaatsprinzips verzichten zu können, indem er den Kreis der mit nicht-steuerlichen Abgaben finanzierbaren Aufgaben von vornherein beschränkt. „Staatliche Kernaufgaben" gelten demnach als „gebührenfeindlich" und dürfen nur mittels Steuern finanziert werden[262]. Wie schwer es indessen angesichts des Fehlens einer gefestigten Staatsaufgabenlehre fällt, aus der Vielfalt der öffentlichen Aufgaben einen abgrenzbaren Bereich genuiner Staatsaufgaben herauszufiltern, wurde bereits im ersten Teil dieser Arbeit hinreichend deut-

---

260 Vgl. *Hendler*, DÖV 1999, S. 756.
261 Vgl. *Selmer/Brodersen*, DVBl. 2000, S. 264.
262 Vgl. *Gramm*, Der Staat, Bd. 36 (1997), S. 277.

lich[263]. Da *Gramms* Differenzierungsvorschlag somit lediglich ein schwer zu handhabendes Kriterium durch ein nahezu unmöglich zu handhabendes anderes Kriterium substituiert, ist auch dieser Auffassung nicht zu folgen. Es bleibt daher bei der Feststellung, daß die Gewährleistung der von der Finanzverfassung vorgezeichneten Bund-Länder-Balance sowohl eine qualitative, als auch eine quantitative Begrenzung nicht-steuerlicher Abgaben erfordert.

3. Der individualschützende Aspekt des Steuerstaatsprinzips

a) Nicht-steuerliche Abgaben im Lichte der Belastungsgleichheit - Meinungsstand

Neben der aufgezeigten staatsorganisationsrechtlichen Gründe, welche die verfassungsrechtliche Verankerung des Steuerstaatsprinzips belegen, stellt sich die Frage nach einem zusätzlichen individualschützenden Standbein des Steuerstaatsprinzips im Grundgesetz. Insoweit kommt der zweite zentrale Argumentationsstrang von Rechtsprechung und herrschender Literatur in Betracht, demzufolge das Steuerstaatsprinzip auch auf dem – im Steuerrecht weitgehend anerkannten - Leistungsfähigkeitsprinzip fußt. Dieses verbiete es, auch über seine unmittelbare Geltung im Steuerrecht hinaus, den Bürger neben seiner allgemeinen Steuerpflicht noch zusätzlich in beliebigem Umfang zu sonstigen, nicht an seine wirtschaftliche Leistungsfähigkeit anknüpfenden Abgaben oder Naturalleistungen heranzuziehen[264].

Diese Argumentation krankt nach Ansicht eines Teils der Literatur daran, daß sich Abgabengerechtigkeit i.S. des Art. 3 Abs. 1 GG auch durch andere Abschöpfungskriterien als durch das der wirtschaftlichen Leistungsfähigkeit herstellen lasse; so sei dem Grundsatz der Belastungsgleichheit auch dann genüge getan, wenn eine Abgabe sich an alternativen Kriterien wie etwa an gesundheits- oder verkehrspolitischen Erwägungen orientiere[265]. Keinesfalls gebiete der Gleichheitssatz seine „doppelte Anwendung" dahingehend, daß jede nicht-steuerliche Abgabe zusätzlich zu einem vor Art. 3 Abs. 1 GG bereits gerechtfertigten Erhebungsgrund noch eines darüber hinausgehenden Rechtfertigungsgrundes für den Umstand bedürfte, keine Steuer zu sein[266].

---

[263] Vgl. oben, erster Teil, II 1; *Gramm* selbst bezeichnet die von ihm vorgeschlagene Differenzierung denn auch als eine „im Einzelfall sehr schwierige Untersuchung", vgl. *Gramm*, Der Staat, Bd. 36 (1997), S. 278.

[264] So im wesentlichen schon *Forsthoff*, VVDStRL 12 (1954), S. 32; *Friauf*, in: FS *Jahrreiß* (1974), S. 45 f.; BVerfGE 55, 274 ff. (vgl. dazu oben, Zweiter Teil, I 3 a).

[265] Vgl. etwa *Arndt*, NVwZ 1988, S. 791; *ders.*, in: FS *Mühl* (1981), S. 29.

[266] Vgl. *Gawel*, Der Staat, Bd. 39 (2000), S. 214 f.

b) Der allgemeine Gleichheitssatz und das Leistungsfähigkeitsprinzip

aa) Die Leistungsfähigkeit als einziges legitimes Differenzierungsziel i.S. des Art. 3 Abs. 1 GG?

In der Tat ist dem allgemeinen Gleichheitssatz des Art. 3 Abs. 1 GG die Fixierung auf einen allein zulässigen Differenzierungsgrund zunächst einmal fremd. Vielmehr ist der verfassungsrechtliche Gleichbehandlungsgrundsatz lange Zeit als reines Verbot gesetzgeberischer Willkür betrachtet worden; sowie der Gesetzgeber für eine Ungleichbehandlung einen – wie auch immer gearteten – sachlichen Grund einleuchtend geltend machen konnte, galt die Rechtfertigung vor dem Maßstab des Art. 3 Abs. 1 GG als gelungen[267]. Demgegenüber vollzog das BVerfG im Jahre 1980, mithin im gleichen Jahr, in dem es auch das Steuerstaatsprinzip der Sache nach anerkannte, eine gewisse Trendwende[268], indem es fortan im Rahmen des Art. 3 Abs. 1 GG eine verfassungswidrige Ungleichbehandlung stets dann annahm, „wenn eine Gruppe von Normadressaten im Vergleich zu anderen Normadressaten anders behandelt wird, obwohl zwischen beiden Gruppen keine Unterschiede von solcher Art und solchem Gewicht bestehen, daß sie die ungleiche Behandlung rechtfertigen könnten“[269]. In der neueren Rechtsprechung werden mithin auch im Rahmen des allgemeinen Gleichheitssatzes Aspekte des Übermaßverbots deutlich[270].

Gleichwohl stellt sich auch unter Zugrundelegung der neuen Formel des BVerfG nicht nur die wirtschaftliche Leistungsfähigkeit des Abgabeschuldners als legitimer Differenzierungsgrund dar, sondern in gleichem Maße auch andere Differenzierungskriterien wie etwa eine besondere Sachnähe oder das Verfügen über bestimmte Fähigkeiten oder Mittel.

Richtigerweise geht es bei der Frage nach der Zulässigkeit verschiedener Abgabenkonzepte allerdings ohnehin nicht um die Legitimität des vom Gesetzgeber gewählten Differenzierungsgrundes, sondern vielmehr um die Legitimität des gewählten Differenzierungsziels; denn während die neuere Rechtsprechung im Rahmen des Differenzierungsgrundes nur noch die Verhältnismäßigkeit der Ungleichbehandlung prüft, geht es im vorliegenden Zusammenhang um die viel grundsätzlichere Frage, ob der Gesetzgeber mit der gewählten Differenzierung überhaupt ein verfassungsrechtlich legitimes Ziel

---

267 Vgl. z.B. BVerfGE 1, 14 [52]; 4, 144 [155]; 61, 138 [147].

268 Näher dazu *Maaß*, NVwZ 1988, S. 14 ff.

269 Vgl. BVerfGE 55, 72 [88]; seitdem ständige Rechtsprechung jedenfalls des Ersten Senats, vgl. z.B. BVerfGE 87, 234 [255]; 88, 5 [12]; 95, 39 [45].

270 Vgl. *Gubelt*, in: *v. Münch*, GG, Art. 3, Rdnr. 14.

verfolgt. Nur wenn dieses Ziel seinerseits nicht mit verfassungsrechtlichen Wertentscheidungen kollidiert, kann überhaupt erst in einem zweiten Schritt gefragt werden, ob die vom Gesetzgeber zur Erreichung dieses Ziels gewählten Differenzierungskriterien ebenfalls den verfassungsrechtlichen Anforderungen genügen. Dabei ist dann eine Abwägung zwischen dem Interesse des Gesetzgebers an der Erreichung seines Ziels und dem Interesse der von der Differenzierung Betroffenen an ihrer Gleichbehandlung vorzunehmen[271].

bb) Keine unmittelbare Herleitung des Steuerstaatsprinzips aus dem allgemeinen Gleichheitssatz

Fraglich ist somit zunächst, ob der Abgabengesetzgeber in den Fällen, in denen er mit der Abgabenbelastung andere Zwecke als die Belastung des Abgabenschuldners nach seiner wirtschaftlichen Leistungsfähigkeit erreichen will, ein grundsätzlich legitimes Differenzierungsziel verfolgt.

Im Steuerrecht wird eine solche Verpflichtung auf das Leistungsfähigkeitsprinzip von der Rechtsprechung und Teilen der Literatur teils unmittelbar aus Art. 3 Abs. 1 GG selbst[272], teils aus Art. 3 Abs. 1 GG in Verbindung mit anderen Verfassungsprinzipien hergeleitet[273]. Dabei wird für eine Herleitung unmittelbar aus dem Gleichheitssatz geltend gemacht, daß die Steuer wegen ihres „nicht abstreifbaren Charakters...als öffentlicher Last" i.S. einer Gemeinlast gerechterweise auch nur auf der Grundlage allgemeiner, den einzelnen relativ gleich belastender Regeln erhoben werden dürfe; als solches relativ gleiches Belastungskriterium käme allein die Berücksichtigung der individuellen Leistungsfähigkeit des Bürgers in Betracht[274].

Es vermag auf den ersten Blick nicht recht einzuleuchten, warum ein nicht am Leistungsfähigkeitsprinzip orientiertes Steuersystem, welches sich an anderen nachvollziehbaren Differenzierungszielen orientiert, prima facie ungerecht sein soll. Vergegenwärtigt man sich indessen die verschiedenen Möglichkeiten alternativer Steuerkonzepte, so gelangt man rasch zu der Erkenntnis, daß diese in aller Regel zu kaum zu bewältigenden Problemen führen.

---

[271] Vgl. *Müller*, VVDStRL 47 (1989), S. 49 f.
[272] Vgl. etwa BVerfGE 6, 55 [67]; 61, 319 [343]; 82, 60, [86 f.], *Tipke/Lang*, Steuerrecht, 16. Aufl. (1998), Rdnr. 81 ff. m.w.N.
[273] Vgl. insbesondere *Vogel*, Handbuch des Staatsrechts, Bd. 4 (1990), § 87, Rdnr. 93.
[274] Vgl. *Wendt*, NVwZ 1988, S. 783.

So fragt sich etwa bei einer gleichmäßigen Besteuerung von Arm und Reich, ob hier nicht Ungleiches willkürlich gleich behandelt wird[275]; hinzu kommt, daß solche „Kopfsteuern" auch politisch kaum zu vermitteln sind, da sie - wie das Beispiel der in Großbritannien 1989 auf kommunaler Ebene eingeführten „Community Charge" zeigt – zu schwersten sozialen Konflikten führen können[276]. Anderen Steuerkonzepten wie insbesondere solchen mit verhaltenslenkendem Charakter, fehlt es bereits an der Tauglichkeit, in größerem Umfang zur Finanzierung der vom Staat zu bewältigenden Aufgaben beizutragen; sie sind stets mit dem Manko behaftet, daß sie mit zunehmendem Erreichen des vom Gesetzgeber verfolgten Lenkungsziels ein immer geringeres Aufkommen erreichen und schließlich gänzlich versiegen[277]. Eine Besteuerung nach Äquivalenzgesichtspunkten, also danach, welchen Nutzen der Einzelne aus den verschiedenen Leistungen des Staates gewinnt, dürfte sich schließlich zu weit von dem der Steuer immanenten Wesensmerkmal der Voraussetzungslosigkeit entfernen und der Sache nach eher der von *Gramm* entworfenen Vision eines Gebührenstaats entsprechen[278]. Mithin erscheint die Besteuerung nach der Leistungsfähigkeit wenn schon nicht als zwingender Schluß aus dem allgemeinen Gleichheitssatz, dann doch zumindest als die einzige mit Art. 3 Abs. 1 GG vereinbare Besteuerungsmöglichkeit, die gleichzeitig auch in größerem Umfang zum Zweck der Einnahmeerzielung praktikabel ist.

Eine argumentative Stütze für das Steuerstaatsprinzip läßt sich aus dieser Erkenntnis gleichwohl nicht gewinnen, da das Gesagte zunächst nur für Steuern gilt, der allgemeine Gleichheitssatz den Staat aber andererseits in keiner Weise dazu verpflichtet, sich überhaupt aus Steuern zu finanzieren. So hat *Gramm* in seinem Entwurf eines Gebührenstaats überzeugend nachgewiesen, daß ein durchdachtes und in sich konsistentes System der ausschließlichen Finanzierung staatlicher Aufgaben durch Gebühren durchaus dem Postulat der Abgabengerechtigkeit genügen könnte[279]. Die abgabenrechtliche Heran-

---

[275] So das BVerfG, vgl. etwa BVerfGE 82, 60 [86]; zust. *Birk*, Steuerrecht, 3. Aufl. (2000), Rdnr. 48; dezidiert gegen eine primär nach Leistungsfähigkeitsgesichtspunkten durchgeführte Besteuerung dagegen *Leisner*, Der Gleichheitsstaat (1980), S. 189 ff.

[276] Diese im Volksmund als „Poll Tax" bekannte Steuer führte im Vereinigten Königreich zu teilweise tumultartigen Ausschreitungen, welche nicht nur die rasche Abschaffung der Abgabe zur Folge hatten, sondern auch maßgeblich zum Sturz der damaligen Premierministerin *Margaret Thatcher* beitrugen; dazu *Tipke*, Die Steuerrechtsordnung, Bd. I (2000), S. 473 ff. sowie *Ders./Lang*, Steuerrecht, 16. Aufl. (1998), § 4, Rdnr. 86.

[277] Vgl. auch die Bedenken von *Tipke*, Die Steuerrechtsordnung, Bd. I (2000), S. 522.

[278] Dazu sogleich unten, Punkt cc.

[279] Vgl. *Gramm*, Der Staat, Bd. 36 (1997), S. 268; siehe ferner auch das abgabenstaatliche Gedankenexperiment von *Grossekettler*, in: *Sacksofsky/Wieland*, Vom Steuerstaat zum Gebührenstaat (2000), S. 24 ff.

ziehung der Bürger unter dem Gesichtspunkt ihrer wirtschaftlichen Leistungsfähigkeit stellt mithin nicht das einzige nach Art. 3 Abs. 1 GG zulässige Differenzierungsziel dar.

cc) Die Errichtung eines in sich widerspruchsfreien Abgabensystems als Gebot des Art. 3 Abs. 1 GG

Sehr wohl kann dem allgemeinen Gleichheitssatz dagegen die Verpflichtung des Abgabengesetzgebers zur Schaffung eines in sich schlüssigen, nicht durch einander widersprechende Anknüpfungskriterien konterkarierten Abgabensystems entnommen werden[280]. Zur Veranschaulichung dieses Gedankens mag man sich noch einmal in die fiktive Situation eines Gebührenstaates versetzen, in dem die Bürger zur Finanzierung von öffentlichen Aufgaben nur exakt insoweit herangezogen werden, wie ihnen die Durchführung dieser Aufgaben individuell zurechenbar ist; die (in der Praxis wohl in vielen Bereichen sehr zweifelhafte[281]) Möglichkeit einer solchen Zurechnung soll dabei einmal unterstellt werden.

Wenn in einem derart gebührenorientierten Abgabensystem einzelne wenige Bürger mit einem besonders hohen Einkommen noch einmal zusätzlich zu den für die verschiedenen staatlichen Leistungen zu entrichtenden Gebühren mit einer Einkommensteuer belastet würden, würde dies wohl allgemein als eklatanter Verstoß gegen das Gleichheitsgebot angesehen werden.

Der Umstand, daß fast alle Bürger nur insoweit zu Abgaben herangezogen würden, wie sie auch zu einem entsprechenden staatlichen Tätigwerden Anlaß gegeben haben, während einzelne wenige Bürger noch zusätzlich eine gegenleistungsunabhängige Steuer zu entrichten hätten, hätte mithin unter Geltung des allgemeinen Gleichheitssatzes einen eklatanten Verfassungsverstoß zur Folge. Gleiches gilt dann aber auch für ein entgegengesetztes, der bundesrepublikanischen Realität entsprechendes System der primären Umlegung von Gemeinlasten nach Leistungsfähigkeitskriterien, so daß Abgaben, die nicht an die Leistungsfähigkeit des Bürgers anknüpfen, ein die Abgabengerechtigkeit gleichermaßen gefährdendes Störpotential in sich tragen[282].

---

280 So auch *Beil*, Der Belastungsgrund des steuerlichen Synallagmas (2001), S. 69 f.; *Ossenbühl*, VVDStRL 29 (1971), S. 183; *Henneke*, Öffentliches Finanzwesen, 2. Aufl. (2000), § 9 m.w.N.

281 Man denke nur an die Aufgaben der Landesverteidigung, der Außenpolitik, der allgemeinen Verbrechensprävention, u.v.m.; wirklich vorstellbar ist die individuelle Zurechenbarkeit sämtlicher staatlicher Leistungen wohl allenfalls in Kleinststaaten wie Liechtenstein oder Monaco.

282 Vgl. etwa *Knies*, Steuerzweck und Steuerbegriff (1976), S. 149.

Völlig zu Recht trifft daher das BVerfG in wörtlicher Übernahme eines Gedankens von *Friauf*[283] die Feststellung: „In dem Maße, in dem der Staat bestimmte öffentliche Aufgaben nicht aus Steuergeldern finanziert, sondern sie einzelnen Bürgern oder Gruppen neben ihrer Steuerlast und ohne Rücksicht bei dieser (gemeint ist wohl: auf diese, Anm. d. Verf.) aufbürdet, hebt er der Sache nach die Lastengleichheit wieder auf"[284]. Dies bedeutet – wie die vom Grundgesetz vorausgesetzte Koexistenz von Steuern und Gebühren dokumentiert – keineswegs, daß dem Gesetzgeber jegliche Anknüpfung an alternative Abgabenerhebungskriterien per se verwehrt ist; es besagt lediglich, daß ein Abgabensystem seiner grundsätzlichen Ausrichtung treu bleiben und jede Systemabweichung qualifizierten Zulässigkeitskriterien unterwerfen muß[285]. Bei einer grundsätzlichen Entscheidung des Gesetzgebers für das Abschöpfungskriterium Leistungsfähigkeit wird dieses also im Rahmen des Art. 3 Abs. 1 GG zum privilegierten Differenzierungsziel; alle anderen Differenzierungsziele stehen im Interesse der Systemgerechtigkeit dann gerade nicht mehr gleichrangig neben diesem, sondern unterliegen einem (zusätzlichen) Begründungserfordernis für die Systemabweichung.

Da sich das Abgabensystem der Bundesrepublik zunächst rein faktisch zum weitaus größten Teil am Leistungsfähigkeitsprinzip orientiert, bedürfen mithin alle anderen Abgaben eines gesonderten, über das generell im Rahmen des Art. 3 Abs. 1 GG bestehende Erfordernis eines sachlichen Grundes hinaus einer gesonderten Rechtfertigung. Dies gilt freilich für steuerliche wie für nicht-steuerliche Abgaben in gleichem Maße - auch Steuern knüpfen nicht immer an die Leistungsfähigkeit an; sondern verfolgen oftmals – wie insbesondere bei der Mineralöl- oder der Tabaksteuer deutlich wird, auch eine lenkende Funktion.

Ein derartiges „Steuern mit Steuern" ist im Hinblick auf den mittlerweile erreichten Umfang von Lenkungssteuern zwar keineswegs unumstritten[286], doch leuchtet es ein, daß der Gesetzgeber vom Leistungsfähigkeitsprinzip jedenfalls für solche Lenkungsziele abweichen darf, die – wie beispielsweise das Sozialstaatsprinzip - ihrerseits von der Verfassung vorgegeben sind; zur Rechtfertigung einer Systemabweichung dürfte es indessen aber schon aus-

---

[283] Vgl. *Friauf*, in: FS *Jahrreiß* (1974), S. 48.

[284] Vgl. BVerfGE 55, 274 [303]; eingehend zu dieser Entscheidung oben, Zweiter Teil, I 3 a.

[285] Auch das BVerfG betrachtet im Steuerrecht von jeher die Systemwidrigkeit eines Differenzierungskriteriums als „Verletzung der vom Gesetz selbst statuierten Sachgesetzlichkeit", vgl. BVerfGE 34, 103 [115] m.w.N.

[286] Vgl. dazu insbesondere *Schemmel*, in: *Karl-Bräuer*-Institut des Bundes der Steuerzahler, Bd. 92 (2000): Lenken mit Steuern und Abgaben – Große Mängel und Gefahren; eingehend zum Begriff der lenkenden Abgabe *Kirchhof*, DVBl. 2000, S. 1167 f.

reichen, wenn der vom Gesetzgeber verfolgte Lenkungszweck dem Allgemeinwohl dient und das Interesse der Allgemeinheit an der Erreichung dieses Zwecks ihr Interesse an der Gewährleistung des Leistungsfähigkeitsprinzips überwiegt[287].

Auch nicht-steuerliche Abgaben, die ja allesamt nicht an das Kriterium der Leistungsfähigkeit anknüpfen[288], integrieren sich ohne Verletzung des allgemeinen Gleichheitssatzes immer dann in das bestehende Abgabensystem, wenn in der Person des Abgabepflichtigen ein besonderer Zurechnungsgrund oder – um in den Worten des BVerfG zu sprechen – eine besondere Verantwortungsbeziehung ausgemacht werden kann, die eine Zusatzbelastung neben dem bereits nach Leistungsfähigkeitskriterien zu erbringenden Beitrag für den allgemeinen Finanzbedarf rechtfertigen kann.

Da die mit dem geltenden Abgabenrecht eindeutig getroffene Grundsatzentscheidung für das Leistungsfähigkeitsprinzip im Hinblick auf die abgabenrechtliche Systemgerechtigkeit aber nicht unterlaufen werden darf, sind sowohl Lenkungssteuern als auch nicht-steuerliche Abgaben nur in einem bestimmten Umfang und auch nur unter eingeschränkten Voraussetzungen zulässig. Insofern verhilft Art. 3 Abs. 1 GG dem Steuerstaatsprinzip jedenfalls so lange zur Geltung, wie der Gesetzgeber primär an dem – allein mit dem Mittel der Steuer zu erreichenden - Leistungsfähigkeitsprinzip festhält.

---

287 Vgl. *Tipke/Lang*, Steuerrecht, 16. Aufl. (1998), § 4, Rdnr. 125 ff., welche die Abweichung einer steuerlichen Regelung vom Leistungsfähigkeitsprinzip für gerechtfertigt erachten, wenn diese eine der folgenden drei Maximen verfolgt: Das Gemeinwohlprinzip als „Generalprinzip", nach welchem sich Steuerbelastungen bzw. –vergünstigungen gemeinwohlbezogen rechtfertigen lassen müssen, das Bedürfnisprinzip, welches Steuerermäßigungen aufgrund einer besonderen wirtschaftlichen Bedürftigkeit – etwa im Interesse der wirtschaftlichen Absicherung von Familien – gestattet, sowie das Verdienstprinzip, demzufolge ein besonderes, der Allgemeinheit zugute kommendes Verdienst wie etwa die Investition in strukturschwachen Regionen steuerlich honoriert werden kann.

288 Dies gilt grundsätzlich auch für Gebühren: Zwar darf nach der Rechtsprechung des BVerfG zur Kindergartengebühr unter bestimmten Voraussetzungen eine Staffelung der Gebührensätze nach Leistungsfähigkeit erfolgen, vgl. BVerfGE 97, 332 ff. [346], doch ist primärer Anknüpfungspunkt auch der gestaffelten Gebühr nicht die Leistungsfähigkeit, sondern die Inanspruchnahme der konkreten, vom Staat angebotenen Leistung.

dd) Art. 106 GG als verfassungsrechtliche Verpflichtung des Gesetzgebers auf das Leistungsfähigkeits- und damit auch auf das Steuerstaatsprinzip

Allerdings ist es dem Gesetzgeber nach den bisherigen Überlegungen durch Art. 3 Abs. 1 GG nicht verwehrt, den Leistungsfähigkeitsgedanken aufzugeben und sein Abgabensystem nach grundlegend neuen Kriterien auszurichten. Der vom allgemeinen Gleichheitssatz umfaßte Grundsatz der Systemgerechtigkeit impliziert mithin nicht die Irreversibilität einer einmal getroffenen abgabenpolitischen Entscheidung.

Ein Wahlrecht des einfachen Gesetzgebers zwischen mehreren Abgabensystemen ist gleichwohl dann nicht gegeben, wenn die abgabenrechtliche Grundentscheidung für das Leistungsfähigkeitsprinzip von der Verfassung selbst getroffen wird. Als Beleg für eine solche Entscheidung des Grundgesetzes werden in der Literatur Art. 106 GG, das Rechtsstaats- sowie das Sozialstaatsprinzip genannt[289]. Hierbei kommt insbesondere Art. 106 GG eine entscheidende Bedeutung zu: So fällt auf, daß praktisch alle von Art. 106 GG erwähnten Steuern – wenngleich in jeweils unterschiedlicher Ausprägung – auf dem Leistungsfähigkeitsprinzip fußen; dies jedenfalls dann, wenn man die von *Tipke/Lang* genannten drei Leistungsfähigkeitsindikatoren, das Einkommen, das Vermögen und den Güterkonsum[290], als Prämisse anerkennt. Selbst die Kraftfahrzeugsteuer, welche im Falle ihrer Neueinführung wohl eher als Sozialzwecksteuer zu qualifizieren wäre[291], findet unter dem weiten Dach der genannten Leistungsfähigkeitsindikatoren dann ihren Platz, wenn man sich vergegenwärtigt, daß sie ursprünglich im Jahre 1906 und sowohl damals, als auch wohl noch beim Inkrafttreten des Grundgesetzes insoweit als Luxusaufwandsteuer zu qualifizieren war, als ein Kraftfahrzeug zu jener Zeit nur für sehr wenige Bürger erschwinglich war. Einzig die Biersteuer mag sich nicht so recht in den ansonsten so konsequent leistungsfähigkeitsbezogenen Steuerkatalog des Art. 106 GG einfügen: Zwar erfaßt auch sie eine Form des Konsums, doch ist das Bier mit einer Reihe anderer Massenprodukte derart vergleichbar, daß die Besteuerung seines Konsums schwerlich

[289] Vgl. *Vogel*, in: Handbuch des Staatsrechts, Bd. 4 (1990), § 87, Rdnr. 92 ff.

[290] Vgl. *Tipke/Lang*, Steuerrecht, 16. Aufl. (1998), § 4, Rdnr. 95.

[291] So qualifiziert ein Teil der Literatur die Kraftfahrzeugsteuer denn auch in der Tat als Durchbrechung des Leistungsfähigkeitsprinzips, vgl. *Schemmel*, in: *Karl-Bräuer-*Institut des Bundes der Steuerzahler, Heft 92 (2000), S. 16; auch *Kirchhof* weist auf die Abschwächung des Leistungsfähigkeitsgedankens nicht zur bei der Kraftfahrzeugsteuer, sondern bei allen indirekten Steuern wie insbesondere auch der Umsatzsteuer hin, läßt dabei aber offen, ob in diesen Fällen nicht zumindest von einer Besteuerung nach vermuteter Leistungsfähigkeit gesprochen werden kann, vgl. *P. Kirchhof*, Besteuerung im Verfassungsstaat (2000), S. 25.

noch als Ausfluß des Leistungsfähigkeitsgedankens angesehen werden kann, ohne diesen gleichzeitig jeglicher Konturen zu berauben[292].

Ungeachtet dieser Einschränkung wird indessen deutlich, daß Art. 106 GG klar das Bild einer nach Leistungsfähigkeitsgesichtspunkten erhobenen Steuer vor Augen hat. Zwar wird dem Gesetzgeber die Erhebung der im Grundgesetz aufgelisteten Steuern nicht vorgeschrieben, doch ist diesem eine primäre Finanzierung durch andere Steuern schon insoweit untersagt, als diese dem Verteilungsmodus der Art. 106 und 107 GG entzogen wären. Das zu nichtsteuerlichen Abgaben entwickelte Argumentationsmuster gilt insoweit parallel. Dem Steuerkatalog des Art. 106 GG kann mithin die Verpflichtung des Gesetzgebers entnommen werden, in erster Linie nach dem Leistungsfähigkeitsprinzip zu besteuern.

Es vermag nicht zu überzeugen, wenn diesem Zwischenergebnis das Argument entgegengehalten wird, die Väter des Grundgesetzes hätten gerade darauf verzichtet, eine dem Art. 134 WRV entsprechende Bestimmung in den Verfassungstext aufzunehmen und dergestalt den Gesetzgeber zu verpflichten, alle Staatsbürger (nur) im Verhältnis ihrer wirtschaftlichen Leistungsfähigkeit an der Tragung der öffentlichen Lasten zu beteiligen[293]. Zwar findet sich eine vergleichbare Vorschrift in der Tat nicht im Grundgesetz, doch wäre eine solche auch insoweit überflüssig, als sich die Aussage des Art. 134 WRV eben bereits zwanglos aus einer Zusammenschau des allgemeinen Gleichheitssatzes und der Finanzverfassung ergibt. Der Umstand, daß das Grundgesetz keine dem Art. 134 WRV vergleichbare Bestimmung enthält, dürfte ferner aus dem Bestreben des Parlamentarischen Rats resultieren, die Verfassung normativ nicht zu überfrachten, mithin einem Bestreben, welches sich bei einem Vergleich der Reichsverfassung mit dem Grundgesetz auch an zahlreichen anderen Stellen zeigt; so waren etwa die das Parlament betreffenden Vorschriften, welche sich heute in den Art. 38–48 GG finden, in der WRV auf nicht weniger als 22 Verfassungsartikel verteilt, ohne dabei wesentliche andere Sachverhalte zu regeln.

Das Fehlen einer dem Art. 134 WRV entsprechenden Vorschrift im Grundgesetz läßt mithin weder in systematischer, noch in rechtsgeschichtlicher Hinsicht Rückschlüsse auf eine vom Verfassungsgeber intendierte Aufgabe des Leistungsfähigkeitsprinzips zu. Es bleibt daher dabei, daß aus Gründen der

---

[292] Ähnliches gilt für eine Reihe anderer – im Grundgesetz nicht näher bezeichneter - besonderer Verbrauchssteuern wie insbesondere die Kaffeesteuer, vgl. *Tipke*, in: FS *Friauf* (1996), S. 752.

[293] So aber im Ansatz *Bodenheim*, Der Staat, Bd. 17 (1978), S. 482; ebenso *Arndt*, in: FS *Mühl* (1981), S. 26 f.

steuerlichen Systemgerechtigkeit jede an anderen Differenzierungsgründen als der Leistungsfähigkeit orientierte Steuer einer spezifischen Rechtfertigung bedarf. Das gleiche hat nun aber auch und erst recht für nichtsteuerliche Leistungen zu gelten, zu deren Erbringung der Bürger im öffentlichen Interesse verpflichtet wird, da diese gerade prädestiniert dazu sind, die von den Steuergesetzen getroffene Belastungsverteilung vom Leistungsfähigkeitsprinzip zu entfernen[294]. Auch sie sind damit zwar nicht per se unzulässig[295], müssen aber ebenfalls gemäß Art. 3 Abs. 1 GG i.V.m. Art. 106 GG erhöhten materiellen Anforderungen genügen.

Das Steuerstaatsprinzip wird mithin durch das aus dem allgemeinen Gleichheitssatz i.V.m. Art. 106 GG herzuleitenden Leistungsfähigkeitsprinzip bedingt und gleichzeitig dahingehend konkretisiert, daß nicht jede Steuer, sondern nur die an Leistungsfähigkeitskriterien orientierte Steuer dem von der Verfassung vorausgesetzten Regeltyp einer Abgabe genügt. Mit der Entrichtung eines von seiner Leistungsfähigkeit abhängigen Beitrags zur Finanzierung öffentlicher Aufgaben hat der Bürger demnach „grundsätzlich seine Schuldigkeit der staatlichen Gemeinschaft gegenüber" getan[296], so daß jede anders geartete Belastung des Bürgers für öffentliche Aufgaben erhöhten quantitativen wie qualitativen Anforderungen zu unterwerfen ist.

c) Das Steuerstaatsprinzip und die Freiheitsgrundrechte

Isensee erkennt darüber hinaus auch in den Freiheitsgrundrechten, namentlich in Art. 12 Abs. 2 GG, insoweit ein Bekenntnis der Verfassung zur Steuerstaatlichkeit, als sich aus diesen für den Staat das grundsätzliche Verbot ergebe, seine Bürger zusätzlich zur Steuerlast noch mit öffentlichen Dienstpflichten zu belasten[297]. Dies ist insoweit angreifbar, als die Entstehungsgeschichte des in Art. 12 Abs. 2 GG enthaltenen Verbots von Arbeitszwang nach heute ganz überwiegender Auffassung zeigt, daß das Grundgesetz nicht jeden staatlichen Zwang zur Verrichtung einer bestimmten Arbeit verbieten

---

294 Vgl. *Friauf*, in: FS *Jahrreiß* (1974), S. 48 ff.

295 Zu weitgehend insoweit *Forsthoff*, BB 1965, S. 388.

296 *Depenheuer*, Verfassungsrechtliche Probleme der Indienstnahme privater Arbeitgeber für die Auszahlung des Kindergelds (1996), S. 64; in diesem Sinne auch *Isensee*, in: FS *Ipsen* (1977), S. 423 ff sowie *Kirchhof*, Besteuerung im Verfassungsstaat (2000), S. 27, der treffend feststellt, daß mit dem Leistungsfähigkeitsprinzip nicht etwa Leistungsbereitschaft des Bürgers für staatliche Belange, sondern allein die Teilhabe des Staates an einer bereits erbrachten Leistung eingefordert wird; das Leistungsfähigkeitsprinzip ist demnach als Abschöpfung der Zahlungsfähigkeit des Bürgers zu verstehen.

297 Vgl. *Isensee*, in: FS *Ipsen* (1977), S. 421 ff.

will[298]; generell untersagt sein sollen vielmehr nur solche Dienstverpflichtungen, die – wie in der NS-Zeit üblich – nach Art und Umfang eine besonders einschneidende und entwürdigende Beschränkung der persönlichen Freiheit darstellen[299]. Sonstige, diesem Verdikt nicht unterfallende Maßnahmen des Arbeitszwangs bleiben dagegen gemäß Art. 12 Abs. 2, 2. HS insoweit zulässig, als sie sich im Rahmen einer herkömmlichen allgemeinen, für alle gleichen Dienstverpflichtung bewegen.

Selbst wenn man diese Voraussetzung restriktiv begreift[300], werden von Art. 12 Abs. 2 GG aber keinesfalls alle Indienstnahmen im hier verstandenen Sinne erfaßt, sondern nur solche, durch die dem Privaten eine persönlich zu erbringende, nicht vertretbare Arbeit auferlegt wird, welche zudem aufgrund ihrer Berufsfremdheit nicht mehr als Berufsausübungsregelung i.S. des Art. 12 Abs. 1 GG qualifiziert werden kann[301]. Alle anderen Konstellationen werden dagegen schon vom Schutzbereich des Art. 12 Abs. 2 GG nicht erfaßt. Art. 12 Abs. 2 GG liefert daher kein Argument für die grundsätzliche Unzulässigkeit von Indienstnahmen.

Auch die von *Isensee* flankierend herangezogene Verfassungsgarantie des öffentlichen Dienstes[302], welche in Art. 33 Abs. 4 GG ihren Ausdruck gefunden hat, vermag ein aus den Freiheitsgrundrechten resultierendes prinzipielles Verbot öffentlicher Dienstpflichten nicht überzeugend zu begründen, da insoweit keine ausschließliche Zuweisung öffentlicher Aufgaben an staatliche Funktionsträger erfolgt, Art. 33 Abs. 4 GG sich vielmehr schon seinem Wortlaut nach auf den Bereich derjenigen öffentlichen Aufgaben beschränkt, deren Erfüllung die Ausübung hoheitlicher Befugnisse erfordert.

Wenngleich somit festgestellt werden kann, daß die Freiheitsgrundrechte der Frage nach der grundsätzlichen Zulässigkeit nicht-steuerlicher Abgaben oder Indienstnahmen weitgehend indifferent gegenüberstehen, so bleibt doch umgekehrt das Steuerstaatsprinzip keinesfalls ohne Einfluß auf die Freiheitsgrundrechte. Als normatives Prinzip mit Verfassungsrang kann es vielmehr der Rechtfertigung von Freiheitsbeschränkungen durch nicht-steuerliche Finanzierungsmodelle entgegenstehen. Als eine Art Schranken-Schranke

---

298 Vgl. *Gusy*, JuS 1989, S. 711.

299 Vgl. *Gubelt*, in: *v. Münch/Kunig*, GG, 5. Aufl. (2000), Rdnr. 78 m.w.N.

300 So etwa *Uber*, in: FS *Schack* (1966), S. 167 ff.

301 Vgl. etwa *Scholz*, in: *Maunz/Dürig/Herzog/Scholz*, GG (1981), Art. 12, Rdnr. 478 ff.; eingehend zur Abgrenzung der Schutzbereiche von Art. 12 Abs. 1 und Art. 12 Abs. 2 unten, 3. Teil, II 1 a.

302 Vgl. *Isensee*, in: FS *Ipsen*, (1977), S. 422.

kommt ihm somit auch und gerade im Rahmen der Freiheitsgrundrechte die Aufgabe zu, den Bürger vor steuerstaatswidrigen Belastungen zu schützen[303].

III. Fazit

1. Steuerstaatsprinzip als normativer Grundsatz

Die Betrachtung der einschlägigen Bestimmungen in der Finanzverfassung sowie deren Zusammenspiel mit dem allgemeinen Gleichheitssatz des Art. 3 Abs. 1 GG hat gezeigt, daß das Steuerstaatsprinzip entgegen einer im Vordringen befindlichen Auffassung in der Literatur sich nicht in einer bloßen Beschreibung der gegenwärtigen Deckung des allgemeinen Finanzbedarfs des Staates erschöpft, sondern darüber hinaus auch einen normativen Gehalt aufweist. Dieser entspringt, ebenso wie das ihn flankierende Leistungsfähigkeitsprinzip, aus der Verfassung selbst und ist daher vom Gesetzgeber bei allen abgabenrechtlichen Entscheidungen sowohl in qualitativer, als auch in quantitativer Hinsicht zu beachten. Während das quantitative Element des Steuerstaatsprinzips in erster Linie dazu dient, die staatsorganisationsrechtliche Balance der Finanzverfassung aufrechtzuerhalten, schützt seine qualitative Komponente in Ergänzung zu den einschlägigen Freiheitsgrundrechten sowie dem allgemeinen Gleichheitssatz insbesondere die Individualinteressen der Bürger. Die vom BVerfG in seiner Grundsatzentscheidung zur Berufsausbildungsabgabe aufgestellten Leitsätze verdienen daher uneingeschränkte Zustimmung.

2. Grundsätzliche Relevanz des Steuerstaatsprinzips für Indienstnahmen

Dagegen vermag die vom BVerfG vertretene These der Nichtanwendbarkeit der Steuerstaatsdoktrin auf die Fälle einer Indienstnahme Privater für öffentliche Aufgaben nicht zu überzeugen, da auch bei einer Indienstnahme eine unfreiwillige Leistung des Bürgers für öffentliche Belange eingefordert wird. Der Umstand, daß diese Leistung nicht in Geld, sondern durch den Einsatz der Arbeitskraft respektive der Betriebsmittel des Privaten zu erbringen ist, ändert nichts daran, daß der Staat hiermit eine ebenso vermögenswerte Leistung einfordert wie mit der Erhebung einer Geldleistungspflicht; diese ist mithin im Gesamtzusammenhang der von dem indienstgenommenen Privaten

---

[303] So etwa auch *Depenheuer*, BB 1996, S. 1219, der für den Fall der Kindergeldauszahlung durch die Arbeitgeber eingehend darlegt, daß das Steuerstaatsprinzip die in Frage stehende Regelung maßgeblich in bezug auf ihre Vereinbarkeit mit Art. 12 Abs. 1 GG beeinflußt; ähnlich – in bezug auf die Heranziehung der Telefonnetzbetreiber zur Entwicklung von Überwachungsmechanismen – auch *Scholz*, Archiv PT 1995, S. 183 ff.

sonst noch erbrachten Leistungen in Form von Steuern und Abgaben verfassungsrechtlich zu würdigen.

Ebenso wenig wie im Fall einer Sonderabgabe kann es für die finanzverfassungsrechtliche Beurteilung einer Indienstnahme maßgeblich auf deren – in der Praxis ohnehin fast nie nachweisbaren - Finanzierungszweck ankommen: So ist im Rahmen der Grundrechte seit langem anerkannt, daß ein staatlicher Eingriff in subjektive Rechte des Bürgers keine Finalität voraussetzt[304]; nichts anderes hat kann dann aber konsequenterweise auch für die Beeinträchtigung von sonstigen Verfassungsprinzipien zu gelten, wenn diese – wie das Steuerstaatsprinzip – jedenfalls auch dem Individualschutz des Bürgers zu dienen bestimmt sind. Vergegenwärtigt man sich, daß eine Indienstnahme der Privatwirtschaft im Falle ihrer Entschädigungslosigkeit nicht nur Kosten verursacht, sondern auch noch zusätzlich die unternehmerische Freiheit der betroffenen Betriebe beschneidet, erscheint es geradezu widersinnig, reine Geldleistungspflichten am Steuerstaatsprinzip zu messen, die noch einschneidenderen Indienstnahmen dagegen nur einer einfachen Verhältnismäßigkeitsprüfung zu unterziehen; auch die Indienstnahme Privater für öffentliche Aufgaben unterliegt daher den durch das Steuerstaatsprinzip vorgezeichneten finanzverfassungsrechtlichen Restriktionen[305].

[304] Vgl. etwa *Bleckmann/Eckhoff*, DVBl. 1988, S. 373; *Pieroth/Schlink*, Grundrechte, 17. Aufl. (2001), Rdnr. 239 ff.; *Roth*, Faktische Eingriffe in Freiheit und Eigentum (1994), S. 230 ff.; *Weber-Dürler*, VVDStRL 57 (1998), S. 74 ff.

[305] Vgl. zu entsprechenden Stimmen in der Literatur neben dem oben unter I 2 besprochenen Aufsatz von *Isensee*, in: FS *Ipsen* (1977), S. 423 insbesondere auch die Nachweise in Fn. 302 sowie *Dönneweg*, Der bezahlte Bildungsurlaub (1997), S. 127 ff.

3. Teil: Die Auswirkungen des Steuerstaatsprinzips auf die verfassungsrechtliche Zulässigkeit von Indienstnahmen

Im folgenden soll nun untersucht werden, welche Konsequenzen sich aus der im Hinblick auf das Steuerstaatsprinzip erhöhten Rechtfertigungsbedürftigkeit einer Indienstnahme Privater für öffentliche Aufgaben für deren verfassungsrechtliche Zulässigkeit ergeben.

I. Auswirkungen des Steuerstaatsprinzips auf die Kompetenz von Bund und Ländern zum Erlaß von Indienstnahmegesetzen

Die Zuständigkeit für den Erlaß von Indienstnahmegesetzen ergibt sich zunächst zwanglos aus den jeweils einschlägigen Sachkompetenztiteln der Art. 70 ff. GG, namentlich aus Art. 74 Abs. 1 Nr. 11 bzw. 12 GG. Es fragt sich indessen, ob im Hinblick auf die quantitative Komponente des Steuerstaatsprinzips ab einer bestimmten Konzentration nicht-steuerlicher Finanzierungsinstrumente des Staates eine Erschöpfung dieser Gesetzgebungskompetenzen festgestellt werden kann bzw. muß.

Eine solche Kompetenzerschöpfung ist von vornherein nur unter der Voraussetzung vorstellbar, daß der Steueranteil an der Gesamtfinanzierung der öffentlichen Haushalte bereits so niedrig ist, daß der Grundsatz der Steuerstaatlichkeit schon in rein quantitativer Hinsicht nicht mehr gewahrt ist. Wenngleich der quantitative Aspekt des Steuerstaatsprinzips in dieser Untersuchung bisher primär im Rahmen einer Begrenzung nicht-steuerlicher Abgaben diskutiert wurde, können freilich auch alle anderen dem Staat zur Verfügung stehenden nicht-steuerlichen Einnahmen dazu beitragen, den Grundsatz einer überwiegenden Steuerfinanzierung der öffentlichen Haushalte auszuhöhlen. Im folgenden ist daher danach nach dem prozentualen Verhältnis der Steuereinnahmen zu den gesamten bereinigten Einnahmen der öffentlichen Haushalte zu fragen. Zwar ist es nicht möglich, eine fixe mathematische Größe für den gerade noch zulässigen Anteil nicht-steuerlicher Einnahmen an der staatlichen Gesamtfinanzierung anzugeben, doch kann aus dem derzeitigen Verhältnis des Steueraufkommens zum Erlös aus nicht-steuerlichen Einnahmen der öffentlichen Haushalte doch eine zumindest tendenzielle Aussage getroffen werden.

Im Jahre 1995 betrugen die bereinigten Einnahmen sämtlicher öffentlicher Haushalte 1.739, 695 Mrd. DM. Davon entfielen 637,036 Mrd. DM auf Sozialversicherungsbeiträge; läßt man diese außer Betracht, verblieben mithin Einnahmen in Höhe von 1.102,659 Mrd. DM. Der Anteil an Steuern und also nicht wieder im Rahmen einer Ausgleichszahlung an Private korrigiert. Die Frage, wann und unter welchen Voraussetzungen das Steuerstaatsprinzip einen derartigen Ausgleich erfordert und wann es eine Indienstnahme im Hinblick auf die damit stets verbundene Freiheitsbeschränkung des Privaten ganz verbietet, stellt dagegen einen anderen Problemkreis dar.

Dieser betrifft nicht die nach quantitativen Gesichtspunkten zu beantwortende Frage, inwieweit das Steuerstaatsprinzip Bund und Länder in ihrer Gesetzgebungskompetenz zur Einführung nicht-steuerlicher Abgaben beschränkt, sondern das hiervon zu unterscheidende materiell-rechtliche Problem, welche inhaltlichen Anforderungen das Steuerstaatsprinzip an ein Indienstnahmegesetz stellt.

II. Auswirkungen des Steuerstaatsprinzips auf die materielle Verfassungsmäßigkeit von Indienstnahmegesetzen

Die Frage, welche materiell-rechtlichen Anforderungen ein Indienstnahmegesetz konkret erfüllen muß, um den Anforderungen des Steuerstaatsprinzips zu genügen, ist im Lichte der von der jeweiligen Indienstnahme betroffenen Freiheitsgrundrechte sowie des allgemeinen Gleichheitssatzes i.S. des Art. 3 Abs. 1 GG zu beantworten.

Insoweit ist dann durchaus auch der Umstand zu berücksichtigen, daß der gesamtstaatliche Anteil nicht-steuerlicher Finanzierung zwar rückläufig sein mag, die Indienstnahme privater Wirtschaftsunternehmen dagegen – wie etwa die neue Telekommunikationsüberwachungsverordnung zeigt – tendenziell nach wie vor zunimmt. Häufig werden Unternehmen auch nicht nur Adressat einer einzigen, sondern gleich mehrerer Indienstnahmeregelungen sein. Nicht zuletzt aufgrund dieser Kumulation steigt auch das Bedürfnis, in materieller Hinsicht an die Verfassungsmäßigkeit von Indienstnahmegesetzen strenge Bedingungen zu knüpfen[311].

1. Die von einer Indienstnahme betroffenen Freiheitsgrundrechte

Als von einer Indienstnahme betroffene Freiheitsgrundrechte kommen einerseits der in Art. 12 Abs. 2 GG manifestierte Schutz vor Arbeitszwang sowie die von Art. 12 Abs. 1 GG garantierte Berufsfreiheit, andererseits aber auch die Freiheit des Eigentums aus Art. 14 Abs. 1 GG in Betracht.

---

[311] In diesem Sinne jüngst auch *Lücke,* DVBl. 2001, S. 1469 ff.

a) Art. 12 Abs. 2 GG

Art. 12 Abs. 2 GG ist die einzige Verfassungsbestimmung, deren Einschlägigkeit der BFH in seiner Grundsatzentscheidung zum Lohnsteuerabzugsverfahren vom 05.07.1963 in Betracht gezogen hatte. Ohne hinreichend klargestellt zu haben, ob es im konkreten Fall bereits an der Betroffenheit oder vielmehr erst an einer Verletzung des Art. 12 Abs. 2 GG fehlte, stellte der BFH fest, daß der die Arbeitgeber indienstnehmende § 38 EStG jedenfalls im Ergebnis nicht gegen Art. 12 Abs. 2 GG verstoße[312]. Später entschied das BVerfG in seiner Kuponsteuerentscheidung vom 29.11.1967, daß die Mitwirkungspflichten der Banken beim Einbehalt der Kapitalertragsteuer nicht an Art. 12 Abs. 2 GG, sondern ausschließlich an Art. 12 Abs. 1 GG zu messen seien. Zur Begründung verwies das Gericht auf die Entstehungsgeschichte des Grundgesetzes, welche klar erkennen lasse, daß mit der Bestimmung des Art. 12 Abs. 2 GG lediglich „die im nationalsozialistischen System üblich gewordenen Formen der Zwangsarbeit mit ihrer Herabwürdigung der menschlichen Persönlichkeit ausgeschlossen werden sollten“[313].

Diese Feststellung ist angesichts des historischen Hintergrunds des Art. 12 Abs. 2 GG zwar durchaus zutreffend, doch greift sie für die hier relevante Frage, ob eine Indienstnahme Privater für öffentliche Aufgaben am Maßstab der verfassungsrechtlich verbürgten Freiheit von Arbeitszwang zu messen ist oder nicht, entschieden zu kurz: Auch wenn mit Art. 12 Abs. 2 GG primär ein Verdikt über entwürdigende Maßnahmen des Arbeitszwangs ausgesprochen werden sollte, ist damit nämlich nicht zwangsläufig die Feststellung verbunden, daß jede Form des Arbeitszwangs entwürdigend und damit qua Verfassung verboten ist.

Daß in den Augen des Verfassungsgebers gerade auch Formen des Arbeitszwangs denkbar waren, die nicht die Menschenwürde der Verpflichteten verletzen, ergibt sich vielmehr bereits daraus, daß er anderenfalls auch auf die Einfügung des Art. 12 Abs. 2 GG hätte verzichten können, da alle Fälle des Arbeitszwangs dann regelmäßig bereits von Art. 1 GG erfaßt worden wären[314]. Zwar wäre es grundsätzlich denkbar, daß der Parlamentarische Rat eben im Hinblick auf die während der Nazi-Diktatur üblichen „Dienstverpflichtungen“ von politisch mißliebigen Bürgern deren prinzipielle Unzulässigkeit mit Art. 12 Abs. 2 GG nochmals ein für allemal klarstellend hervorheben wollte, doch vermag eine solche, ausschließlich vergangenheitsbewäl-

---

[312] Vgl. BFH, DB 1963, S. 1380 f.

[313] Vgl. BVerfGE 22, 380 [383].

[314] Vgl. *Gusy*, JuS 1989, S. 711.

tigende Verfassungsinterpretation nicht wirklich zu überzeugen[315]: Daß menschenverachtende Zwangsmethoden von der Art, derer sich das NS-Regime zur Durchsetzung seiner politischen Ziele bediente, mit der vom Grundgesetz vorausgesetzten, freiheitlichen und rechtsstaatlichen Grundwerten verpflichteten Demokratie unvereinbar sind, liegt so offensichtlich auf der Hand, daß es hierfür einer besonderen verfassungsrechtlichen Klarstellung ersichtlich nicht bedarf; eine Überfrachtung der Verfassung mit rein deklaratorischen Ausführungen war der Parlamentarische Rat aber angesichts der schlechten Erfahrungen mit der Weimarer Reichsverfassung gerade zu vermeiden bemüht[316].

Daß sich Art. 12 Abs. 2 GG nicht in einer Ächtung der NS-Vergangenheit erschöpft, belegt schließlich auch der Verweis des zweiten Halbsatzes des Art. 12 Abs. 2 GG auf die Zulässigkeit herkömmlicher allgemeiner, für alle gleicher öffentlicher Dienstleistungspflichten. An dieser Stelle macht der Verfassungstext selbst deutlich, daß der Begriff des Arbeitszwangs gerade nicht restriktiv aufzufassen ist, sondern eben gerade auch ganz selbstverständliche und allgemein akzeptierte Verpflichtungen wie etwa die Pflicht zur Nothilfe im Katastrophenfall erfassen will.

Auch kann die Formulierung des zweiten Halbsatzes des Art. 12 Abs. 2 GG – entgegen einer Auffassung in der Literatur[317] - nicht so verstanden werden, daß die hier genannten Dienstpflichten i.S. einer Ausnahme vom absoluten Verbot des ersten Halbsatzes als Grundpflichten mit Verfassungsrang konstitutiv festgeschrieben werden sollen. Es stellt vielmehr einen geradezu eklatanten Widerspruch dar, einerseits die historische Intention des Gesetzgebers zu betonen, derzufolge Maßnahmen des Arbeitszwangs nur in eng begrenzten Ausnahmefällen zulässig sind, andererseits aber den zweiten Absatz des Art. 12 Abs. 2 GG im Sinne einer verfassungsrechtlichen Zementierung bestimmter überkommener Dienstpflichten zu interpretieren und diesen sogar noch Verfassungsrang zuzusprechen.

Die Zulassung herkömmlicher allgemeiner, für alle gleicher öffentlicher Dienstleistungspflichten durch Art. 12 Abs. 2 GG läßt sich mithin allein dahingehend interpretieren, daß hiermit die Voraussetzungen festgelegt werden

315 So auch *Trzaskalik*, DStJG 12 (1989), S. 161.

316 Aus diesem Grund wurde etwa auch in Abkehr von der WRV darauf verzichtet, in Art. 12 GG ein – in der Praxis vom Staat ohnehin nicht zu gewährleistendes – Recht auf Arbeit aufzunehmen, vgl. *Breuer*, in: Handbuch des Staatsrechts, Bd. VI (1989), § 147, Rdnr. 10.

317 Vgl. etwa *Merten*, BayVBl. 1978, S. 557 f.; zustimmend *Scholz*, in: *Maunz/Dürig*, GG (1981), Art. 12, Rdnr. 485.

sollen, unter welchen ein gesetzlich angeordneter Arbeitszwang zulässig ist. Wortlaut und Systematik legen es somit nahe, ebenso wie in der durch Art. 12 Abs. 1 GG garantierten Berufsfreiheit und der von Art. 12 Abs. 3 GG verbürgten Freiheit vor Zwangsarbeit auch in Art. 12 Abs. 2 GG eine eigene Grundrechtsverbürgung zu sehen: die Freiheit vor Arbeitszwang[318]. Während der erste Halbsatz des Art. 12 Abs. 2 GG die grundrechtliche Freiheit umschreibt, enthält demnach sein zweiter Halbsatz die dazugehörige Schranke[319].

Fraglich ist somit, ob Indienstnahmen, namentlich die hier interessierenden Indienstnahmen von Wirtschaftsunternehmen, vom Schutzbereich dieses in Art. 12 Abs. 2 GG enthaltenen Grundrechts erfaßt werden. Insoweit ist zu untersuchen, ob das in Frage stehende Grundrecht i.S. des Art. 19 Abs. 3 GG seinem Wesen nach auch auf juristische Personen Anwendung findet. Zur Beantwortung dieser Frage erweist es sich als sinnvoll, zunächst den Schutzbereich des Art. 12 Abs. 2 GG zu skizzieren und in einem zweiten Schritt zu überprüfen, ob dieser Schutzbereich - wie von Art. 19 Abs. 3 GG gefordert - seinem Wesen nach auch auf juristische Personen zugeschnitten ist.

Der Schutzbereich des Art. 12 Abs. 2 GG wird bestimmt durch die Begriffe der Arbeit und des zu deren Verrichtung aufgewendeten staatlichen Zwangs. Nach dem allgemeinen Sprachgebrauch kann unter Arbeit praktisch jede geistige und körperliche Tätigkeit verstanden werden, die von einem Menschen verrichtet wird; daß Art. 12 Abs. 2 GG gleichwohl nur einen Ausschnitt aus dem Bereich dieser Tätigkeiten erfassen will, ist indessen einhellig anerkannt[320]. Um die spezifische Grundrechtsverbürgung dieser Bestimmung herauszufiltern, bietet es sich daher an, im Rahmen des Art. 12 Abs. 2 GG all jene Tätigkeiten außer Betracht zu lassen, die bereits einen engen Bezug zum Schutzbereich eines anderen Freiheitsgrundrechts aufweisen, so daß eine eindeutige Grenzziehung insbesondere zu Art. 12 Abs. 1 GG ermöglicht und somit das wegen der unterschiedlichen Schranken oftmals heikle Konkur-

---

318 Vgl. etwa *Göppel*, Die Zulässigkeit von Arbeitszwang nach Art. 12 Abs. 2 S. 1 des Grundgesetzes (1967), S. 8 ff.; *Plewa*, Mineralölbevorratung (1978), S. 77; *Scholz*, in: *Maunz/Dürig/Herzog/Scholz*, GG (1981), Rdnr. 479, welcher allerdings den Schutz vor Arbeitszwang und den Schutz vor Zwangsarbeit als einheitliche Grundrechtsverbürgung begreift.

319 Vgl. *Gusy*, JuS 1989, S. 713; *Göppel*, Die Zulässigkeit von Arbeitszwang nach Art. 12 Abs. 2 S. 1 des Grundgesetzes (1967), S. 116, der im Hinblick auf den von vornherein eng umschriebenen Kreis der zulässigen Dienstpflichten von einem „besonders begrenzten Gesetzesvorbehalt" spricht.

320 Vgl. etwa *Pieroth/Schlink*, Grundrechte, 17. Aufl. (2001), Rdnr. 866 ff.

renzproblem vermieden wird[321]. Damit kommt man zu dem Ergebnis, daß Tätigkeiten, die sich bereits als Berufsausübungsregelungen i.S. des Art. 12 Abs. 1 GG darstellen, sowie Handlungspflichten, die an eine konkrete Eigentumsposition anknüpfen, aus dem Schutzbereich des Art. 12 Abs. 2 GG herausfallen[322]. Keine praktische Bedeutung kommt dagegen dem von Art. 12 Abs. 2 GG vorausgesetzten Merkmal der Bestimmtheit der Arbeit zu. Mit dieser Formulierung sollte vielmehr lediglich die Abkehr von einer verfassungsmäßigen Arbeitspflicht bekräftigt werden, wie sie etwa noch Art. 163 WRV vorgesehen hatte[323].

Unter Zwang i.S. des Art. 12 Abs. 2 GG ist schließlich jede psychische oder physische Willensbeugung zur Arbeitserbringung zu verstehen; dies impliziert, daß der Arbeitspflichtige höchstpersönlich in Anspruch genommen wird[324], die Dienstpflicht mithin eine unvertretbare Tätigkeit zum Gegenstand hat, die nicht an Dritte delegiert werden kann. Vergegenwärtigt man sich, daß die Erfahrungen aus dem Nationalsozialismus zwar nicht allein, gleichwohl aber in maßgeblicher Weise die ratio des Art. 12 Abs. 2 GG ausmachen, wird diese Restriktion verständlich.

Sowohl die Intention des Verfassungsgebers, die höchstpersönlichen Dienstverpflichtungen, mit welchen das NS-Regime politisch mißliebiges Verhalten seiner Bürger sanktionierte, zu ächten sowie seine Vorstellung von den nach dem zweiten Halbsatz des Art. 12 Abs. 2 GG zulässigen Dienstpflichten, welche in erster Linie Nothilfepflichten wie die Pflicht zur Feuerwehr- oder Deichhilfe umfaßte[325], machen deutlich, daß der verfassungsrechtliche Begriff des Arbeitszwangs mehr meint als die bloße Abwälzung einer öffentlichen Aufgabe an Private, vielmehr ergänzt werden muß durch die höchstpersönlichen Inanspruchnahme des Bürgers durch den Staat. Diese Einschränkung wird auch von der Rechtsprechung mitgetragen: So lehnte es das BVerwG überzeugend ab, die jederzeit auf Dritte delegierbare Wegereinigungspflicht der Anlieger als Arbeitszwang i.S. des Art. 12 Abs. 2 GG zu qualifizieren[326].

---

321 Für Idealkonkurrenz dagegen *Gubelt*, in: *v. Münch/Kunig*, GG, 5. Aufl. (2000), Art. 12, Rdnr. 81.

322 Vgl. *Scholz*, in: *Maunz/Dürig/Herzog/Scholz*, GG (1981), Art. 12, Rdnr. 481.

323 Vgl. *Scholz*, in: *Maunz/Dürig/Herzog/Scholz*, GG (1981), Art. 12, Rdnr. 482.

324 Vgl. *Tettinger*, in: *Sachs*, GG, 2. Aufl. (1999), Art. 12, Rdnr. 151; welcher die Höchstpersönlichkeit der Dienstpflicht allerdings aus dem Merkmal der Bestimmtheit der Arbeit herleitet..

325 Vgl. etwa *Uber*, in: FS *Schack* (1966), S. 180; *Wieland*, in: *Dreier*, GG (1996), Art. 12, Rdnr. 86.

326 Vgl. BVerwGE 22, 26 ff.

Im Erfordernis dieses Merkmals der Unvertretbarkeit der übertragenen Arbeit dürfte schließlich auch der eigentliche Grund dafür zu liegen, daß die Rechtsprechung in der überwiegenden Zahl der Indienstnahmefälle eine Betroffenheit des Art. 12 Abs. 2 GG gar nicht erst in Betracht gezogen hat. Unabhängig von der im Anschluß zu erörternden Frage, ob und inwieweit Indienstnahmen bereits einen hinreichend engen Bezug zur Berufs- oder Eigentumsfreiheit aufweisen und daher nach dem oben Gesagten allein am Maßstab der Art. 12 Abs. 1 bzw. Art. 14 Abs. 1 GG zu messen sind[327], ist nämlich jedenfalls bei der Indienstnahme von Wirtschaftsunternehmen eine solche höchstpersönliche Inanspruchnahme privater Arbeitskraft regelmäßig zu verneinen.

So ist es schon äußerst zweifelhaft, ob eine juristische Person überhaupt je höchstpersönlich i.S. des Art. 12 Abs. 2 GG indienstgenommen werden kann, da die Dienstpflicht nie auf einen konkreten Arbeitnehmer, sondern immer nur auf das Unternehmen als solches bezogen ist. Ein Teil der Literatur geht gleichwohl davon aus, daß Art. 12 Abs. 2 GG auch auf juristische Personen anwendbar ist[328]. So sei denkbar, daß staatlicher Arbeitszwang unmittelbar die in einem Unternehmen beschäftigten Einzelpersonen tangiere; in diesem Fall entspreche es aber dem Sinn des Art. 19 Abs. 3 GG, auch dem Unternehmen als solchem einen grundrechtlichen Abwehranspruch aus Art. 12 Abs. 2 GG zuzubilligen[329]. Dieser Argumentation kann nicht gefolgt werden: Aus dem – auch von der genannten Literaturauffassung nicht in Zweifel gezogenen - Charakter des Art. 12 Abs. 2 GG als ausgesprochen persönlichkeitsbezogenem Grundrecht[330], welcher sich klar aus seiner historischen Zielrichtung ergibt[331], ist vielmehr ohne weiteres auf seine Nichtanwendbarkeit auf juristische Personen zu schließen.

Selbst wenn man diese Konsequenz aber nicht zieht, ist zu beachten, daß die einem Unternehmen übertragenen Aufgaben sehr häufig so beschaffen sind, daß sie – man denke etwa an die Sicherungs- und Überwachungspflichten zur Gefahrenabwehr - ohne weiteres auch von einer im Auftrag des indienstgenommenen Betriebs tätig werdenden Fremdfirma durchgeführt werden können. Selbst für den Fall, daß man die Anwendbarkeit des Art. 12 Abs. 2 GG

---

[327] Bereits aus diesem Grund lehnt etwa *Manssen* die Einschlägigkeit des Art. 12 Abs. 2 GG im Fall der Indienstnahme ab, vgl. *Manssen*, in: *v Mangoldt/Klein/Starck*, Das Bonner Grundgesetz, 4. Aufl. (1999), Art. 12 Abs. 2 und 3, Rdnr. 290.

[328] Vgl. *Rüfner*, AöR 89 (1964), S. 311 f.; für eine grundsätzliche Anwendbarkeit auf juristische Personen auch *Plewa*, Mineralölbevorratung (1978), S. 77.

[329] Vgl. *Rüfner*, AöR 89 (1964), S. 312.

[330] Vgl. *Rüfner*, AöR 89 (1964), S. 311.

[331] Vgl. etwa *Krohn*, BB 1969, S. 1234, welcher allerdings über die hier vertretene Auffassung hinaus den von Art. 12 Abs. 2 GG verwendeten Begriff der Arbeit im Hinblick auf seine Entstehungsgeschichte auf rein körperliche Tätigkeiten beschränkt.

auf juristische Personen entgegen der hier vertretenen Auffassung bejaht, wird es daher so gut wie immer an der Unvertretbarkeit der von einem Unternehmen durchzuführenden Aufgabe fehlen.

Die im Mittelpunkt dieser Arbeit stehende Indienstnahme von Wirtschaftsunternehmen für öffentliche Aufgaben unterfällt daher regelmäßig nicht dem verfassungsrechtlichen Begriff des Arbeitszwangs.

b) Art. 12 Abs. 1 GG

Spätestens seit der Entscheidung des BVerfG zur verfassungsrechtlichen Zulässigkeit der Mineralölbevorratung[332] wird das in Art. 12 Abs. 1 GG manifestierte Grundrecht der Berufsfreiheit von Rechtsprechung und Literatur als Dreh- und Angelpunkt für die Frage der Verfassungsmäßigkeit von Indienstnahmen angesehen[333]. Dieses Grundrecht enthält nach den im „Apothekenurteil" des BVerfG ausgeführten und von der Literatur nahezu einhellig rezipierten Grundsätzen einen einheitlichen Schutzbereich, welcher die Berufsfreiheit von der Berufswahl bis zur Berufsausübung umfassend gewährleistet; Berufswahl- und Berufsausübungsregelungen unterscheiden sich dabei allein im Grad der von einem grundrechtsbeschränkenden Gesetz zu erfüllenden Anforderungen, wobei Eingriffe in die Berufswahl nach der Drei-Stufen-Theorie des Gerichts stärker rechtfertigungsbedürftig sind als bloße Regelungen der Berufsausübung[334].

Da gegenwärtig weder ein Fall denkbar ist, in dem ein Privater zwecks Erfüllung einer öffentlichen Aufgabe vom Staat zur Ergreifung eines bestimmten Berufs gezwungen wird, noch die zur Zeit vorkommenden Indienstnahmen von solcher Intensität sind, daß „die betroffenen Berufsangehörigen in aller Regel [...] wirtschaftlich nicht mehr in der Lage sind, den gewählten Beruf ganz oder teilweise[...]zur Grundlage ihrer unternehmerischen Erwerbstätigkeit zu machen"[335], wird sich eine staatliche Indienstnahme in der Praxis nie als Berufswahl-, sondern allenfalls als Berufsausübungsregelung darstellen.

---

332 Vgl. BVerfGE 30, 292 ff.

333 Vgl. etwa *Plewa*, Mineralölbevorratung (1978), S. 79.

334 Vgl. BVerfGE 7, 377 [401 f.]; *Pieroth/Schlink*, Grundrechte, 17. Aufl. (2001), Rdnr. 808; *Langer*, Strukturfragen der Berufsfreiheit, JuS 1993, S. 203; *Gubelt*, in: *v. Münch/Kunig*, GG, 5. Aufl. (2000), Art. 12, Rdnr. 40 m.w.N.; kritisch hierzu dagegen *Lücke*, Die Berufsfreiheit (1994), S. 8 ff.

335 Vgl. BVerfGE 30, 292 [314].

Unter einem Beruf i.S. des Art. 12 Abs. 1 GG versteht das BVerfG jede Tätigkeit, die für einen Menschen „Lebensaufgabe und Lebensgrundlage ist und durch die er zugleich seinen Beitrag zur gesellschaftlichen Gesamtleistung erbringt“[336]. Diese Umschreibung, in welcher die eminente Bedeutung des Berufs für die individuelle Selbstverwirklichung des Bürgers zum Ausdruck kommt, hat sich auch in der Literatur durchgesetzt, welche zur Definition des Berufsbegriffs überwiegend auf die Rechtsprechung verweist[337]. Anders ausgedrückt wird damit unter einem Beruf jede – auch außerhalb der tradierten Berufsbilder liegende[338] - Tätigkeit verstanden, die zur Erhaltung der Lebensgrundlage dient und auf eine gewisse Dauer hin ausgerichtet ist[339]. Umstritten, für die vorliegende Untersuchung jedoch ohne Bedeutung, ist allein die Frage, ob für den Berufsbegriff des Art. 12 Abs. 1 GG das Erlaubtsein einer solchen Tätigkeit als weiteres konstitutives Merkmal zu fordern ist[340]; alle privaten Wirtschaftsunternehmen, die vom Staat für öffentliche Aufgaben indienstgenommen werden, üben stets nicht nur eine unstreitig erwerbswirtschaftliche und damit berufliche Tätigkeit, sondern logischerweise auch immer nur eine solche Tätigkeit aus, die nicht bereits per se verboten ist.

Um eine wenigstens einigermaßen konturierte Abgrenzung der Berufsfreiheit zu erreichen und damit eine Ausuferung des Art. 12 Abs. 1 GG zum allumfassenden Supergrundrecht zu vermeiden, erweist es sich indessen als notwendig, aus dem Schutzbereich der Berufsfreiheit solche Handlungen herauszufiltern, die zwar im Rahmen einer Berufstätigkeit vorgenommen werden, zu dieser aber keinen hinreichend spezifischen Bezug aufweisen. Der Schutzbereich der Berufsfreiheit ist demnach nur dann eröffnet, wenn Einzelhandlungen wie etwa Autofahren, Telefonieren oder Briefe versenden, die für sich gesehen jeweils berufsneutral sind, in berufsspezifischer Weise gebündelt zusammentreffen[341]. Fraglich ist demnach, ob bzw. in welchen Fällen eine Indienstnahme die berufsspezifische Tätigkeit eines privaten Wirtschaftsunternehmens berührt.

Das BVerfG nimmt die diesbezüglich vorzunehmende Schutzbereichsumgrenzung von der Eingriffsseite her vor, indem es danach fragt, ob einer staatlichen Maßnahme in subjektiver oder objektiver Hinsicht eine „berufsre-

---

[336] Vgl. BVerfGE 7, 377 [397]; ähnl. BVerfGE 50, 290 [362].

[337] Vgl. etwa *Gallwas*, Grundrechte, 2. Aufl. (1995), Rdnr. 489; *Wieland*, in: *Dreier*, GG (1996), Art. 12, Rdnr. 28.

[338] Vgl. *Gallwas*, Grundrechte, 2. Aufl. (1995), Rdnr. 492; *Pieroth/Schlink*, Grundrechte, 17. Aufl. (2001), Rdnr. 810.

[339] Vgl. *Ipsen*, Staatsrecht II, 2. Aufl. (1998), Rdnr. 596 m.w.N.

[340] So etwa BVerfGE 14, 19 [22], *Lerche*, in: FS *Fikentscher* (1998), S. 54; krit. *Scholz*, in: *Maunz/Dürig*, GG (1981), Art. 12, Rdnr. 24 m.w.N.

[341] Vgl. *Pieroth/Schlink*, Grundrechte, 17. Aufl. (2001), Rdnr. 810, 841.

gelnde Tendenz“ innewohnt[342]. Diese Einschränkung ist nicht unproblematisch, da sie insoweit zu einer Verschmelzung von Schutzbereich und Eingriff führt, als beide sich dann nur noch in ihrem Zusammenspiel definieren lassen. Da sich jedoch die Frage, ob sich bestimmte Handlungen als berufsspezifisch darstellen oder nicht, selten pauschal beantworten läßt, stellt die Verlagerung der Schutzbereichsumgrenzung auf die Eingriffsebene den wohl einzig praktikablen Weg einer adäquaten Abgrenzung der Berufsfreiheit von der allgemeinen Handlungsfreiheit dar[343].

Mit dem BVerfG ist daher zunächst zu fragen, ob einer Indienstnahme eine subjektiv berufsregelnde Tendenz innewohnt. Eine solche kann nicht bereits deswegen bejaht werden, weil die Zugehörigkeit zu einer bestimmten Berufsgruppe – und sei es auch nur zum denkbar weiten Kreis der Arbeitgeber – in aller Regel den Anknüpfungspunkt für die Indienstnahme darstellt.

Bei näherer Betrachtung stellt sich nämlich heraus, daß dies allein unter Zugrundelegung der oben genannten Formel noch nicht ausreicht, eine belastende staatliche Maßnahme vielmehr auch gerade auf die Regelung der Berufstätigkeit abzielen muß, um als subjektiv berufsregelnd qualifiziert werden zu können. Beides wird sich zwar in vielen Fällen decken, so etwa bei der Pflicht der Kernkraftwerksbetreiber, ihrem Beruf nur unter bestimmten Sicherheitsvorkehrungen nachzugehen; zwangsläufig ist eine solche Kongruenz gleichwohl nicht. So ist etwa nicht einzusehen, was die von den Banken zu erfüllende Pflicht zum Einbehalt der Kapitalertragsteuer mit deren berufstypischer Tätigkeit zu tun hat; vielmehr stellt es im Rahmen der banküblichen Geschäftsvorgänge ersichtlich einen Fremdkörper dar, wenn Banken für den Staat Steuern einziehen; aufgrund der Berufsfremdheit der übertragenen Aufgabe kann dem Gesetzgeber daher in diesem und ähnlichen Fällen kaum die Absicht unterstellt werden, gerade die Berufsausübung des Indienstgenommenen regeln zu wollen; eine subjektiv berufsregelnde Tendenz ist diesen Fällen mithin gerade nicht immanent[344].

Insoweit kommt es daher für die Frage der Betroffenheit des Art. 12 Abs. 1 GG darauf an, welche Intensität man für die zweite Eingriffskategorie verlangt, welche nach der Rechtsprechung des BVerfG aus Regelungen mit

---

342 Vgl. BVerfGE 95, 267 [302]; 97, 228 [253 f.]; dazu *Pieroth/Schlink*, Grundrechte, 17. Aufl. (2001), Rdnr. 823.

343 So wohl auch *Pieroth/Schlink*, Grundrechte, 17. Aufl. (2001), Rdnr.236, 823.

344 Vgl. *Trzaskalik*, DStJG 12 (1989), S. 161, der wegen der Berufsfremdheit der Steuererhebung bzw. –abführung allerdings entgegen der hier vertretenen Auffassung für den Fall des Kuponsteuereinbehalts auch das Vorliegen einer objektiven Berufsregelung ablehnt und diesen sowie vergleichbare Fälle allein an Art. 2 Abs. 1 GG messen will.

objektiv-berufsregelndem Charakter besteht. Legt man den eigenen Maßstab des Gerichts zugrunde, nach welchem solche nur dann vorliegen, wenn Normen „nach Entstehungsgeschichte und Inhalt im Schwerpunkt Tätigkeiten betreffen, die typischerweise beruflich ausgeübt werden"[345], so ergibt sich das gleiche Problem wie schon im Rahmen der Prüfung einer subjektiv-berufsregelnden Maßnahme, daß eine beachtliche Zahl von Indienstnahmeregelungen den Pflichtigen eben gerade keine berufstypischen Dienstleistungen abverlangt.

Dies hat das BVerfG indessen nicht gehindert, in seiner Kuponsteuerentscheidung festzustellen, daß auch die Übertragung einer berufsfremden Tätigkeit immer dann einen Eingriff in die Berufsfreiheit darstelle, wenn „diese Tätigkeit im inneren Zusammenhang mit dem Beruf steht und Rückwirkungen auf die Berufsausübung hat"[346]. Im konkreten Fall sah das Gericht einen solchen hinreichend engen Zusammenhang zur beruflichen Tätigkeit der Banken als gegeben an.

Diesem Ergebnis ist zuzustimmen, da der Kuponsteuereinbehalt ungeachtet seines für die Banken berufsfremden Charakters gleichwohl nicht völlig beziehungslos neben den von den Banken erwerbswirtschaftlich durchgeführten Geschäften steht; durch den beruflichen Umgang mit dem Kapitalvermögen ihrer Kunden sind die Banken nämlich erst für die ihnen vom Staat übertragene Aufgabe der Steuerabführung qualifiziert. Dieser Zusammenhang der Dienstpflicht mit dem berufsspezifischen Wissen bzw. Können des Indienstgenommenen, der typisch für die Fälle der Indienstnahme Privater für öffentliche Aufgaben ist, rechtfertigt es, entgegen dem ersten Eindruck auch solchen Eingriffen eine berufsregelnde Tendenz zuzuerkennen, die den Pflichtigen mit einer an sich berufsfremden Tätigkeit belasten. Der einschlägigen Rechtsprechung des BVerfG ist daher im Ergebnis zuzustimmen.

Die Indienstnahme eines Wirtschaftsunternehmens für öffentliche Aufgaben stellt mithin regelmäßig einen Eingriff in Art. 12 Abs. 1 GG dar.

c) Art. 14 Abs. 1 S. 2 GG

Es fragt sich schließlich, ob Indienstnahmen darüber hinaus auch die von Art. 14 Abs. 1 GG garantierte Freiheit des Eigentums tangieren können. Als Anknüpfungspunkt bietet sich insoweit sowohl die durch die Aufgabenzuweisung eingeschränkte Dispositionsbefugnis der Unternehmen über ihre Betriebsmittel, als auch das durch die unentgeltliche Durchführung der Aufga-

---

[345] Vgl. BVerfGE 97, 228 [254].
[346] Vgl. BVerfGE 22, 380 [384].

ben beeinträchtigte Vermögen der Betriebe an. In Betracht kommt dabei von vornherein nur eine Inhalts- und Schrankenbestimmung des Eigentums i.S. des Art. 14 Abs. 1 S. 2 GG, da – ungeachtet der Frage, wie weitreichend man den Schutzbereich des Art. 14 Abs. 1 GG auffaßt – ein konkreter und vollständiger Entzug vermögenswerter Positionen, der nach ganz herrschender Auffassung Voraussetzung für eine Enteignung ist[347], durch die Indienstnahme Privater für öffentliche Aufgaben ersichtlich nicht erfolgt.

Ob Indienstnahmen eine Inhalts- und Schrankenbestimmung des Eigentums darstellen, hat das BVerfG zunächst offengelassen, da es im Fall der Kuponsteuer davon ausging, daß diese jedenfalls keine unverhältnismäßige Belastung der Banken darstelle[348]. In der Entscheidung zur Mineralölbevorratung prüfte es dagegen die Betroffenheit des Art. 14 Abs. 1 GG, lehnte eine Beeinträchtigung des Eigentums der Unternehmen jedoch mit der Faustformel ab, daß Art. 14 Abs. 1 GG das Erworbene, Art. 12 Abs. 1 GG dagegen den Erwerb schütze und damit allein letzterer von der in Frage stehenden Indienstnahmeregelung beeinträchtigt sei. Dies folge daraus, daß die Bevorratungspflicht die privaten juristischen Personen lediglich in ihrer Eigenschaft als Unternehmen, nicht aber als Eigentümer eines solchen treffe. Allenfalls komme ein Eingriff in das vom Schutzbereich des Art. 14 Abs. 1 GG ebenfalls umfaßte Recht der Indienstgenommenen am eingerichteten und ausgeübten Gewerbebetrieb in Betracht; insoweit sei indessen für eine Eigentumsverletzung stets eine die Substanz des Betriebs berührende Eingriffsintensität erforderlich, die im zu entscheidenden Fall ersichtlich nicht vorliege[349]. In seinen darauffolgenden Entscheidungen ging das BVerfG auf die Vereinbarkeit von Indienstnahmen mit dem Recht am eingerichteten und ausgeübten Gewerbebetrieb nicht mehr näher ein. Dafür warf es in seiner Entscheidung zum Arbeitnehmerweiterbildungsurlaub kurz die Frage auf, ob in der Beeinträchtigung des Betriebsvermögens ein Eingriff in das Eigentum der indienstgenommenen Unternehmen liege; diese verneinte es jedoch sogleich mit einem Verweis auf seine ständige Rechtsprechung, derzufolge das Vermögen als solches grundsätzlich nicht von Art. 14 Abs. 1 GG geschützt wird[350].

Nun ist einerseits die Reichweite des von Art. 14 Abs. 1 GG verbürgten Schutzes des eingerichteten und ausgeübten Gewerbebetriebs äußerst umstritten; andererseits lehnt - gerade im Zuge der Debatte um den sogenannten

347 Vgl. etwa *Papier,* DVBl. 2000, S. 1399; *Gallwas,* Grundrechte, 2. Aufl. (1995), Rdnr. 549 ff. m.w.N.
348 Vgl. BVerfGE 22, 380 [386].
349 Vgl. BVerfGE 30, 292 [335 f.].
350 Vgl. BVerfGE 77, 308 [339 f.].

Halbteilungsgrundsatz – ein breiter Teil der Literatur auch nach wie vor die Auffassung des BVerfG ab, derzufolge das Vermögen als solches nicht am verfassungsrechtlichen Eigentumsschutz teilhat; eine nähere Untersuchung der einschlägigen Schutzverbürgungen des Art. 14 Abs. 1 GG ist daher geboten.

aa) Recht am eingerichteten und ausgeübten Gewerbebetrieb

Als normgeprägtes Grundrecht verfügt Art. 14 GG über keinen statischen Schutzbereich, der ein für allemal festlegt, was unter Eigentum zu verstehen ist, sondern orientiert sich vielmehr an den durch das einfache Recht gezogenen und somit durchaus wandelbaren Konturen des Eigentumsbegriffs[351]. Er ist dabei nicht auf das zivilrechtliche Eigentum i.S. des § 903 BGB beschränkt, sondern umfaßt darüber hinaus nach ständiger verfassungsgerichtlicher Rechtsprechung all das, was die einfachen Gesetze als vermögenswerte private Rechtsposition anerkennen, so etwa auch Urheber-, Mitgliedschafts- oder Patentrechte[352]. Auch unter Einbeziehung solch anderer vermögenswerter Rechte wird der grundrechtliche Eigentumsbegriff aber nicht endgültig durch das einfache Recht determiniert; vielmehr erwächst aus der Verankerung des Eigentums in Art. 14 Abs. 1 GG auch das Potential zur Entwicklung eines eigenständigen verfassungsrechtlichen Eigentumsbegriffs, der zwar in seinen Anknüpfungspunkten durch das einfache Recht geprägt bleibt, dessen nähere Ausgestaltung indessen der Rechtsfortbildung durch die Verfassungsgerichtsbarkeit überlassen ist[353].

Ein anschauliches Beispiel für eine solche Fortentwicklung des grundrechtlichen Eigentumsbegriffs bietet eben das Recht am eingerichteten und ausgeübten Gewerbebetrieb, welches zwar seinen Ursprung im Zivilrecht hat, dort jedoch gerade kein absolutes Recht, sondern lediglich ein durch deliktsrechtliche und negatorische Ansprüche abgesichertes Bündel von Einzelpflichten darstellt[354], deren Verletzung im Rahmen des § 823 Abs. 1 BGB nicht bereits die Rechtswidrigkeit indiziert, sondern erst positiv festgestellt werden

---

351 Vgl. etwa *Böhmer*, NJW 1988, S.2571; *Pieroth/Schlink*, Grundrechte, 17. Aufl. (2001), Rdnr. 899.

352 Vgl. nur die zahlreichen Nachweise bei *Ipsen*, Staatsrecht II, 2. Aufl. (1998), Rdnr. 681 f.

353 Vgl. *Gallwas*, Grundrechte, 2. Aufl. (1995), Rdnr. 532 ff.; auch das BVerfG traf in seiner „Naßauskiesungsentscheidung" die Feststellung, daß der Eigentumsbegriff des Art. 14 GG „aus der Verfassung selbst" gewonnen werden müsse, vgl. BVerfGE 58, 300 [335].

354 Vgl. *Badura*, AöR 98 (1973), S. 157 f.

muß[355]. Das Recht am eingerichteten und ausgeübten Gewerbebetrieb, in der neueren Literatur auch zunehmend Recht am Unternehmen genannt, stellt sich somit als ausfüllungsbedürftiges Rahmenrecht dar[356].

Da sich ein solch offener und zudem stark auf die zivilrechtlichen Bedürfnisse zugeschnittener Rahmen indessen nicht zu einer auch nur annähernd präzisen Konkretisierung des vom Grundgesetz gewährten Unternehmensschutzes gegenüber staatlichen Eingriffen eignet, hat sich die Rechtsprechung bemüht, einen spezifisch verfassungsrechtlichen Schutz des eingerichteten und ausgeübten Gewerbebetriebs herauszuarbeiten; daß dieser sehr viel umfassender ausfallen würde als im Zivilrecht, machte das BVerfG bereits in einer Entscheidung aus dem Jahre 1952 mit der Feststellung deutlich, daß „die Sach- und Rechtsgesamtheit, als die sich der Gewerbebetrieb darstellt, dem reinen Sacheigentum gleichzustellen“[357] sei. Diese in späteren Entscheidungen bestätigte Rechtsauffassung führte zu dem Ergebnis, daß das Unternehmen als solches den gleichen verfassungsrechtlichen Schutz genoß wie Eigentum i.S. des § 903 BGB[358].

Ab etwa 1960 übte das BVerfG demgegenüber zunehmende Zurückhaltung hinsichtlich der Weite des verfassungsrechtlichen Unternehmensschutzes, indem es – ohne die in früheren Entscheidungen diesbezüglich getroffenen Feststellungen ausdrücklich zurückzunehmen – wieder stärker die Grenzen des Rechts am eingerichteten und ausgeübten Gewerbebetrieb betonte, namentlich, daß dieser nur bestehende Rechtspositionen, keinesfalls aber bloße Chancen und Verdienstmöglichkeiten umfasse[359]; seit einigen Jahren sind die Verfassungsrichter schließlich dazu übergegangen, die Frage nach dem Schutz des eingerichteten und ausgeübten Gewerbebetriebs durch Art. 14 GG vollends offen zu lassen[360].

Das BVerfG scheint demnach eine völlige Aufgabe des Rechts am eingerichteten und ausgeübten Gewerbebetrieb ernsthaft in Betracht zu ziehen. Eine solche Kehrtwende wäre indessen in einem Staatswesen, dessen wirtschaftliches Wohlergehen mehr denn je von unternehmerischer Initiative ab-

---

355 Ganz h.M., vgl. etwa *Palandt-Thomas*, BGB, 60. Aufl. (2001), § 823, Rdnr. 34; *Fikentscher*, Schuldrecht, 9. Aufl. (1997), Rdnr. 1223 m.w.N.

356 Vgl. *Medicus*, Schuldrecht II, 10. Aufl. (2000), Rdnr. 814. Eingehend zu den Fallgruppen, in welchen der BGH dem eingerichteten und ausgeübten Gewerbebetrieb zivilrechtlichen Schutz zuteil werden läßt *Buchner*, DB 1979, S. 1069 ff.

357 Vgl. BVerfGE 1, 264 [277].

358 Vgl. etwa BVerfGE 13, 225 [229]; eingehend zur Entwicklung des verfassungsrechtlichen Unternehmensschutzes *Engel*, AöR 118 [1993), S. 199 ff.

359 Vgl. etwa BVerfGE 51, 193 [221 f.]; 68, 193 [222 f.].

360 So etwa BVerfGE 84, 212 [232]; 97, 375 [397].

hängt, nicht nur widersinnig, sondern verstieße wohl auch gegen den Willen des Verfassungsgebers, der bewußt darauf verzichtet hat, den verfassungsrechtlichen Eigentumsschutz auf den der persönlichen Lebenshaltung dienenden Bereich zu beschränken, vielmehr auch größere Wirtschaftseinheiten in den Schutz des Art. 14 GG einbeziehen wollte[361]. Zu Recht hält ein Teil der Literatur dem BVerfG vor, mit seiner ergebnisoffenen Formulierung die zentrale Bedeutung des Gewerbebetriebs als wirtschaftliches Fundament des Unternehmenseigentums zu verkennen[362]; das reine Sacheigentum an den Betriebsmitteln ist weitgehend wertlos, wenn es nicht oder nur in eingeschränkt bestimmungsgemäßer Weise genutzt werden kann[363].

Unterzieht man allerdings die einschlägige verfassungsgerichtliche Rechtsprechung einer sorgfältigen Analyse, so wird deutlich, daß dem BVerfG keineswegs die Absicht unterstellt werden kann, sich von einem verfassungsrechtlichen Schutz des eingerichteten und ausgeübten Gewerbebetriebs verabschieden zu wollen, es vielmehr lediglich bemüht ist, diesen Schutz nicht im Sinne einer generalklauselartigen Sicherung des Unternehmens vor jedweden staatlichen Einwirkungen ausufern zu lassen[364]. *Bryde* verdient Zustimmung, wenn er die neuen Tendenzen in der Rechtsprechung dergestalt deutet, daß das BVerfG schlicht deutlich machen will, daß der Schutz des Gewerbebetriebs keinesfalls weiter reichen darf als die grundrechtliche Verbürgung seiner Bestandteile, der Staat mithin nicht verpflichtet ist, jede seiner Maßnahmen auf ihre wie auch immer gearteten mittelbaren Auswirkungen auf die Wettbewerbsfähigkeit bzw. Prosperität eines Unternehmens zu überprüfen[365]. Eingriffe in die Substanz des Gewerbebetriebs, mithin den Bestand an unternehmensspezifischen vermögenswerten Positionen, stellen sich demnach ohne weiteres auch in Zukunft als Eingriffe in Art. 14 Abs. 1 GG dar. Die Dispositionsbefugnis des Unternehmens über den Einsatz seiner (bereits vorhandenen und nicht erst zu erwirtschaftenden) Betriebsmittel stellt eine solche, auch weiterhin dem Eigentumsbegriff des Art. 14 Abs. 1 GG unterfallende vermögenswerte Position dar: *Plewa* verweist im Zusammenhang mit der Bevorratungspflicht der Mineralölkonzerne völlig zu Recht darauf, daß es sich bei der Befugnis der Unternehmen, über die Nutzung erworbener Betriebskapazitäten frei zu disponieren, gerade um den Kernbereich des Rechts am Unternehmen handelt; dieses wäre – wie alles Eigentum i.S. des Art. 14 GG - sinnentleert, würde es sich im bloßen Haben vermögens-

---

[361] Vgl. hierzu *Engel*, AöR 118 (1993), S. 202 f.

[362] Vgl. *Kimminich*, in: Bonner Kommentar, Art. 14 GG (1992), Rdnr. 79 m.w.N.

[363] Vgl. *Leisner*, in: Handbuch des Staatsrechts, Bd. IV (1989), § 149, Rdnr. 109.

[364] In diesem Sinne auch *Bryde*, in: *v. Münch/Kunig*, GG, 5. Aufl. (2000), Art. 14, Rdnr. 22; *Schiller*, Sonderabgaben (2000), S. 155.

[365] Vgl. *Bryde*, in: *von Münch/Kunig*, GG, 5. Aufl. (2000), Art. 14, Rdnr. 22.

werter Rechte erschöpfen, ohne gleichzeitig auch deren Nutzung zu umfassen[366].

Wird demnach ein Unternehmen vom Staat verpflichtet, einen Teil seiner Kapazitäten für die Durchführung öffentlicher Aufgaben zur Verfügung zu stellen, liegt hierin ein Eingriff in das Recht am eingerichteten und ausgeübten Gewerbebetrieb und damit in Art. 14 Abs. 1 GG vor[367], soweit durch die Indienstnahme bereits vorhandene Betriebsmittel in Form von Personal, Gerätschaften, Know-how oder ähnlichem zur Erfüllung einer öffentlichen Aufgabe gebunden werden. Bezieht sich die Pflicht dagegen - wie etwa die Einstellung von Schwerbehinderten - ausschließlich auf künftige Veränderungen im Betriebsgefüge, so wird das Recht am Gewerbebetrieb hiervon nicht betroffen, da für dieses ausschließlich der status quo maßgeblich ist. Insoweit ist der gängigen Formel des BVerfG zuzustimmen, wonach Art. 14 Abs. 1 GG allein das Erworbene schützt, während der künftige Erwerb allein von der Berufsfreiheit des Art. 12 Abs. 1 GG geschützt wird.

---

366 Vgl. *Plewa*, Mineralölbevorratung (1978), S. 180.

367 A. A. *Schiller* mit der Begründung, daß ein Eingriff in das Recht am eingerichteten und ausgeübten Gewerbebetrieb stets die Substanz des Unternehmens betreffen müsse, was nur dann der Fall sei, wenn „die Funktionsfähigkeit der Betriebsorganisation in Mitleidenschaft gezogen" sei; der teilweise Entzug einzelner Nutzungsmöglichkeiten genüge hingegen hierfür nicht, vgl. *Schiller*, Sonderabgaben (2000), S. 157; ähnl. *Engel*, AöR 118 (1993), S. 224 f. Dabei wird verkannt, daß die Summe der einzelnen Nutzungsmöglichkeiten gerade die Substanz eines Gewerbebetriebs ausmacht; vgl. *Plewa,* Mineralölbevorratung (1978), S. 180. Auf die Beeinträchtigung der Substanz im engeren Sinne, mithin die Gefährdung der wirtschaftlichen Lebensfähigkeit eines Unternehmens, kann es dagegen im Rahmen des Rechts am Unternehmen ebensowenig ankommen wie bei Eingriffen in andere Eigentumspositionen; das Erreichen einer solchen Eingriffsintensität vermag vielmehr allein die Grenze zwischen einer Inhalts- und Schrankenbestimmung des Eigentums und einer Enteignung zu markieren. Dies sieht das BVerfG in seiner Entscheidung zum Ladenschluß von Bahnhofsapotheken (vgl. BVerfGE 13, 225 [229]) nur scheinbar anders, wenn es meint, daß die Untersagung der Ladenöffnung zu bestimmten Uhrzeiten keinen Eingriff in Art. 14 GG darstelle. Hier dürfte es sich vielmehr allein um eine terminologische Divergenz handeln: So wird aus den Ausführungen des Gerichts deutlich, daß dieses unter einem Eingriff in Art. 14 Abs. 1 GG stets eine Enteignung versteht. Dagegen geht die heute wohl herrschende Auffassung davon aus, daß auch Inhalts- und Schrankenbestimmungen, welche den Bestand bereits vorhandener Eigentumsrechte verkürzen, als Eingriff in Art. 14 Abs. 1 GG zu qualifizieren sind, vgl. *Pieroth/Schlink*, Grundrechte, 17. Aufl. (2001), Rdnr. 899. Inhalts- und Schrankenbestimmungen des Rechts am Gewerbebetrieb setzen indessen auch nach der Rechtsprechung des BVerfG keine Gefährdung der wirtschaftlichen Existenz eines Unternehmens voraus, wie gerade die genannte Bahnhofsapothekenentscheidung ausdrücklich klarstellt, vgl. BVerfGE 13, 225 [229].

Wie der Fall der Indienstnahme Privater für öffentliche Aufgaben zeigt, dient diese Formel einerseits einer sinnvollen Abgrenzung der Schutzbereiche von Berufs- und Eigentumsfreiheit, ohne dabei aber andererseits in jedem Fall ein Exklusivitätsverhältnis zwischen den beiden Grundrechtsverbürgungen zu begründen[368]. Bei den meisten Indienstnahmen wird es sich vielmehr so verhalten, daß diese die Dispositionsbefugnis des pflichtigen Unternehmens über das Erworbene und dessen in der Zukunft liegende weitere berufliche Tätigkeit in gleichem Maße betreffen. Von der Indienstnahme eines Wirtschaftsunternehmens für öffentliche Aufgaben werden daher nach der hier vertretenen Auffassung regelmäßig Art. 14 Abs. 1 GG und Art. 12 Abs. 1 GG in Idealkonkurrenz betroffen[369].

bb) Das Vermögen

Darüber hinaus stellt sich die Frage, ob die Belastung der indienstgenommenen Unternehmen mit den Kosten der durchzuführenden Aufgaben nicht bereits schon für sich betrachtet einen Eingriff in Art. 14 Abs. 1 GG darstellt. Dies wäre dann der Fall, wenn bereits das Vermögen an sich ein von der grundgesetzlichen Eigentumsfreiheit geschütztes Rechtsgut darstellen würde.

Nach der bereits aufgezeigten Position des BVerfG ist diese Frage mit einem klaren Nein zu beantworten; hierbei handelt es sich um eine ständige Rechtsprechung, die bis auf das Investitionshilfe-Urteil vom 20.07.1954 zurückreicht, ohne daß dieses allerdings auch nur der Ansatz einer Begründung für den ablehnenden Standpunkt des Gerichts enthielt; betont wird vielmehr lediglich die in dieser Frage bestehende Einmütigkeit von Rechtsprechung und Literatur[370]. Eine solche Begründung für diese Einmütigkeit lieferte erst das BVerwG, als es im Jahre 1959 feststellte, daß eine Subsumtion des Vermögens unter den Eigentumsbegriff des Art. 14 GG zur Folge hätte, daß die steuerliche Partizipation des Bürgers an der Finanzierung der vom Staat zu erledigenden öffentlichen Aufgaben im Grundsatz vereitelt würde: Da sich jeder Vermögensentzug in Form von Steuern und Abgaben als entschädigungspflichtige Enteignung i.S. des Art. 14 Abs. 3 GG darstellen würde, würde dies zu einem absurden Kreislauf dergestalt führen, „daß mit der einen Hand gewährt wird, was mit der anderen genommen würde“[371]. Reine Geld-

---

[368] Vgl. etwa *Breuer*, in: Handbuch des Staatsrechts, Bd. VI (1989), § 147, Rdnr. 100; *Kimminich*, in: Bonner Kommentar, Art. 14 GG (1992), Rdnr. 99; a.A. *Wieland*, in: *Dreier*, GG (1996), Art. 14, Rdnr. 152 f.

[369] So auch *Krüger*, DÖV 1977, S. 264; *Peterek*, Eigentumsschutz durch Ausgleichsregelungen (2000), S. 59; *Plewa*, Mineralölbevorratung (1978), S. 181.

[370] Vgl. BVerfGE 4, 7 [17].

[371] Vgl. BVerwGE 10, 3 [7]; eingehend und kritisch hierzu *Kimminich*, in: Bonner Kommentar, Art. 14 GG (1992), Rdnr. 51.

leistungspflichten tangieren somit regelmäßig nicht den verfassungsrechtlichen Eigentumsbegriff. Ausnahmen hielt die Rechtsprechung bisher allein in den Fällen einer sogenannten „konfiskatorischen“ Besteuerung für möglich, mithin in Konstellationen, in welchen die Besteuerung eine erdrosselnde Wirkung anzunehmen drohte[372].

Bereits diese Einschränkung rief in der Literatur die Verfechter eines von Art. 14 GG verbürgten Vermögensschutzes auf den Plan, welche in der Rechtsprechung zur konfiskatorischen Besteuerung einen Beleg für die Inkonsequenz des verfassungsgerichtlichen Standpunkts erblickten; es gehe nicht an, ein Betroffensein des Art. 14 Abs. 1 GG für den Regelfall einer in Geld zu erbringenden Abgabe zu verneinen, ab einer bestimmten Eingriffsintensität dann aber zuzulassen[373].

Dieser Einwand erhielt zusätzliches Gewicht, als das BVerfG in seinem Beschluß zum Einheitswert von Grundstücken am 22.06.1995 die Feststellung traf, daß Art. 14 Abs. 2 GG eine Vermögensbesteuerung nur insoweit zulasse, als diese in Kumulation mit den übrigen von einem Steuerschuldner zu errichtenden Ertragssteuern „in der Nähe einer hälftigen Teilung zwischen privater und öffentlicher Hand“ verbleibe[374]. In diesem verfassungsgerichtlichen Postulat eines durch Art. 14 GG bedingten ertragsteuerlichen Halbteilungsgrundsatzes erkennt ein Teil der Literatur denn auch erwartungsgemäß eine Abkehr von der bisherigen Rechtsprechung i.S. einer künftigen Anerkennung des Vermögens als verfassungsrechtlich verbürgtes Eigentum[375].

---

372 Vgl. etwa BVerfGE 14, 221 [241]; eingehend zum Phänomen der konfiskatorischen Besteuerung *Mußgnug*, JZ 1991, S. 993 ff.

373 Vgl. etwa *Friauf*, DÖV 1980, S. 487 f.; *Schmidt-Bleibtreu/Schäfer*, DÖV 1980, S. 494 f.; *Meessen*, BB 1971, S. 930, der m.w.N. auch aus dem älterem Schrifttum belegt, daß die vom BVerfG in den 50er Jahren konstatierte Einmütigkeit bezüglich der Nichtanwendbarkeit des Art. 14 GG auf das Vermögen bereits kurze Zeit später einem vielstimmigen Dissens gewichen ist. Unhaltbar ist gleichwohl die von *Kimminich* aufgestellte Behauptung, derzufolge inzwischen die ganz herrschende Literatur zur Gegenmeinung übergeschwenkt und mithin das Vermögen als Schutzgut i.S. des Art. 14 GG allgemein anerkannt sei, vgl. *Kimminich*, in: Bonner Kommentar, Art. 14 GG (1992), Rdnr. 60; vielmehr folgt die Mehrzahl der gegenwärtigen Kommentare und Lehrbücher nach wie vor dem traditionellen Ansatz, wonach das Vermögen als solches grundsätzlich kein Eigentum i.S. des Art. 14 GG darstellt, vgl. etwa *Jarass*, in: *Jarass/Pieroth*, Grundgesetz, 5. Aufl. (2000), Art. 14 Rdnr. 15; *Wieland*, in: *Dreier*, Grundgesetz (1996), Art. 14 Rdnr. 48; *Papier*, in: *Maunz/Dürig/Herzog/Scholz*, Art. 14 GG, Rdnr. 160 ff.; *Wendt*, in: *Sachs*, GG, 2. Auflage (1999), Art. 14 Rdnr. 38.

374 Vgl. BVerfGE 93, 121 [138].

375 So insbesondere *Leisner*, NJW 1995, S. 2594; *Arndt/Schumacher*, NJW 1995, S. 2604; *Jenzen*, Energiesteuern im nationalen und internationalen Recht (1998), S. 205 f.

Begründet wird diese Trendwende im Schrifttum insbesondere mit der zunehmenden Bedeutung, die dem Vermögen für die wirtschaftliche Selbstbestimmung des Bürgers zukomme[376]. Gerade in der Sicherung eines vermögensrechtlichen, dem Bürger zur eigenverantwortlichen Ausgestaltung überlassenen Freiraums liege indessen das zentrale Anliegen des Art. 14 GG[377], welches durch die Negierung der Eigentumsrelevanz des Vermögens einem „Einfallstor" für eine unkontrollierte, in erster Linie steuergesetzliche Flut an staatlichen Zugriffen ausgeliefert wäre[378]. Daß hierdurch Sinn und Zweck der grundgesetzlichen Eigentumsgarantie verfehlt würden, ergebe sich bereits daraus, daß die Verfassung selbst mit der Statuierung einer Entschädigungspflicht für Enteignungen eine Eigentumswertgarantie enthalte. Wegen der Fungibilität der meisten von Art. 14 GG erfaßten Rechtspositionen sei ein wirksamer Bestandsschutz des Eigentums untrennbar an den Schutz des Vermögenswerts gekoppelt; im Hinblick auf diesen untrennbaren Zusammenhang von Bestands- und Vermögenswertgarantie sei es dann aber nur konsequent, auch das Vermögen als solches dem Eigentumsschutz des Art. 14 GG zu unterstellen[379].

Gerade diese letzte Erwägung stellt sich indessen als äußerst angreifbar dar: So soll zwar nicht in Abrede gestellt werden, daß die Gewährung eines Eigentumswertschutzes durch Art. 14 Abs. 3 GG einen wichtigen Bestandteil der grundgesetzlichen Eigentumsgarantie darstellt; gleichwohl ist aber auch nicht zu verkennen, daß die Verfassung der Bestandsgarantie des Eigentums klar den Vorrang vor der Eigentumswertgarantie einräumt, letztere eigentlich nur einen Reflex der unmittelbaren Grundrechtsverbürgung des Art. 14 GG darstellt[380]. Dieses abgestufte Verhältnis von Eigentumswert— und Eigentumsbestandsgarantie hat das BVerfG in seiner Naßauskiesungsentscheidung vom 15.07.1981 eindeutig und weitgehend unwidersprochen dahingehend konkretisiert, daß dem von einer rechtswidrigen Enteignung Betroffenen gerade kein Wahlrecht zwischen einer gerichtlichen Anfechtung der staatlichen Maßnahme und einer unmittelbaren Geltendmachung von Entschädigungsansprüchen zustehen, der althergebrachte Grundsatz des „Dulde und Liquidiere" mithin keine Geltung mehr haben soll[381]. Einer Verfassungsinterpretation,

---

[376] In diese Richtung zielt etwa die Kritik von *Plewa*, Mineralölbevorratung (1978), S. 186 ff.

[377] Vgl. etwa *Beil*, Der Belastungsgrund des steuerlichen Synallagmas (2001), S. 91.

[378] Vgl. *Kimminich*, in: Bonner Kommentar, Art. 14 GG (1992), Rdnr. 60; *Schmidt-Bleibtreu/Schäfer*, DÖV 1980, S. 494; *Draschka*, Steuergesetzgebende Staatsgewalt und Grundrechtsschutz des Eigentums (1982), S. 85 ff.

[379] Vgl. *Friauf*, DÖV 1980, S. 488.

[380] In diesem Sinne auch *Papier*, in: *Maunz/Dürig/Herzog/Scholz*, Art. 14 GG (1994), Rdnr. 160.

[381] Vgl. BVerfGE 58, 300 [324].

die den Eigentumswert von Art. 14 GG in gleicher Weise gewährleistet sieht wie den Eigentumsbestand, ist damit der Boden entzogen.

Eine Anerkennung des Vermögens als Eigentum hätte überdies zur Konsequenz, daß künftig alle Maßnahmen des Staates, die den Bürger in irgendeiner Form finanziell belasten, künftig am Maßstab des Art. 14 GG gemessen werden müßten. Diese Ausweitung bliebe dabei keineswegs auf Geldleistungspflichten in Form von Steuern und Abgaben beschränkt, sondern würde darüber hinaus auch eine Vielzahl anderer Lebenssachverhalte - von der Pflicht der Schüler zur Anschaffung bestimmter Lehrbücher bis zum Anwaltszwang in höheren Gerichtsinstanzen - erfassen.

Es fragt sich indessen, ob eine solche Uminterpretation des Art. 14 GG in ein nahezu auf alle freiheitsbeschränkenden Maßnahmen anwendbares Supergrundrecht den Grundrechtsschutz der Bürger im vermögensrechtlichen Bereich wirklich zu verbessern geeignet ist. Ob die Hürde für eine eigentumsbeschränkende Maßnahme des Staates im Einzelfall höher anzusetzen ist, als bei einem Eingriff in die allgemeine Handlungsfreiheit des Art. 2 Abs. 1 GG, hängt in erster Linie davon ab, ob die in Frage stehende Maßnahme als Inhalts- und Schrankenbestimmung des Eigentums i.S. des Art. 14 Abs. 1 S. 2 GG oder als Enteignung i.S. des Art. 14 Abs. 3 GG zu qualifizieren ist; wie oben bereits ausgeführt, scheidet letzteres im Fall der Indienstnahme eines Privaten für öffentliche Aufgaben regelmäßig aus. Aber auch bei der Auferlegung einer Geldleistungspflicht scheidet – wie vom BVerfG zutreffend erkannt - die Annahme einer Enteignung grundsätzlich schon insoweit aus, als anderenfalls jede an das Vermögen anknüpfende Besteuerung unzulässig wäre, die nicht umgehend wieder entschädigt würde. Eine solche Konsequenz auch nur zu erwägen, verbietet sich in einem Steuerstaat, dessen Verfassung in Art. 106 Abs. 2 Nr. 1 GG die prinzipielle Zulässigkeit einer Vermögensbesteuerung explizit voraussetzt, von selbst.

Als bloße Inhalts- und Schrankenbestimmungen unterlägen dann aber sowohl Geldleistungspflichten als auch Indienstnahmen nach dem Wortlaut des Art. 14 GG keinen wesentlich anderen verfassungsrechtlichen Restriktionen als Eingriffe in die allgemeine Handlungsfreiheit. Daß vielfach gleichwohl die Einbeziehung des Vermögens in den Schutz des Art. 14 GG als Aufwertung des Vermögensschutzes erstrebt wird, dürfte vor diesem Hintergrund allein daran liegen, daß das BVerfG im Hinblick auf die vielbeschworene existenzsichernde Funktion des Eigentums schlicht eine erhöhte Sensibilität gegenüber Eigentumsbeschränkungen erkennen läßt, als dies bei anderen Grundrechtsverbürgungen wie insbesondere dem Auffanggrundrecht des Art. 2 Abs. 1 GG der Fall sein mag. Genau diese erhöhte Sensibilität ginge indessen mit einiger Wahrscheinlichkeit verloren, wenn Art. 14 GG seiner Beschränkung auf spezifische Schutzgüter entkleidet und damit zu einer Art zweitem Auffanggrundrecht relativiert würde; eine Relativierung des grundrechtlichen Eigentumsschutzes als solchem wäre damit die nahezu zwangsläufige Folge; eine Erweiterung des verfassungsrechtlichen Eigentumsbegriffs auf das Vermögen könnte sich damit geradezu als Bumerang für das Schutzniveau des Eigentums insgesamt erweisen und scheint damit gleichermaßen bedenklich wie entbehrlich[382].

Die hier vertretene Auffassung steht auch nicht im Widerspruch zur neueren Rechtsprechung des BVerfG: Hätte dieses in seiner Einheitswertentscheidung wirklich von seiner jahrzehntelangen ständigen Rechtsprechung, derzufolge das Vermögen kein Eigentum i.S. des Art. 14 GG darstellt, abweichen wollen, hätte es dies wegen der grundlegenden Bedeutung einer solchen Richtungsänderung wohl kaum bei der relativ kryptischen Formulierung bewenden lassen, daß „ungeachtet des Bestandsschutzes für den Vermögensstamm [...] auch der Vermögensertrag am Schutz der vermögenswerten Rechtspositionen als Grundlage individueller Freiheit teil(nimmt)“[383]. Diese Feststellung ist insbesondere insoweit sehr interpretationsoffen, als das Gericht zwar den Vermögensertrag in der Tat als Schutzgut des Art. 14 GG anzusehen scheint, diese Erweiterung aber andererseits mit dem Hinweis auf den Bestandsschutz des Vermögensstamms in die Tradition seiner Rechtsprechung zur konfiskatorischen Besteuerung stellt; jene hat nun aber die Grundposition des BVerfG, daß das Vermögen grundsätzlichl kein Eigentum i.S. des Art. 14 GG sein soll, stets unberührt gelassen.

Dem BVerfG dürfte es somit von vornherein nicht darum gegangen sein, seine prinzipielle Ablehnung eines in Art. 14 GG begründeten Vermögensschutzes in bestimmten Ausnahmefällen aufzugeben. Vielmehr deutet alles darauf hin, daß es das Vermögen im Hinblick auf seine nicht zu leugnende Relevanz für die wirtschaftliche Selbstbestimmung des Bürgers lediglich als dem verfassungsrechtlichen Eigentum hinreichend angenähert ansah, so daß es konfiskatorische Zugriffe auf das Vermögen zwar nicht als unmittelbaren Verstoß gegen Art. 14 GG, wohl aber als Verletzung einer objektiven Wertentscheidung des Art. 14 Abs. 2 GG begriff[384]. Dieser zufolge ist das von einem Bürger eigenverantwortlich Erwirtschaftete einer Sozialbindung lediglich insoweit unterworfen, als diese „zugleich“ zum Eigennutzen besteht, so daß

---

[382] So auch die Bedenken von *Leisner*, in: Handbuch des Staatsrechts, Bd. VI (1989), § 149, Rdnr. 127, der vor der Gefahr warnt, „daß ein Globalbegriff das wohlausgewogene Schutzsystem der einzelnen Rechtspositionen sprengt“.

[383] Vgl. BVerfGE 93, 121 [138].

[384] Vgl. zum objektiven Wertgehalt des Art. 14 GG *Schaumann*, JZ 1970, S. 51 f.

eine mehr als hälftige Aufzehrung für öffentliche Belange nicht mehr von Art. 14 Abs. 2 GG gedeckt ist.

Dem BVerfG geht es also in seinem vieldiskutierten obiter dictum zur Einheitswertentscheidung darum, diese verfassungsimmanente Grenze der Sozialbindung des Eigentums gegen Umgehungen zu verteidigen, die nicht das Eigentum als solches, sondern das Vermögen als Anknüpfungspunkt wählen. Wie groß eine solche Umgehungsgefahr tatsächlich ist, mag die Überlegung vor Augen führen, daß der Bürger bei steigender Vermögensbelastung für seine Existenzsicherung zunehmend auf andere, von Art. 14 GG unmittelbar geschützte Rechtspositionen wie etwa Wohneigentum rekurrieren muß, mit zunehmender Abschöpfung des Vermögens mithin auch die Dispositionsfreiheit bezüglich des erwirtschafteten Eigentums kontinuierlich abnimmt, da beiden letztlich die gleiche Funktion zukommt[385]. Darüber hinaus weist das BVerfG zu Recht darauf hin, daß eine überproportionale Belastung des Vermögens gegenüber konkreten Rechtspositionen i.S. des Art. 14 GG auch gegen das oben skizzierte abgabenrechtliche Leistungsfähigkeitsprinzip verstoßen würde, da vergleichbare Leistungsfähigkeitsindikatoren bei der Abschöpfung ungleich gewichtet würden[386].

Der Feststellung des BVerfG, daß eine übermäßige Entziehung des Vermögens (-ertrags) einen Verstoß gegen Art. 14 Abs. 2 i.V.m. Art. 3 Abs. 2 GG darstellt, kann daher zugestimmt werden, auch ohne gleichzeitig den verfassungsrechtlichen Eigentumsbegriff zu erweitern[387]. Im Hinblick auf die aufgezeigte, mit einer solchen Erweiterung verbundene Gefahr einer inhaltlichen Sprengung des Art. 14 GG bei gleichzeitigem Fehlen einer realen Erweiterung des grundgesetzlichen Vermögensschutzes ist das Vermögen als solches mithin nach wie vor nicht als Eigentum i.S. des Grundgesetzes anzusehen. Allein durch den Umstand, daß dem indienstgenommenen Privaten durch die Aufgabendurchführung Kosten entstehen, ist dieser somit nicht in seinem Grundrecht aus Art. 14 GG betroffen.

---

385 Insoweit ist *Friauf*, DÖV 1980, S. 488, durchaus zuzustimmen.

386 Vgl. BVerfGE 93, 121 [138].

387 Tatsächlich dürfte die Entscheidung nicht annähernd so revolutionär sein, wie im Schrifttum vereinzelt angenommen; sie fügt sich vielmehr zwanglos in die Tradition vorangegangener Stellungnahmen des Gerichts zu der aus Art. 14 GG resultierenden Grenze der Besteuerung, - neu ist allein die konkrete Quantifizierung i.S. einer hälftigen Teilung, vgl. *Vogel*, NJW 1996, S. 1258.

2. Rechtfertigung von Eingriffen in die betroffenen Freiheitsgrundrechte

Im folgenden ist zu untersuchen, unter welchen Voraussetzungen ein Eingriff in die Grundrechte des Indienstgenommenen aus Art. 12 Abs. 1 GG (freie Berufsausübung) bzw. Art. 14 Abs. 1 GG (Gewerbebetrieb) vor der Verfassung Bestand hat; dabei ist insbesondere der Frage nachzugehen, inwieweit hier die herkömmlichen Anforderungen an die Rechtfertigung eines Grundrechtseingriffs im Hinblick auf das Steuerstaatsprinzip modifiziert werden müssen. Die insoweit in Betracht zu ziehenden Modifikationen betreffen das Problem der willkürfreien Auswahl der Pflichtigen bzw. die Frage, ob bestimmte öffentliche Aufgaben überhaupt auf eine von der Allgemeinheit abgrenzbare Gruppe einzelner Privatrechtssubjekte übertragen werden dürfen.

Inzident ist somit im Rahmen der Freiheitsgrundrechte eine Gleichheitsprüfung durchzuführen, welche unabhängig von der Frage ist, welches Freiheitsgrundrecht im konkreten Fall gerade betroffen ist[388]. Da Art. 12 Abs. 1 GG und Art. 14 Abs. 1 GG zudem auch im wesentlichen gleiche Eingriffsvoraussetzungen haben, kann sich die folgende Rechtmäßigkeitsprüfung exemplarisch auf Eingriffe in Art. 14 Abs. 1 GG beschränken; für die Rechtfertigung von Eingriffen in die Freiheit der Berufsausübung (oder auch für die seltenen Fälle, in welchen durch eine Indienstnahme einmal nur die allgemeine Handlungsfreiheit des Art. 2 Abs. 1 GG betroffen ist[389]) können die hierbei gewonnenen Grundsätze dann ohne weiteres entsprechend herangezogen werden.

a) Legitime gesetzgeberische Zielsetzung der Indienstnahme

Für die Rechtmäßigkeit einer Indienstnahme ist zunächst – wie bei jeder staatlichen Maßnahme - erforderlich, daß der Gesetzgeber mit ihr einen legitimen Zweck verfolgt; eine Indienstnahme kann somit nur dann vor der Verfassung Bestand haben, wenn der Gesetzgeber mit ihr nicht bereits eine in sich verfassungswidrige Intention verfolgt. Im Hinblick auf das Steuerstaats-

---

388 Vgl. *Waechter*, Verw. Arch. 87 (1996), S. 72 ff.

389 Im allgemeinen wird infolge der Subsidiarität der allgemeinen Handlungsfreiheit kein Raum mehr für diese bleiben; für eine Idealkonkurrenz von Art. 12 Abs. 1 GG und Art. 2 Abs. 1 GG plädiert dagegen *Hoffmann*, BB 1995, S. 53 ff: Im Hinblick auf die begrenzte Reichweite der Berufsfreiheit im Fall der Übertragung einer berufsfremden Tätigkeit sei es geboten, eine Indienstnahme in einem solchen Fall gleichzeitig am - insoweit strengeren – Maßstab des Art. 2 Abs. 1 GG zu messen. Die Auffassung *Hoffmanns* dürfte indessen aus einer zu engen Interpretation des Art. 12 Abs. 1 GG resultieren; nach der hier vertretenen Auffassung besteht für ein Nebeneinander von Berufs- und allgemeiner Handlungsfreiheit grundsätzlich kein Bedarf.

b) Geeignetheit der Indienstnahme zur Erreichung des vom Gesetzgeber verfolgten legitimen Zwecks

Der Prüfungspunkt der Geeignetheit der Indienstnahme zur Erreichung des vom Gesetzgeber mit der Regelung verfolgten Zwecks dient ebenfalls nur dazu, offensichtliche Willkür des Gesetzgebers aufzudecken. Bezüglich der Prognose, ob ein Indienstnahmegesetz die erforderliche Zweckeignung aufweist, ist dem Gesetzgeber daher – wie bei allen anderen Gesetzen auch – ein relativ weiter Einschätzungsspielraum zuzubilligen. Aufgrund dieses großen gesetzgeberischen Freiraums, welcher insoweit auch durch das Steuerstaatsprinzip nicht beschnitten wird, stellt auch die Geeignetheitsprüfung eine wohl von allen derzeit in Kraft befindlichen Indienstnahmegesetzen leicht zu meisternde Hürde dar[396].

c) Erforderlichkeit der Indienstnahme

Dreh- und Angelpunkt einer jeden Verhältnismäßigkeitsprüfung ist dagegen die Frage der Erforderlichkeit des konkreten Grundrechtseingriffs; jeder Grundrechtseingriff ist nur dann verfassungsgemäß, wenn er das relativ mildeste Mittel zur Erreichung des vom Gesetzgeber angestrebten Zwecks darstellt. Als milderes Mittel ist in den Fällen einer Indienstnahme Privater zunächst einmal die Wahrnehmung der konkreten öffentlichen Aufgabe durch den Staat selbst vorstellbar. Wie bereits oben im zweiten Teil dieser Untersuchung dargelegt, ist ein solcher Verzicht des Staates auf die Delegation von öffentlichen Aufgaben im Hinblick auf das Steuerstaatsprinzip grundsätzlich geboten: Die staatsbürgerliche Pflicht der Privaten beschränkt sich damit im wesentlichen auf die Finanzierung öffentlicher Aufgaben, während deren Durchführung vom Staat zu gewährleisten ist; will der Staat einzelne öffentliche Aufgaben dennoch verbindlich von Privaten wahrgenommen wissen, muß in deren Person also stets ein spezifischer Zurechnungsgrund bestehen[397]. Ein solcher kann zunächst darin bestehen, daß dem Staat die Erfüllung einer bestimmten öffentlichen Aufgabe entweder gar nicht, oder doch nur

---

396 Würde die Kindergeldauszahlungspflicht der Arbeitgeber noch gelten und wollte man diese nicht bereits mit der hier vertretenen Auffassung an der Illegitimität des vom Gesetzgeber verfolgten Zwecks scheitern lassen, wäre freilich spätestens hier der Punkt erreicht, um das Gesetz mangels Eignung zur Erreichung eines jeden denkbaren zulässigen Zwecks für verfassungswidrig zu erklären, da mit der Delegation auf die Arbeitgeber angesichts der zahlreichen Ausnahmen auch kein Effizienzgewinn verbunden war, ausführlich hierzu *Depenheuer,* Verfassungsrechtliche Probleme der Indienstnahme privater Arbeitgeber für die Auszahlung des Kindergelds (1996), S. 40 ff.; vgl. auch *Kanzler,* FR 1996.

397 Vgl. oben, S. 35 ff.; ebenso *Depenheuer,* Verfassungsrechtliche Probleme der Indienstnahme privater Arbeitgeber bei der Auszahlung des Kindergelds (1996), S. 28 f.

unter erheblichen Effizienzeinbußen möglich ist. Neben solchen tatsächlichen Gründen kann einen Privaten aber auch nach *wertenden* Gesichtspunkten eine besondere *Verantwortung* für die Erledigung einer öffentlichen Aufgabe treffen; dabei können diese unterschiedlichen Zurechnungsgründe nicht nur alternativ, sondern auch kumulativ vorliegen. Führt die Zurechnungsfrage dagegen zu einem negativen Ergebnis, stellt sich nicht erst die Frage nach einer Entschädigung in Geld, sondern ist bereits die Übertragung der Primärlast verfassungswidrig.

Gleichwohl findet sich in der Literatur bisweilen die Auffassung, daß die Erforderlichkeit und damit die Verfassungsmäßigkeit einer Indienstnahme von der Zahlung einer Entschädigung als milderes Mittel zur unentgeltlichen Indienstnahme abhängen könne[398]. Dieser Auffassung ist indes entgegenzuhalten, daß sie den Freiheitseingriff und die aus diesem resultierende Kostenlast in unzulässiger Weise miteinander vermengt. Sie verkennt, daß sich die Frage der Erforderlichkeit lediglich auf die Freiheitsbeschränkung als solche bezieht, diese aber durch Zahlung einer Entschädigung weder abgemildert noch aufgehoben werden kann[399]. Dies entspricht dem seit der Naßauskiesungsentscheidung des BVerfG[400] anerkannten Grundsatz, daß eine rechtswidrige Grundrechtsbeschränkung nicht dadurch rechtmäßig gemacht werden kann, daß auf der Sekundärebene ein finanzieller Ausgleich gewährt und dem Privaten auf diese Weise seine verfassungsrechtlich verbürgte Eigentumsfreiheit quasi abgekauft wird; zur Klarstellung dieses Umstandes hat das BVerfG in dieser Entscheidung mit dem bis dato geltenden Grundsatz des „Dulde und liquidiere" gebrochen, demzufolge ein in seinem Eigentumsgrundrecht Verletzter die Wahl hatte, ob er gegen die Freiheitsverletzung vorgehen, oder diese auf sich beruhen lassen und gleich zum finanziellen Ausgleich übergehen wollte.

Wollte man jeder Freiheitsbeschränkung, die finanziell nicht kompensiert wird, bereits die Erforderlichkeit aberkennen, würde dies darüber hinaus zu dem grotesken Ergebnis führen, daß in Freiheitsgrundrechte überhaupt nur noch gegen Entschädigung eingegriffen werden dürfte. Ein derartiger Grundsatz würde indessen nicht nur zur Sprengung eines jeden Haushalts führen, sondern auch in eklatantem Widerspruch zu Art. 14 Abs. 3 GG stehen, dem im Umkehrschluß die Entscheidung des Verfassungsgebers entnommen werden kann, Freiheitsbeschränkungen prinzipiell nur im Fall der Enteignung zu

---

398 Vgl. etwa *Ipsen*, AöR 1965, S. 433 f.; *Depenheuer*, BB 1996, S. 1219; kritisch dagegen zu Recht *Trzaskalik*, DStJG 12 (1989), S. 181.

399 Vgl. etwa *Peterek*, Eigentumsschutz durch Ausgleichsregelungen (2000), S. 75.

400 Vgl. BVerfGE 58, 300 ff.

entschädigen[401]. Es bleibt daher festzuhalten, daß die Frage der Entschädigung im Rahmen der Erforderlichkeit einer Indienstnahme noch keine Rolle spielt, vielmehr erst im Zusammenhang mit deren gleichheitsrechtlichen Implikationen relevant wird.

aa) Unmöglichkeit der Aufgabenwahrnehmung durch den Staat selbst

Als erste der im folgenden zu untersuchenden spezifischen Zurechnungsmöglichkeiten für eine Indienstnahme ist zu fragen, ob dem Staat die eigene Durchführung einer bestimmten öffentlichen Aufgabe unmöglich ist. Eine solche Unmöglichkeit der Aufgabenwahrnehmung durch den Staat selbst ist in zweierlei Hinsicht denkbar: Zum einen gibt es Aufgaben, die aufgrund ihrer besonderen Dringlichkeit unbedingt sofort und von demjenigen wahrgenommen werden müssen, der gerade ad hoc verfügbar ist. So verhält es sich etwa in den Fällen, in denen Private zur Nothilfe bzw. Katastrophenabwehr herangezogen werden. Der Staat kann die jeweilige Aufgabe nicht selbst bewältigen, weil staatliche Funktionsträger nicht stets zur rechten Zeit am rechten Ort sein können; die Verpflichtung Privater ist notwendig, weil ein Zuwarten auf staatliche Hilfe zu spät käme. Eine vergleichbare Situation liegt auch dann vor, wenn Private über ein spezifisches Wissen verfügen, welches staatlichen Funktionsträgern in der entscheidenden Situation nicht zugänglich ist, so etwa das Wissen um eine geplante schwere Straftat. Will der Staat gewährleisten, daß die öffentlichen Interessen in solch kritischen Momenten nicht schutzlos gestellt sind, stellt die Verpflichtung Privater, wie sie etwa in §§ 138, 323c StGB ausgesprochen wird, seine einzige Möglichkeit dar. *Ossenbühl* charakterisiert diese Fälle treffend als „staatliche Inanspruchnahme privater Situationsbeherrschung“[402]. Von den im ersten Teil dieser Arbeit vorgestellten Beispielsfällen unterfallen dieser Kategorie insbesondere die Verpflichtungen der Banken nach dem Geldwäschegesetz.

Keine Möglichkeit zur Durchführung einer öffentlichen Aufgabe mit eigenen Mitteln hat der Staat oft auch dann, wenn er sozialpolitische Maßnahmen zur Integration oder Förderung bestimmter Arbeitnehmer ergreifen will. So kann die Gewährung von Weiterbildungs- oder Erziehungsurlaub den privaten Arbeitgebern zwar per Gesetz zur Pflicht gemacht werden, doch ist der Staat außerhalb seiner eigenen Bediensteten nicht imstande, die Urlaubsgewährung unmittelbar selbst herbeizuführen; auch in diesen Fällen liegt der besondere Zurechnungsgrund für die Übertragung einer öffentlichen Aufgabe auf Private in der Unmöglichkeit einer unmittelbaren Aufgabenwahrnehmung durch den Staat.

---

401 Vgl. *Ossenbühl*, VVDStRL 29 (1971), S. 181 f.

402 Vgl. *Ossenbühl*, VVDStRL 29 (1971), S. 148.

bb) Nur erheblich erschwert mögliche Aufgabenwahrnehmung durch den Staat selbst

Eine zweite Fallgruppe wird dadurch charakterisiert, daß dem Staat die Wahrnehmung der konkreten öffentlichen Aufgabe zwar prinzipiell möglich wäre, dies jedoch nur unter erheblich höheren Kosten oder mit erheblich geminderter Effizienz erfolgen könnte.

Die erste dieser beiden Varianten ist etwa bei der Bevorratungsverpflichtung der Mineralölkonzerne sowie bei der Bereitstellungspflicht der Telefonnetzbetreiber für Überwachungseinrichtungen zu konstatieren: Wollte sich der Staat dieser Aufgaben selbst annehmen, wäre er daran nicht aus tatsächlichen Gründen gehindert, müßte jedoch im Vergleich zur Privatwirtschaft ein Vielfaches an Geld- und Sachmitteln aufwenden, weil er etwa die erforderlichen Gebäude bzw. Gerätschaften erst neu anschaffen müßte, während die Privatwirtschaft bereits über die einschlägigen Betriebsmittel verfügt. Um das Steuerstaatsprinzip nicht zu konterkarieren, ist dem Gesetzgeber bezüglich des hierbei anzustellenden Kostenvergleichs allerdings nur ein eingeschränkter Prognosespielraum zuzubilligen. So müßte in jedem Fall durch eine betriebswirtschaftlich fundierte Analyse dargelegt werden, daß eine Aufgabenwahrnehmung durch den Staat erheblich teurer wäre als die Wahrnehmung durch Private. Wie groß die Gefahr ist, daß der Gesetzgeber mit dem ihm von den Gerichten zugebilligten weiten Prognosespielraum leichtfertig umgeht, zeigt wieder einmal das Beispiel der Kindergeldauszahlung durch die Arbeitgeber: Neben den oben erwähnten psychologischen Gründen wurde diese auch mit der Überlegung begründet, daß die Arbeitgeber die Auszahlung des Kindergelds erheblich kostengünstiger bewerkstelligen könnten als die Familienkassen. Diese Feststellung war indessen schon deshalb falsch, weil die Familienkassen wegen der zahlreichen Befreiungsmöglichkeiten des Gesetzes tatsächlich in ganz erheblichem Umfang belastet blieben, von einer erheblichen Kostenreduktion seitens des Staates also keine Rede sein konnte[403]. Dagegen dürften die zuvor genannten Beispiele der Mineralölbevorratung bzw. der Entwicklung von Überwachungstechnologien für Handynetze auch vor einem eingeschränkten Prognosespielraum des Gesetzgebers Bestand haben; freilich stellt sich dann für den Fall, daß den Indienstgenommenen bezüglich der jeweils übertragenen Aufgabe keine Finanzierungsverantwortlichkeit trifft, die Frage nach einer Entschädigung. Für die hier zu klärende Frage nach der Zulässigkeit der Überbürdung der Primärpflicht ist diese jedoch noch ohne Belang.

---

403 Vgl. *Kanzler,* FR 1996, S. 477; *Depenheuer,* Verfassungsrechtliche Probleme der Indienstnahme privater Arbeitgeber für die Auszahlung des Kindergelds (1996); S. 40 ff.

Die zweite in diesem Abschnitt zu untersuchende Fallvariante betrifft solche Fälle, in denen der Staat eine konkrete öffentliche Aufgabe nur wesentlich schlechter durchführen könnte als die private Wirtschaft. Hierzu gehört etwa der von den Banken durchzuführende Einbehalt der Kapitalertragsteuer: Da nur die Banken über das erforderliche Wissen um steuerpflichtige Kapitalerträge verfügen, sind auch nur sie zu einer effektiven Feststellung der Steuerpflicht in der Lage[404]. Ähnliches dürfte auch für den Lohnsteuereinbehalt durch die Arbeitgeber gelten. Zwar werden hierzu alternative Modelle der Steuererhebung i.S. einer Selbstveranlagung der Arbeitnehmer in anderen Ländern wie der Schweiz oder Frankreich erfolgreich praktiziert; gleichwohl muß angesichts der Überschuldung der privaten Haushalte sowie der gegenwärtigen Steuermoral[405] ernsthaft bezweifelt werden, ob Steuererhebungsmodelle, die in erster Linie auf die Eigenverantwortlichkeit des Bürgers bzw. seine grundsätzliche Bereitschaft zur ordnungsgemäßen Abführung seiner Lohnsteuer setzen, eine ebenso effektive Methode der Steuererhebung darstellen wie das in Deutschland seit Jahrzehnten bewährte Steuerabzugsverfahren. Auch in diesen Fällen kann daher von der prinzipiellen Zulässigkeit der Delegation öffentlicher Aufgaben auf Private ausgegangen werden[406].

cc) Besondere Verantwortungsbeziehung des Privaten zur übertragenen Aufgabe

Eine Vielzahl an Indienstnahmen betrifft indessen auch Sachverhalte, in welchen es für die Erforderlichkeit einer Aufgabenerfüllung durch Private gerade nicht darauf ankommt, ob und wie gut der Staat die jeweilige Aufgabe auch

---

404 Vgl. BT-Dr. 4/2345, Allg. III, S. 6.

405 *Tipke*, Besteuerungsmoral und Steuermoral (2000), S. 80 ff. sieht als wesentliche Gründe hierfür die vom Bürger oft als willkürlich empfundene Unübersichtlichkeit des Steuerrechts sowie die mangelnde Ausgabenmoral staatlicher Funktionsträger.

406 Näher zu den Vor- und Nachteilen des Schweizer Lohnsteuererhebungsmodells *Halldorn*, Der Unternehmer als Erfüllungsgehilfe des Staates (1996), S. 135 ff.; demnach fallen nach einer Studie aus dem Jahr 1985 zwar pro Unternehmen und Jahr nur durchschnittlich 12 Arbeitsstunden für die Lohnsteuererhebung an, da sich die Verpflichtung der Unternehmen auf die Erstellung von sogenannten „Lohnausweisen" beschränkt. Andererseits sind die Unternehmen auch in der Schweiz mit der Einziehung der Alters-, Hinterlassenen- und Arbeitslosenversicherung belastet, so daß sich auch der reale Einspareffekt für die Unternehmen in Grenzen halten dürfte. Im Ergebnis kommt *Halldorn* zu dem Schluß, daß in gesamtwirtschaftlicher Hinsicht keine grundsätzliche Vorzugswürdigkeit des Schweizer oder des deutschen Systems festgestellt werden könne; berücksichtigt man jedoch das übersichtlichere Steuerrecht der Schweiz und die dort bestehende langjährige Gewöhnung der Bevölkerung an steuerliche Eigenverantwortung, erscheint ein ebenso reibungsloses Funktionieren eines Selbstveranlagungssystems in Deutschland schwer vorstellbar; a.A. dagegen *Hendel*, Die Belastung der Arbeitgeber durch die Lohnsteuer (1997), S. 53 ff.

selbst durchführen könnte. Eine derartige Konstellation liegt immer dann vor, wenn einzelne Private einer öffentlichen Aufgabe um so viel näher stehen als die Allgemeinheit, daß es geradezu als sachwidrig erschiene, letztere mit ihrer Durchführung zu belasten. Die Annahme eines solchen Falles hängt davon ab, ob der Indienstgenommene nach der Terminologie des BVerfG in einer besonderen „Verantwortungsbeziehung" zur übertragenen Aufgabe steht.

α) Abgrenzung zur bloßen Sachnähe

αα) Terminologie und Funktion des Verantwortungsbegriffs in der Rechtsprechung des BVerfG

Wie bereits oben skizziert[407], mangelt es dieser Wortschöpfung an einer hinreichend klaren Konturierung, scheint die Verwendung dieses Begriffs durch das BVerfG vielmehr lediglich ein gegenüber der herkömmlichen Verhältnismäßigkeitsprüfung graduell erhöhtes Rechtfertigungsbedürfnis ausdrükken zu wollen. Wie gründlich ein derart interpretationsoffener Begriff das Ziel einer strikteren verfassungsrechtlichen Kontrolle von Indienstnahmen verfehlt, zeigen die Ausführungen des BVerfG zur Rechtfertigung des Arbeitnehmerweiterbildungsurlaubs. So resultiert nach Ansicht des BVerfG der zentrale Zurechnungsgrund für die Verpflichtung der Arbeitgeber zur Finanzierung eines nicht berufsspezifischen Weiterbildungsurlaubs ihrer Arbeitnehmer daraus, „daß der Arbeitnehmer zur Existenzsicherung in der Regel seine volle Arbeitskraft einsetzen muß und daß dies infolge der zeitlichen Bindung seine persönlichen Fort- und Weiterbildungsmöglichkeiten im beruflichen und politischen Bereich als Bestandteil der Persönlichkeitsentfaltung beschneidet[408]. [...] Im Rahmen des gesetzgeberischen Plans erscheint es mithin folgerichtig, dem Arbeitgeber auch für die Dauer des Zusatzurlaubs der bei ihm beschäftigten pädagogischen Mitarbeiter eine Freistellungs- und Entgeltfortzahlungspflicht aufzuerlegen"[409].

Diese Aussagen enthalten zwei grundlegende Mängel: So ist es zwar nicht zu bestreiten, daß allein die Arbeitgeber in der Lage sind, ihre Arbeitnehmer mit der für eine Weiterbildung erforderlichen zusätzlichen Freizeit auszustatten, doch liegt hierin eben lediglich ein sachlicher Grund für die Auswahl des Pflichtigen, welcher identisch ist mit dem bereits aus Art. 3 Abs. 1 GG resultierenden Erfordernis einer sachgerechten Differenzierung. Worin im konkreten Fall das Besondere liegt, welches den sachlichen Grund zur Verant-

---

[407] Vgl. oben, zweiter Teil, I 1 d.
[408] Vgl. BVerfGE 77, 308 [336 f.].
[409] Vgl. BVerfGE 77, 308 [339].

wortungsbeziehung transformiert, wird nicht überzeugend dargelegt; auch die Feststellung, daß die Arbeitgeber ihre Beschäftigten in erheblichem Umfang zeitlich binden, reicht zur Annahme einer sich wie auch immer von bloßer Sachnähe zu unterscheidenden Verantwortungsbeziehung nicht hin[410].

Wenn die Arbeitgeber aber schon für die Urlaubsgewährung keine besondere Verantwortung tragen, in diese vielmehr nur aufgrund einer tatsächlichen Notwendigkeit involviert sind, besteht erst recht keine spezifische Verantwortung bezüglich der Finanzierung der Weiterbildung in Gestalt von zusätzlichem Urlaubsgeld. Alles andere hieße, den Arbeitgeber in eine Art Universalverantwortung nicht nur für das berufliche, sondern auch für das private Wohl und Wehe seiner Beschäftigten zu nehmen. Wollte man den Begriff der Verantwortungsbeziehung indessen derart weit fassen, so würde dieser zwangsläufig zur Leerformel. Als Versuch einer sinnvollen Abgrenzung zwischen dem spezifischen Verantwortungsbereich Privater und der allgemeinen Verantwortung des Staates gegenüber seinen Bürgern, öffentliche Aufgaben steuerfinanziert selbst durchzuführen, ist die Entscheidung des BVerfG zum Arbeitnehmerweiterbildungsurlaub daher als hinreichend verunglückt anzusehen.

Die argumentative Inkonsequenz des BVerfG wurzelt bereits darin, daß es die Anwendbarkeit der zu den Sonderabgaben entwickelten Rechtmäßigkeitskriterien aus nicht nachvollziehbaren Gründen abgelehnt hat. Vielmehr ist es wegen der nahen Verwandtschaft von Geld- und Dienstleistungspflichten nicht einzusehen, warum für diese eine jeweils unterschiedliche Zurechnung von Verantwortung erfolgen soll. Mit *Schiller* ist daher grundsätzlich davon auszugehen, daß Sonderabgaben und Indienstnahmen prinzipiell an gleichen Maßstäben zu messen sind[411]. *Schiller* hat indessen auch darin recht, daß das dritte für Sonderabgaben entwickelte Rechtmäßigkeitskriterium – das der Gruppennützigkeit des Ertrags – auf Indienstnahmen nicht paßt, da dieses in erster Linie der formalen Abgrenzung von Sonderabgaben und Steuern, mithin der Bewältigung einer Schwierigkeit dient, die sich bei Indienstnahmen ersichtlich nicht stellt[412]. Zwar kann dem Gesichtspunkt der Gruppennützigkeit einer Indienstnahme eine Indizwirkung für eine Gruppenverantwortlichkeit zukommen[413]; als Zulässigkeitsvoraussetzung taugt sie dagegen

---

[410] Zu diesem Ergebnis gelangt auch *Dönneweg,* Der bezahlte Bildungsurlaub (1997), S. 169; näher dazu unten, β αα (1).

[411] Vgl. *Schiller*, Sonderabgaben (2000), S. 118 ff; in diesem Sinne auch *Dönneweg,* Der bezahlte Bildungsurlaub (1997), S. 165 ff.; ähnl. *Berg,* in: FS *Scupin* (1983), S. 524 ff.

[412] So zutreffend *Schiller*, Sonderabgaben (2000), S. 123; vgl. zur Funktion des Merkmals der Gruppennützigkeit auch *Selmer*, Sonderabfallabgaben Verfassungsrecht (1996), S. 68 f..

[413] Vgl. *Peterek*, Eigentumsschutz durch Ausgleichsregelungen (2000), S. 71.

schon insoweit nicht, als Indienstnahmen typischerweise gerade nicht im Interesse der belasteten Gruppe, sondern vielmehr im *öffentlichen* Interesse erfolgen, somit dann aber per se unzulässig wären. Die Einnahme einer derart rigiden Position ist indessen weder vom Steuerstaatsprinzip indiziert, noch wird sie von dessen Vertretern in Rechtsprechung und Literatur auch nur in Erwägung gezogen[414]. Hinzuzufügen ist den Ausführungen von *Schiller*, daß auch das erste Kriterium – die Frage nach der Gruppenhomogenität – auf Indienstnahmen zwar anwendbar, aber insoweit kaum aussagekräftig ist, als jedenfalls die hier interessierende Indienstnahme von Wirtschaftsunternehmen stets eine hinreichend von der Allgemeinheit abgrenzbare Gruppe trifft; ein Parallelfall zu dem quasi jedermann belastenden Kohlepfennig im Bereich der Indienstnahmen daher nur in Ausnahmefällen vorstellbar ist[415]. Der Gesetzgeber wird im Gegenteil bestrebt sein, stets die für eine bestimmte Aufgabe am besten qualifizierte Gruppe in Dienst zu nehmen, so daß sich aus der Forderung nach einer Gruppenhomogenität der Belasteten in der Praxis regelmäßig keine Restriktionen ergeben.

Da die Aufgabe der steuerstaatlichen Begrenzung mithin allein dem Merkmal der Gruppenverantwortung zukommt, ist *Schiller* indessen klar zu widersprechen, wenn er die Gruppenverantwortung lediglich als Synonym für Sachnähe i.S. des Art. 3 Abs. 1 GG verstanden wissen will[416]. So fragt sich ungeachtet der fragwürdigen Subsumtion des BVerfG im Fall des Weiterbildungsurlaubs nicht nur, warum es seit dieser Entscheidung terminologisch stets zwischen Sachnähe und Verantwortungsbeziehung differenziert hat[417], sondern würde eine solche Gleichsetzung auch die Funktion des Verantwortungsbegriffs als zusätzliche Beschränkung nicht-steuerlicher Abgaben ad absurdum führen[418].

---

[414] Vgl. etwa *Isensee*, in: FS *Ipsen* (1977), S. 423, der als einer der ersten und entschiedensten Verfechter des Steuerstaatsprinzips Indienstnahmen immer dann für zulässig hält, wenn diese „die berufsimmanente Gemeinwohlverantwortung aktualisieren".

[415] In jüngerer Zeit wurde eine Vergleichbarkeit mit dem „Kohlepfennig" insbesondere im Zusammenhang mit der im Erneuerbare-Energien-Gesetz vom 29.03.2000, BGBl. I 2000, 305 enthaltenen Verpflichtung der Stromnetzbetreiber zur Abnahme einer Mindestmenge an umweltfreundlichem Strom diskutiert; deren Mehrkosten letztlich auf die Letztkunden-Lieferanten abgewälzt werden können (ähnliches gilt für das Kraft-Wärme-Kopplungs(KWK)-Gesetz). Teile der Literatur sehen hierin eine unzulässige Umgehung der Finanzverfassung, vgl. *Dederer/Schneller*, RdE 2000, S. 215. Eine noch deutlichere Parallele zum „Kohlepfennig" hätte sich freilich bei einer unmittelbaren Abnahmeverpflichtung der *Verbraucher* ergeben.

[416] Vgl. *Schiller*, Sonderabgaben (2000), S. 176.

[417] Vgl. BVerfGE 85, 226 [237 f.]; 95, 173 [187].

[418] Insoweit ist zu berücksichtigen, daß *Schiller* zwar die Sonderabgabenkriterien, nicht jedoch die normative Geltung des Steuerstaatsprinzips akzeptiert, vgl. *Schiller*, Son-

ββ) Die Trennung von Verantwortung und Sachnähe im Polizeirecht

Verantwortung und Sachnähe dienen indessen schon nach dem allgemeinen, erst recht aber nach dem juristischen Sprachgebrauch zur Bezeichnung von höchst Unterschiedlichem: So ist etwa in der polizeirechtlichen Literatur mit dem Begriff der polizeilichen Verantwortlichkeit stets eine besondere persönliche Einstandspflicht gemeint, welche den Polizeipflichtigen entweder aufgrund eines ihm zurechenbaren Verhaltens oder auch aufgrund seiner Sachherrschaft über eine die öffentliche Sicherheit oder Ordnung störende Sache trifft[419]. Unter bestimmten Voraussetzungen können nach den Polizeigesetzen der Länder zwar auch solche Personen, die nicht in diesem Sinne verantwortlich sind, zur Mithilfe bei der Beseitigung von Gefahren gezwungen werden, doch ist dies stets auf die Fälle beschränkt, in welchen der Staat selbst nicht oder nicht rechtzeitig tätig werden kann[420]. Auch begrifflich wird dabei stets zwischen dem polizeilich Verantwortlichen und dem sich lediglich in einer gewissen Sachnähe zur abzuwehrenden Gefahr befindlichen Nichtstörer unterschieden; jenem muß insbesondere für seine Heranziehung regelmäßig eine Entschädigung gewährt werden[421].

χχ) Sachnähe als der Verantwortungsbeziehung wesensnotwendig vorgelagerte Stufe

Der mithin fundamentale Unterschied zwischen Sach- und Verantwortungszusammenhang wird nur scheinbar dadurch nivelliert, daß das BVerfG selbst in einer späteren Entscheidung die beiden Begriffe parallel gebrauchte, indem es für die Zulässigkeit einer Indienstnahme eine hinreichende „Sach- und Verantwortungsnähe" des Privaten zur in Frage stehenden Aufgabe verlangte[422]. Für das BVerfG bestand indessen im zu entscheidenden Fall keine Notwendigkeit, sich um eine sonderlich präzise Begründung für die konkret

---

derabgaben (2000), S. 90; *Schillers* Auffassung ist aber auch der Wortlaut der Entscheidung des BVerfG zur Berufsausbildungsabgabe entgegenzuhalten. So fordert das Gericht zwar zunächst das Vorliegen einer spezifischen Sachnähe, präzisiert dies jedoch gleich im folgenden Satz dahingehend, daß aus dieser Sachnähe eine „besondere Gruppenverantwortung für die Erfüllung der mit der außersteuerlichen Abgabe zu erfüllenden Aufgabe entspringen" muß, vgl. BVerfGE 55, 274 [306]; bereits zuvor zwischen Sachnähe und Verantwortung differenzierend *Friauf,* in: FS *Haubrichs* (1976), S. 119.

419 Vgl. zur Terminologie etwa *Schenke*, in: *Steiner*, Besonderes Verwaltungsrecht, 6. Aufl. (1999), Rdnr. 143 ff.; *Götz,* Allgemeines Polizei- und Ordnungsrecht, 13. Aufl. (2001), Rdnr. 188.

420 Vgl. etwa § 9 PolG BW.

421 Vgl. etwa § 55 PolG BW.

422 Vgl. BVerfGE 95, 173 [187].

vorgenommene Zurechnung zu bemühen, ging es doch um die insoweit relativ eindeutig zu beurteilende Verpflichtung der Zigarettenhersteller, die Verpackungen ihrer Produkte mit Warnhinweisen bezüglich der Gesundheitsschädlichkeit des Rauchens zu bedrucken. Hier ist nicht nur die Sachnähe, sondern auch die Verantwortung der Tabakkonzerne für die gesundheitliche Aufklärungsarbeit so offensichtlich, daß das BVerfG auf eine Differenzierung zwischen den beiden Begriffen getrost verzichten konnte.

Im übrigen schließen sich – wie das Beispiel zeigt - Sach- und Verantwortungsbeziehung ja auch nicht gegenseitig aus, sondern ist eine Verantwortungsbeziehung ohne Sachnähe geradezu undenkbar, letztere vielmehr stets als qualitatives minus zur Verantwortung in dieser enthalten. Mit *Papier* kann man daher die für die Zurechnung einer Indienstnahme erforderliche Verantwortungsbeziehung auch als „ganz spezifische Sachnähe zum normativen Eingriffszweck“[423] qualifizieren.

Der Zusammenhang zwischen Sachnähe und Verantwortung wie auch deren grundlegender Unterschied werden nicht zuletzt auch in der richtungsweisenden Entscheidung des BVerfG zur Berufsausbildungsabgabe deutlich. Darin trifft das Gericht zunächst die Feststellung, daß die privaten Unternehmen der Ausbildung zu den von ihnen benötigten Berufsqualifikationen sachlich näher stehen als die Allgemeinheit. Diese Sachnähe resultiere indessen nicht nur daraus, daß die praktische Berufsausbildung durch die Betriebe schon seit dem späten Mittelalter Tradition ist, sondern darüber hinaus auch aus dem Umstand, daß seither alle staatlichen Ansätze zu einer Abkehr von diesem System am Widerstand der Arbeitgeber gescheitert sind. Das Gericht beschließt seine Ausführungen mit dem Vermerk, daß die Versorgung des Arbeitsmarktes mit einer Vielzahl an qualifizierten Nachwuchskräften auch ein spezifisches objektives Interesse der Arbeitgeber darstelle; als Quintessenz dieser Umstände sei von einer Finanzierungsverantwortlichkeit der Arbeitgeber für die in Frage stehende Aufgabe auszugehen[424].

Erstreckt man das hierin zum Ausdruck kommende Stufenverhältnis von Sachnähe und Verantwortung auf den Bereich der Indienstnahmen, kommt man zwanglos zu dem Ergebnis, daß diese vor dem Hintergrund des Steuerstaatsprinzips durch eine bloße Sachnähe des Privaten zur übertragenen Aufgabe jedenfalls dann nicht gerechtfertigt werden können, wenn der Staat die

---

[423] Vgl. *Papier*, in: *Maunz/Dürig/Herzog/Scholz*, Grundgesetz, Art. 14 (1994), Rdnr. 342; auch das BVerfG umschreibt das Merkmal der Gruppenverantwortung in seiner Entscheidung zur Berufsausbildungsabgabe als evidente Sachnähe, vgl. BVerfGE 55, 274 [306].

[424] Vgl. BVerfGE 55, 274 [313 ff.].

konkrete Aufgabe auch ohne größere Schwierigkeiten selbst durchführen könnte. Für die Frage, in welchen Fällen von einer hinreichenden Verantwortlichkeit des Indienstgenommenen typischerweise die Rede sein kann, bieten die genannten Entscheidungen des BVerfG – ungeachtet ihrer Widersprüchlichkeit – insofern eine Hilfestellung, indem sie die beiden zentralen Fallgruppen einer möglichen Verantwortungsbeziehung jedenfalls im groben abstecken.

β) Typisierte Fallgruppen einer besonderen Verantwortungsbeziehung Privater

Die erste dieser Fallgruppen kann im weitesten Sinne als arbeitsrechtliche Verantwortung der Unternehmen bezeichnet werden, welche diesen aus dem Umstand erwächst, daß der Gebrauch arbeitgeberspezifischer Freiheiten besonders weitreichende Auswirkungen auf das wirtschaftliche Wohlergehen der Allgemeinheit mit sich bringt. Als Kehrseite der den Unternehmen im freiheitlichen Staat zur Verfügung stehenden Macht zur Einflußnahme auf das soziale Gleichgewicht im der Gesellschaft kann diesen damit unter im einzelnen noch zu konkretisierenden Voraussetzungen eine gesteigerte Verantwortlichkeit für eine sozialverträgliche Ausgestaltung des Arbeitslebens zukommen.
Die zweite Fallgruppe betrifft solche Sachverhalte, in welchen öffentliche Aufgaben erst durch bestimmte Formen unternehmerischer Betätigung entstehen, indem von dieser Gefahren für Rechtsgüter der Allgemeinheit ausgehen. Auch hier kann es gerechtfertigt sein, die jeweiligen Verursacher – gegebenenfalls auch über die Grundsätze polizeilicher Störerverantwortlichkeit hinaus – im Wege der Indienstnahme zur Bekämpfung bzw. Verhinderung der jeweiligen Gefahren zu verpflichten.
Als dritter Bereich kommen schließlich noch diejenigen Aufgaben in Frage, zu welchen eine abgrenzbare Gruppe Privater aus traditionellen Gründen in einer so engen Beziehung steht, daß diese als historisch gewachsene Verantwortungsbeziehung qualifiziert werden kann.

Es handelt sind mithin um solche Fallgruppen, die auch außerhalb konkreter Indienstnahmesachverhalte für eine typisierende Bestimmung der Sozialbindung des Eigentums Bedeutung erlangt haben[425]. Dies ist nicht weiter verwunderlich, da die Verfassung in Art. 14 Abs. 2 S. 2 GG klar von der auch fremdnützigen Zweckbestimmung des Eigentums ausgeht. Die Sozialbindung des Eigentums ist freilich kein Spezifikum der Indienstnahme, sondern auch

[425] Vgl. *Leisner*, in: Handbuch des Staatsrechts, Bd. VI (1989), § 149, Rdnr. 155 ff.; zur zweiten Fallgruppe auch *Peterek*, Eigentumsschutz durch Ausgleichsregelungen (2000), S. 71.

im Rahmen anderer Rechtsinstitute von Relevanz[426]; soweit eine zulässige Ausgestaltung der Sozialbindung festgestellt werden kann, ist auch das Steuerstaatsprinzip nicht beeinträchtigt. *Wegen* des Steuerstaatsprinzips ist aber jedenfalls im Falle der Indienstnahme die Bejahung einer Sozialbindung an die Erfüllung bestimmter Kriterien wie eben – neben den bereits an das Vorliegen einer konkreten Verantwortungsbeziehung des Privaten zu der übertragenen Aufgabe zu knüpfen[427]. Hierfür kommt es ungeachtet der Klassifizierung einer Aufgabe als öffentlich allein darauf an, ob sich diese nach strikt materiellen, vom Gesetzgeber mithin nicht beliebig festsetzbaren Kriterien, nicht nur auch, sondern primär als eigene Angelegenheit des Pflichtigen darstellt[428]. Die genannten Fallgruppen sind mithin darauf zu untersuchen, ob in ihnen die Auswahl der Pflichtigen nach festen, berechenbaren und vom Gesetzgeber bereits vorgefundenen Zurechnungskriterien erfolgt, welche über das bloße Vorliegen eines sachlichen Grundes hinausgehen.

αα) Verantwortung der Unternehmen für eine sozialverträgliche Ausgestaltung des Arbeitslebens

Eine derart gesteigerte Sozialbindung des Eigentums am Unternehmen kann hinsichtlich einer am Allgemeinwohl orientierten Ausgestaltung des Arbeitslebens zum einen im Hinblick auf bereits beschäftigte Arbeitnehmer, zum anderen aber auch im Hinblick auf potentielle, also erst noch zu beschäftigende Arbeitnehmer bestehen.

(1) Soziale Verantwortlichkeit der Arbeitgeber bei der Neubegründung von Arbeitsverhältnissen

Die Frage nach einer sozialen Verantwortungsbeziehung der Arbeitgeber im Rahmen der Neubegründung von Arbeitsverhältnissen stellt sich insbesondere bezüglich der Einstellungsquote des § 5 Abs. 1 SchwbG. Während ein staatswirtschaftlich strukturiertes Staatswesen selbst für eine sozialverträgliche Auswahl der Arbeitnehmer sorgen kann, ist der Steuerstaat insoweit auf die Mithilfe der Privatwirtschaft angewiesen. Diese steht damit der vom So-

---

[426] Vgl. *Peterek*, Eigentumsschutz durch Ausgleichsregelungen (2000), S. 62.

[427] Gegen eine steuerstaatswidrige Extension der Sozialbindung zu Recht auch *Dönneweg*, Der bezahlte Bildungsurlaub (1997), S. 228 ff., ähnlich *Peterek*, Eigentumsschutz durch Ausgleichsregelungen (2000), S. 69 f. sowie *Friauf*, in: FS *Jahrreiß* (1974), S. 60 f.; nicht überzeugend dagegen *Waechter*, Verw.Arch. 87 (1996), S. 77 f., welcher Sozialbindung und Verantwortungsbeziehung dahingehend gegeneinander in Stellung bringen will, daß nach letzterer überhaupt nur dann zu fragen sein soll, wenn nicht bereits eine Sozialbindung bejaht werden kann

[428] In diesem Sinne insbesondere *Friauf*, in: FS *Haubrichs* (1976), S. 118 f.; ähnlich *ders.*, in: FS *Jahrreiß* (1974), S. 56 ff.

zialstaatsprinzip gebotenen Aufgabe, Randgruppen - wie insbesondere Schwerbehinderte - ins Arbeitsleben zu integrieren, zunächst sachlich näher als Dritte, die mangels eigener Unternehmenstätigkeit ebenfalls nicht über Beschäftigungsmöglichkeiten verfügen. Diese Nähe resultiert aus der vom Grundgesetz getroffenen Entscheidung für einen Steuerstaat, der auf eine eigene erwerbswirtschaftliche Betätigung weitgehend verzichtet und sich damit bewußt der Möglichkeit begibt, selbst eine hinreichende Eingliederung seiner Bürger ins Arbeitsleben vorzunehmen[429].

Eine solche Verfassungsentscheidung für ein weitgehend staatsfreies, maßgeblich von der Privatwirtschaft ausgestaltetes Erwerbsleben kann indessen nur soweit reichen, wie hierdurch nicht andere grundlegende Wertentscheidungen der Verfassung wie insbesondere die Diskriminierungsverbote des Art. 3 Abs. 3 GG zur Bedeutungslosigkeit degradiert werden. Überläßt die Verfassung den für die wirksame Umsetzung des Art. 3 Abs. 3 GG zentralen Bereich des Erwerbslebens weitgehend der privaten Eigeninitiative, so ist damit auch die Gewährleistung eines diskriminierungsfreien Zugangs zu den jeweiligen Berufen in die Hand der Privatwirtschaft gelegt. Zwar reicht dieser Umstand nach zutreffender Auffassung nicht hin, um eine unmittelbare Drittwirkung des Art. 3 Abs. 3 GG gegenüber Privaten zu begründen[430], doch folgt daraus sehr wohl eine spezifische, bereits in der Verfassung angelegte Verantwortungsbeziehung privater Arbeitgeber für die diskriminierungsfreie Auswahl ihrer Beschäftigten, welche vom Gesetzgeber jederzeit aktualisiert werden kann. Allein dieses Verständnis der grundgesetzlichen Diskriminierungsverbote entspricht auch einer europarechtskonformen Auslegung des Art. 3 Abs. 3 GG, welche durch die Vorgaben der diversen Gleichbehandlungsrichtlinien der Europäischen Gemeinschaften[431] bestimmt wird. In-

[429] Ebenso, für den Fall der Kindergeldauszahlung aber wohl unzutreffend *Depenheuer,* Verfassungsrechtliche Probleme der Indienstnahme privater Arbeitgeber für die Auszahlung des Kindergelds (1996), S. 74; da der Staat die Kindergeldsauszahlung ebensogut auch selbst wahrnehmen kann und diese auch keine spezifische Nähe zum konkreten Arbeitsverhältnis aufweist, fehlt es in diesem Beispiel nach der hier zugrundegelegten Auffassung nicht nur an einer Verantwortungsbeziehung; sondern bereits an einer hinreichenden Sachnähe. Nähere Ausführungen zu den verfassungsrechtlichen Grenzen einer eigenen erwerbswirtschaftlichen Tätigkeit des Staates finden sich insbesondere bei *Löwer,* VVDStRL 60 (2001), S. 416 ff.

[430] Vgl. etwa *Dürig*, in: *Maunz/Dürig/Herzog/Scholz*, Art. 3 Abs. 3 GG (1996), Rdnr. 172; *Heun*, in: *Dreier*, GG (1996), Art. 3, Rdnr. 123 m.w.N.

[431] Vgl. insbesondere Richtlinie 2000/78/EG des Rates zur Festlegung eines allgemeinen Rahmens für die Verwirklichung der Gleichbehandlung in Beschäftigung und Beruf vom 27.11.2000 (ABl. Nr. l 303/16) sowie Richtlinie 76/207/EWG zur Verwirklichung des Grundsatzes der Gleichbehandlung von Männern und Frauen hinsichtlich des Zugangs zur Beschäftigung, zur Berufsbildung und zum beruflichen Aufstieg so-

dienstnahmen, die eine i.S. des Art. 3 Abs. 3 GG diskriminierungsfreie Auswahl der einzustellenden Arbeitnehmer gewährleisten wollen, sind daher grundsätzlich als zulässig zu erachten. Zwar geht § 5 Abs. 1 SchwbG über ein bloßes Diskriminierungsverbot hinaus, wird mit der Einstellungsquote vielmehr eine gewisse Besserstellung der Schwerbehinderten erreicht, doch ist jedenfalls im Bereich des Schwerbehindertenschutzes auch eine solche Besserstellung von Art. 3 Abs. 3 GG gedeckt: So wurde der den Schwerbehindertenschutz bezweckende, erst 1994 ins Grundgesetz eingefügte Satz 2 des Art. 3 Abs. 3 GG abweichend vom Wortlaut des Satzes 1 des Art. 3 Abs. 3 GG bewußt so formuliert, daß nur eine Benachteiligung, nicht aber eine (bereits bestehende) Bevorzugung von Schwerbehinderten verboten sein soll[432]. Bezüglich der Einstellung einer bestimmten Mindestquote an Schwerbehinderten ist daher von einer Verantwortungsbeziehung der Arbeitgeber auszugehen.

(2) Verantwortungsbeziehung der Arbeitgeber aufgrund der allgemeinen arbeitsrechtlichen Fürsorgepflicht

Häufiger sind indessen diejenigen Fälle, in denen die von einer sozialpolitisch motivierten Indienstnahme Begünstigten bereits in einem Arbeitsverhältnis zum indienstgenommenen Unternehmen stehen. Neben einer sachlichen besteht insoweit auch eine persönliche Nähe des Unternehmers zur übertragenen Aufgabe. Fraglich ist, unter welchen Voraussetzungen sich eine solche persönliche Nähe zu einer Verantwortungsbeziehung des Arbeitgebers ausweitet. *Dönneweg* hat in seiner Untersuchung zur Zulässigkeit des Arbeitnehmerweiterbildungsurlaubs zutreffend ausgeführt, daß allein die zeitliche Bindung, der die Arbeitnehmer infolge ihrer arbeitsvertraglichen Verpflichtungen unterliegen, nicht ausreichen kann, um eine Verantwortung der Arbeitgeber für die betriebs*fremde* Weiterbildung ihrer Beschäftigten zu begründen[433]. Dies entspricht der bereits oben getroffenen Feststellung, daß eine derart weit verstandene Verantwortung jeglicher Konturen entbehrt und somit als Begrenzung für außersteuerliche Belastungen der Unternehmen völlig ungeeignet ist.

Einen deutlich konkreteren Anknüpfungspunkt enthält demgegenüber die Freistellungspflicht zu Zwecken der *beruflichen* Weiterbildung, welche gerade daraufhin angelegt ist, den Beschäftigten berufsspezifische Zusatzqualifikationen zu vermitteln. Letztere erweisen sich nicht nur für die Gesamtgrup-

---

wie in bezug auf die Arbeitsbedingungen (Gleichbehandlungs-RL) vom 09.02.1976 (ABl. Nr. L 39/40).

432 Vgl. dazu *Gubelt*, in: *v. Münch/Kunig*, GG, 5. Aufl. (2000), Art. 3, Rdnr. 104a.

433 Vgl. *Dönneweg*, Der bezahlte Bildungsurlaub, (1997), S. 169.

pe der Arbeitgeber als objektiv nützlich[434], sondern wurzeln auch in der allgemein anerkannten Pflicht des Arbeitgebers, seinen Beschäftigten im Rahmen ihrer betriebsspezifischen Bedürfnisse eine gewisse Fürsorge angedeihen zu lassen. Der Geltungsgrund dieses gemeinhin als allgemeine arbeitsvertragliche Fürsorgepflicht bezeichneten Verpflichtungsbündels ist in der arbeitsrechtlichen Literatur zwar lebhaft umstritten, doch steht seine tatsächliche Existenz unabhängig von seiner Herleitung aus dem arbeitsrechtlichen Gemeinschaftsverhältnis, dem Grundsatz von Treu und Glauben oder dem Sozialstaatsprinzip seit langem außer Streit[435]. Demnach schuldet der Arbeitgeber seinen Beschäftigten neben dem Arbeitslohn auch eine Reihe zusätzlicher Leistungen wie insbesondere Vorkehrungen zum Schutz vor betriebsspezifischen Gefahren sowie Maßnahmen zur Erhaltung der vom Arbeitnehmer ins Unternehmen eingebrachten Fähigkeiten und Qualifikationen. Notwendige Grenze der allgemeinen arbeitsrechtlichen Fürsorgepflicht muß dabei aber stets der durch den Arbeitsvertrag ausgestaltete Bereich des spezifisch Beruflichen darstellen. Indienstnahmen zur Bewältigung allgemeiner sozialer Probleme können daher regelmäßig nicht auf die allgemeine Fürsorgepflicht der Arbeitgeber gestützt werden[436]; dies gilt auch und insbesondere für die im Interesse des Familienschutzes bzw. in Erfüllung des aus Art. 6 Abs. 1 bzw. Abs. 4 GG erwachsenden Verfassungsauftrags angeordnete Pflicht der Arbeitgeber zur Gewährung von Erziehungsurlaub, welche ersichtlich keinen Bezug zum konkreten Arbeitsverhältnis aufweist[437].

Da die Fürsorgepflicht des Arbeitgebers schon dem Begriff nach nur gegenüber seinen Beschäftigten besteht, sind darunter ferner nur solche Indienst-

---

[434] Obgleich eine Indienstnahme nach dem oben Gesagten im Gegensatz zur Sonderabgabe gerade nicht „gruppennützig" sein muß, kommt dem Vorliegen eines wirtschaftlichen Nutzens doch jedenfalls eine Indizwirkung für das Vorliegen einer Verantwortungsbeziehung zu, vgl. auch *Peterek*, Eigentumsschutz durch Ausgleichsregelungen (2000), S. 71.

[435] Vgl. zum Meinungsstand *Dönneweg*, Der bezahlte Bildungsurlaub (1997), S. 190.

[436] Vgl. *Friauf*, DB 1989, Beilage 2, S. 6; *Dönneweg*, Der bezahlte Bildungsurlaub (1997), S. 192 m.w.N; vgl. auch BVerfGE 101, 141 [146 ff.].

[437] Eine Verantwortungsbeziehung der Unternehmen zum Erziehungsurlaub dürfte bereits daran scheitern, daß Art. 6 Abs. 4 GG den Schutz der Mutter der Fürsorge der *staatlichen Gemeinschaft* anheimgibt, vgl. dazu die im oben ersten Teil, III 1 a dargestellte Argumentation des LAG Düsseldorf. Eine Urlaubsgewährung zum Zweck der Vorbereitung auf die Entbindung bzw. der daran anschließenden Rekonvaleszenz dient demgegenüber nicht primär der Verwirklichung der Ziele des Art. 6 GG, sondern auch und gerade dem Schutz der Gesundheit der beschäftigten Frauen und damit letztlich auch der Erhaltung der Arbeitskraft. Derartige Verpflichtungen des Arbeitgebers dürften daher wiederum von dessen allgemeiner arbeitsrechtlicher Fürsorgepflicht gedeckt sein.

nahmen subsumierbar, die auch primär im Interesse der Arbeitnehmer erfolgen. Demnach entspringt auch die Verpflichtung der Arbeitgeber zum Einbehalt der Lohnsteuer insoweit keiner spezifischen Verantwortungsbeziehung, als diese zwar einen hinreichend engen Bezug zum Arbeitsverhältnis darstellt, in erster Linie aber nicht der Entlastung der Arbeitnehmer, sondern vor allem der effektiven Realisierung des staatlichen Steueranspruchs zu dienen bestimmt ist[438].

ββ) Verantwortungsbeziehung aufgrund einer vorangegangenen spezifischen Gefahrschaffung

Eine Verantwortungsbeziehung Privater für die Erledigung einer öffentlichen Aufgabe kommt ferner dann in Betracht, wenn diese die Abwehr einer Gefahr zum Gegenstand hat, welche der Risikosphäre des Privaten entspringt[439].

(1) Unmittelbar zurechenbare Gefahrschaffung durch Private

Gesetzliche Ausgestaltungen einer derartigen Verantwortlichkeit finden sich insbesondere im Polizeirecht: So enthalten die Polizeigesetze der Länder regelmäßig Bestimmungen hinsichtlich der Verhaltens- bzw. Zustandsverantwortlichkeit von Privaten bezüglich der Schaffung von Gefahren für die öffentliche Sicherheit und/oder Ordnung. Im ersten Fall droht der Allgemeinheit ein Schaden durch eine zurechenbare gefahrschaffende Handlung Privater, während in der zweiten Alternative Gefahren von einem Gegenstand ausgehen, über welchen ein Privater die tatsächliche Sachherrschaft innehat. Auch durch das gefährdende Verhalten Dritter kann nach den Grundsätzen der sogenannten „Zweckveranlassung" immer dann eine Verantwortlichkeit begründet sein, wenn dieses durch ein objektiv kausales Vorverhalten mit Absicht oder doch jedenfalls i.S. eines Billigend-Inkaufnehmens provoziert worden ist[440].

Abgesehen von dieser Rechtsfigur der „Zweckveranlassung", welche wegen des erforderlichen Vorsatzes bezüglich der Gefahrschaffung nur in Ausnahmefällen einschlägig ist, wird das Polizeirecht nach heute nahezu einhellig anerkannter Auffassung vom Grundsatz der Unmittelbarkeit der Gefahrschaf-

---

[438] Daran ändert auch der Umstand nicht, daß die Verpflichtung der Arbeitgeber zur Abführung der Lohnsteuer ihrerseits eine Schutzpflicht des Arbeitgebers gegenüber den Vermögensinteressen seiner Beschäftigten auslöst; vgl. *Preis*, Arbeitsrecht (1999), S. 395; zutreffend verneint wird eine Verantwortungsbeziehung der Arbeitgeber denn auch z.B. von *Trzaskalik*, DStJG 12 (1989), S. 163 ff. und von *Hendel*, Die Belastung der Arbeitgeber durch die Lohnsteuer (1997), S. 66 f..

[439] Vgl. *Gusy*, Polizeirecht, 4. Aufl. (2000), Rdnr. 262.

[440] Vgl. *Knemeyer*, Polizei- und Ordnungsrecht, 8. Aufl. (2000), Rdnr. 328 m.w.N.

fung beherrscht. Dieser besagt, daß die Zurechnung einer Gefahrschaffung zum Risikobereich eines Privaten immer nur dann erfolgen darf, wenn dieser eine Ursache gesetzt hat, die ohne wesentliche weitere Zwischenschritte zur Gefährdungslage geführt hat[441]. Diese Einschränkung gegenüber der im Zivilrecht vorherrschenden Adäquanztheorie ist im Polizeirecht insoweit notwendig, als letzteres nicht nach dem Verschulden fragt, der polizeirechtlich Verantwortliche vielmehr auch dann haftet, wenn ihm kein Sorgfaltspflichtverstoß zur Last gelegt werden kann; eine polizeirechtliche Haftung für jede adäquat-kausale Gefahrschaffung ginge daher entschieden zu weit[442]. Weiterhin ist sich die heute ganz herrschende Meinung auch darin einig, daß eine polizeirechtliche Verantwortlichkeit dann ausscheidet, wenn die Verursachung einer Gefahr im Einklang mit der Rechtsordnung steht, die Risikoschaffung mithin erlaubt ist oder doch jedenfalls von der Rechtsordnung geduldet wird[443]. Die Rechtsprechung hat sich diese in der Literatur entwickelten Grundsätze zu eigen gemacht, es indessen gleichzeitig in das Ermessen des Gesetzgebers gestellt, neue – über das Polizeirecht hinausreichende – Verantwortlichkeiten Privater infolge einer vorangegangenen Gefahrschaffung zu begründen[444]. Durch die Geltung des Steuerstaatsprinzips sind indessen auch der gesetzlichen Schaffung solch neuer privater Verantwortungsbereiche auf dem Gebiet der Gefahrenabwehr deutliche Grenzen gesetzt. Auch insoweit ist der Gesetzgeber darauf beschränkt, bereits vorgefundene Verantwortlichkeiten näher auszugestalten[445].

Unproblematisch sind diesbezüglich all diejenigen Fälle, in denen eine abgrenzbare Gruppe Privater die Allgemeinheit einer spezifischen und unmittelbaren Belastung aussetzt, sei es in Gestalt von Immissionen, der Produktion von schwer zu entsorgenden Gegenständen oder der Schaffung spezifischer Gesundheitsrisiken, wie etwa dem Inverkehrbringen von gesundheitsschädlichen Produkten. All diese Fälle zeichnen sich dadurch aus, daß sie im Hinblick auf die Unmittelbarkeit der jeweiligen Gefahrschaffung der polizeirechtlichen Verantwortlichkeit eng verwandt sind und sich von dieser nur insoweit unterscheiden, als die Gefahrschaffung hier von der Rechtsordnung gedeckt ist: Ein Kraftwerk darf in einem gewissen Ausmaß emittieren, Tabakwaren dürfen verkauft werden usw. Allein die mangelnde Rechtswidrigkeit der Gefahrschaffung verhindert daher, daß die Verursacher nicht bereits

---

441 Vgl. etwa *Götz*, NVwZ 1990, S. 731.

442 Vgl. *Tettinger*, Besonderes Verwaltungsrecht/1, 6. Aufl. (2001), Rdnr. 332; *Gusy*, Polizeirecht, 4. Aufl. (2000), Rdnr. 266; *Knemeyer*, Polizei- und Ordnungsrecht, 8. Aufl. (2000), Rdnr. 324 ff.

443 Vgl. *Schenke*, in: *Steiner*, Besonderes Verwaltungsrecht, 6. Aufl. (1999), Rdnr. 156.

444 Vgl. BVerwG, DÖV 1986, S. 287 f.

445 Vgl. *Friauf*, in: FS *Jahrreiß* (1974), S. 50.

nach polizeirechtlichen Grundsätzen für die eingetretenen bzw. erwarteten Folgen haften[446]. Indessen steht es dem Gesetzgeber grundsätzlich frei, Handlungen auch ganz zu verbieten, wenn diese geeignet sind, nicht unerhebliche Gefahren für wichtige Rechtsgüter der Allgemeinheit heraufzubeschwören. Verzichtet der Gesetzgeber auf ein generelles Verbot, indem er sich statt dessen auf eine Gestattung unter Auflagen bzw. auf die nachträgliche Auferlegung von Restriktionen beschränkt, so gestaltet er lediglich die dem jeweiligen Eigentumsrecht von vornherein immanente Verpflichtung aus, andere durch seinen Gebrauch nicht zu schädigen. In all diesen Fällen wird mithin – ebenso wie im Polizeirecht – nur der Kernbereich der Sozialbindung des Eigentums aktiviert, so daß die Zuweisung der jeweiligen öffentlichen Aufgabe zum Risikobereich des Privaten hier ohne weiteres verfassungskonform ist[447].

(2) In der Regel keine Verantwortungsbeziehung bei bloßer Ermöglichung der Gefahrschaffung durch Dritte

Schwieriger stellen sich Indienstnahmen zu Zwecken der Gefahrenabwehr dann dar, wenn sie an ein unternehmerisches Handeln Privater anknüpfen, welches nicht bereits per se gefährlich ist, sondern lediglich die Voraussetzungen dafür schafft, daß Dritte zu einem späteren Zeitpunkt in gefährdender Weise daran anknüpfen. Diese Fälle, die mangels subjektiver Zurechnungsmöglichkeit in aller Regel nicht als Zweckveranlassung im polizeirechtlichen Sinn qualifiziert werden können, zeichnen sich dadurch aus, daß Private für Gefahren einstehen müssen, für deren Entstehung sie zumeist nur eine sehr entfernte Ursache gesetzt haben. Die Akzeptanz derartiger Indienstnahmen bei den betroffenen Unternehmen ist dementsprechend gering.

Waechter hält Indienstnahmen zu Zwecken der Gefahrenabwehr gleichwohl auch insoweit grundsätzlich für zulässig. So habe etwa derjenige, der eine neue Technik auf den Markt bringt, für die Abwehr all derjenigen Gefahren einzustehen, die aufgrund dieser Technik neu entstehen. Diese Verantwortlichkeit soll sich nicht nur auf die Risiken erstrecken, die einer bestimmungsgemäßen Verwendung der Neuentwicklung anhaften, sondern darüber hinaus auch solche Gefahren erfassen, die erst bei einer mißbräuchlichen Verwendung durch Dritte drohen; wer eine „Tarnkappe" in den Verkehr bringe, könne vom Staat ohne weiteres zur Entwicklung und Bereitstellung einer Reidentifizierungsmöglichkeit verpflichtet werden, um strafbarem Mißbrauch vorzubeugen[448].

---

446 Vgl. *Sorge*, Kostentragung für den Schutz vor Anschlägen (1991), S. 127.
447 Insoweit zutreffend *Waechter*, Verw. Arch, 87 (1996), S. 82.
448 Vgl. *Waechter*, Verw. Arch. 87 (1996), S. 82.

Bezüglich der Beurteilung dieses fiktiven Beispiels des Inverkehrbringens einer „Tarnkappe" ist *Waechter* im Ergebnis zuzustimmen. Eine „Tarnkappe" könnte indessen von Privatpersonen außer zu kriminellen Zwecken allenfalls noch als Scherzartikel benutzt werden, so daß die strafbare Verwendung hier fast schon als bestimmungsgemäß angesehen werden muß. Wenn das in Frage stehende Produkt aber schon zum Zeitpunkt seiner Markteinführung als per se gefährlich einzuschätzen ist, so liegt die Gefahrschaffung nicht erst in der mißbräuchlichen Benutzung durch Dritte, sondern bereits in der Vermarktung an sich. In diesem Fall könnte bereits die Produktion bzw. der Vertrieb von „Tarnkappen" ohne weiteres verboten werden. Als milderes Mittel hierzu wäre die Verpflichtung zur Entwicklung eines Gegenmittels daher ebenso zulässig wie die Indienstnahmen in den oben genannten Fällen.

Daß dieses Beispiel indessen die Ausnahme und nicht die Regel illustriert, zeigt bereits der von *Waechter* schwerpunktmäßig untersuchte Fall der Verpflichtung der Mobilfunknetzbetreiber zur Entwicklung und Bereitstellung von Abhöreinrichtungen. So stellt sich die Eröffnung der Möglichkeit zur mobilen Telekommunikation zunächst schon rein objektiv für die Allgemeinheit nicht primär als Gefahr, sondern in erster Linie als Bereicherung dar. Zwar kann auch der Mobilfunk zu kriminellen Zwecken mißbraucht werden, doch geht die insoweit bestehende Gefahr nicht über das Risiko hinaus, welches technischen Neuerungen – insbesondere im Bereich der elektronischen Datenübermittlung - generell anhaftet[449]. Wenn *Waechter* den Unternehmen auch die Verantwortung für solche regelmäßig auftretenden, gerade nicht atypischen Risiken zuweisen will, verkennt er, daß diese Risiken von den positiven Ausstrahlungen technischer Innovationen auf den Lebensstandard, die wirtschaftliche Prosperität und damit das Wohlergehen der Allgemeinheit in aller Regel mehr als aufgewogen werden. Im Hinblick auf diese per Saldo regelmäßig eher positiv zu bewertenden Implikationen des technischen Fortschritts ist auch das gesetzliche Verbot einer neuen Technologie zumeist nur eine theoretische Option des Staates, da hierdurch zwangsläufig die Konkurrenzfähigkeit der deutschen Wirtschaft und damit einhergehend auch eine Vielzahl an Arbeitsplätzen gefährdet würde. Nicht von ungefähr leistet sich der Gesetzgeber ein solches Verbot denn auch nur in den selten-

---

[449] Gegen eine Verantwortungsnähe der Telekommunikationsanbieter für Überwachungsmaßnahmen daher zu Recht *Scholz,* Arch. PT 1995, S. 185; das im Telekommunikationsbereich vertretene Argument, die von den Unternehmen zu erbringenden Dienste seien hier quasi der Preis für die Entstaatlichung des Telekommunikationsmarktes und damit unter dem Gesichtspunkt des Vorteilsausgleichs gerechtfertigt, vgl. *Friedrich,* Die Verpflichtung privater Telekommunikationsunternehmen (2001), S. 187 ff. m.w.N. überzeugt angesichts der europarechtlichen Unabwendbarkeit einer Öffnung des Telekommunikationsmarktes ungeachtet bestehender Gestaltungsmöglichkeiten des Gesetzgebers bei der Privatisierung ebenfalls nicht.

sten Ausnahmen. In den Fällen eines zu befürchtenden Mißbrauchs technischer Produkte bzw. Anlagen kann die Indienstnahme Privater daher im Regelfall nicht als milderes Mittel zum alternativen Totalverbot der gefahrschaffenden unternehmerischen Tätigkeit angesehen werden.

Davon abgesehen ist es aber auch nicht sachgerecht, die Unternehmen neben ihrer Belastung durch Steuern und Abgaben sowie ihrer polizei- und spezialgesetzlich geregelten Haftung für unmittelbare Betriebsgefahren auch noch für alle mittelbaren Risiken ihrer Tätigkeit in die Pflicht zu nehmen, ihnen mithin einseitig die Haftung für die negativen Folgen des technischen Fortschritts zuzuweisen, während dessen positive Folgen die Allgemeinheit treffen. So profitieren etwa nahezu alle von den Errungenschaften der Luftfahrt, erhöht doch ein Flughafen beinahe für jedermann die Attraktivität einer Region als Lebens- und Wirtschaftsraum. Als Kehrseite muß die Allgemeinheit dann aber auch für diejenigen Belastungen einstehen, welche sich – wie die Gefahr von terroristischen Anschlägen - als lediglich mittelbare Folge aus dem Betrieb eines Flughafens ergeben, während der Flughafenbetreiber für die Abwehr derjenigen Gefahren zuständig bleibt, die unmittelbar aus dem Betrieb selbst erwachsen[450]. Auch letzteres ist gerecht, da ja auch der unmittelbare Nutzen aus dem Betrieb eines Flughafens in Gestalt der von den Fluggesellschaften entrichteten Benutzungsentgelte ausschließlich beim Betreiber verbleiben.

Anders stellt sich die Zurechnungsfrage im Fall der Eigensicherung von Kernkraftwerken dar, da hier bereits die bestimmungsgemäße Inbetriebnahme ein - statistisch gesehen zwar äußerst geringes - Risiko für Leib und Leben großer Teile der Bevölkerung darstellt, dieses im Falle seiner Realisierung indessen in eine um jeden Preis zu verhindernde Katastrophe münden würde. Die friedliche Nutzung der Kernenergie stellt damit – ebenso wie das Tarnkappenbeispiel – einen der seltenen Fälle dar, in welchen das Totalverbot einer Technologie als Alternative zu Sicherheitsauflagen ernsthaft in Betracht kommt und mit der vom Bundestag am 05.09.2001 beschlossenen Novellierung des Atomgesetzes denn auch tatsächlich beschlossen wurde[451]. Da

---

[450] So auch dezidiert *Schenke*, DVBl. 1986, S. 363 f., der zu Recht darauf hinweist, daß gerade die Gefahr terroristischer Anschläge einer austauschbaren Vielzahl an öffentlichen wie privaten Objekten droht, Art und Ort ihrer Realisierung mehr oder weniger vom Zufall abhängen, sie daher „ohne Zweifel der Risikosphäre der Allgemeinheit zuzuordnen" ist; zust. hierzu *Ronellenfitsch*, Verw. Arch. 77 (1986), S. 454.

[451] Bereits seit dem Regierungsantritt der rot-grünen Koalition war der Ausstieg aus der Kernenergie verstärkt diskutiert worden, vgl. *Koch/Roßnagel*, NVwZ 2000, S. 1 ff.; am 04.06.2000 hatte die Bundesregierung dann mit der Energiewirtschaft die sukzessive Einstellung des Betriebs der bestehenden Atomkraftwerke vereinbart; kritisch zur

die Schadenshöhe im Falle eines atomaren GAUs jedes vorstellbare Maß sprengen dürfte, ist es in jedem Fall erforderlich, eine möglichst lückenlose Abschirmung der gefährdeten Anlagen gegen jede denkbare - und sei es auch noch so fernliegende – Gefahr zu gewährleisten. Die durchzuführende Gefahrenabwehr geht damit derart über das vom Staat unter normalen Umständen zu gewährleistende Maß an Sicherheit hinaus, daß insoweit eine spezifische Verantwortungsbeziehung der AKW-Betreiber infolge vorangegangener, spezifischer Gefahrschaffung anzunehmen ist[452].

Als Quintessenz der vorangegangenen Überlegungen können die Verantwortungsbereiche für Aufgaben der Gefahrenabwehr mithin dergestalt gegeneinander abgeschichtet werden, daß den Unternehmer die Verantwortung für die Beseitigung betriebsimmanenter Gefahren trifft, während die Abwehr externer Gefährdungen grundsätzlich im Verantwortungsbereich der Allgemeinheit verbleiben. Sind Gefährdungen durch Dritte indessen bereits in der besonderen Gefährlichkeit der bestimmungsgemäßen Unternehmenstätigkeit angelegt, so trifft abweichend von diesem Grundsatz den Unternehmer hierfür auch dann eine Verantwortung, wenn ihm die Drittgefährdung nicht im Sinne einer polizeirechtlichen Zweckveranlassung subjektiv zugerechnet werden kann.

(3) Sonderfall: Bekämpfung von Umweltgefahren durch lenkende Indienstnahmen

Einen Sonderfall, der sich nicht recht in das dargestellte Schema einzufügen scheint, stellt die bereits angesprochene sogenannte Produktverantwortung dar, in deren Rahmen die Industrie mit zahlreichen umweltpolitisch motivierten Rücknahme- und Entsorgungspflichten belastet wird. Bei näherer Betrachtung ist indessen auch hier die Nähe zu den oben erläuterten Fallgestaltungen unverkennbar: So haftet auch dem Inverkehrbringen eines an und für sich „harmlosen“ Produkts häufig eine schleichende Gefahr für die Umwelt an. Bezüglich der Bekämpfung solcher Gefahren wird im Umweltrecht allgemein von einer spezifischen „Produktverantwortung“ der Wirtschaft ausgegangen[453]. Zwar erscheint die Ausweitung des für eine Verantwortungsbeziehung relevanten Gefahrschaffungsbegriffs auf Umweltgefährdungen zunächst fragwürdig, da Unternehmer insoweit dann entgegen der oben

---

Zulässigkeit eines vertraglichen Aushandelns von Eingriffsbefugnissen des Staates gegenüber der Industrie *Schorkopf*, NVwZ 2000, S. 1114.

452 Gegen eine solche Zurechnung und für eine Gleichsetzung mit den Flughafenfällen dagegen *Karpen*, JZ 1989, S. 898 ff.

453 Vgl. etwa *Arndt*, Umweltrecht, in: *Steiner*, Besonderes Verwaltungsrecht, 6. Aufl. (1999), Rdnr. 221 ff.

entwickelten Grundsätze eben doch für allgemeine Folgen des technischen Fortschritts in die Pflicht genommen werden könnten; daß die einschlägigen Verpflichtungen der Produzenten dennoch in Rechtsprechung und Literatur nicht bereits im Grundsatz auf größere verfassungsrechtliche Bedenken stoßen, dürfte in maßgeblicher Weise in deren Lenkungsfunktion begründet sein. Macht man sich den Standpunkt des BVerfG zur Zulässigkeit von Lenkungsabgaben zu eigen[454], sind verhaltenslenkende Dienstpflichten der Wirtschaft als indienstnahmerechtliches Korrelat zur Lenkungsabgabe nicht oder jedenfalls nur eingeschränkt am Steuerstaatsprinzip zu messen. Soweit das BVerfG – und mit ihm Teile der Literatur – die weitgehende Nichtanwendung des Steuerstaatsprinzips auf lenkende Belastungen des Bürgers im Auge haben[455], ist diesem Ansinnen allerdings eine eindeutige Absage zu erteilen: Die Gefahr einer Umgehung der finanzverfassungsrechtlichen Balance wäre schlicht zu groß.

Andererseits ist das Argument des BVerfG, daß lenkende Belastungen bei strikter Anwendung der Sonderabgabenkriterien in den meisten Fällen überhaupt nicht möglich wären[456], durchaus beachtenswert. So müßte sich der Gesetzgeber gerade im Umweltrecht allzu oft mit der Rolle eines passiven Beobachters begnügen, da ihm auch der alternative Weg einer Schaffung umweltpolitischer Anreize durch Steuervergünstigungen vielfach durch das Beihilferechts der Art. 87 ff. EGV versperrt sein wird[457]. Eine derart passive Position gegenüber fortschreitenden umweltzerstörerischen Prozessen ist indessen im Hinblick auf die Staatszielbestimmung des Art. 20a GG[458] sowie die Zielvorgaben der Art. 2 bzw. 174 EGV weder national-, noch europarechtlich akzeptabel.

Zwar enthält allein Art. 174 Abs. 2 S. 2 EGV die explizite Vorgabe, Umweltbeeinträchtigungen nach Maßgabe des Verursacherprinzips zu bekämpfen und betrifft diese Bestimmung nur die Umweltpolitik der Gemeinschaft und nicht die der Mitgliedstaaten; doch ist Art. 174 EGV seiner Systematik nach

---

454 Vgl. dazu oben, 2. Teil, I 3 b.

455 Eine gewisse Großzügigkeit gegenüber Dienst- und Geldleistungspflichten des Umweltrechts ist auch unter Befürwortern des Steuerstaatsprinzips nicht zu verkennen, vgl. etwa *Dederer/Schneller*, RdE 2000, S. 216, welche bezüglich des Problems einer umweltfreundlichen Stromerzeugung zwar eine Verantwortungsbeziehung der Energieversorgungsunternehmen ablehnen, von einer Verantwortungsbeziehung der Stromerzeuger aber ohne weiteres ausgehen.

456 Vgl. BVerfGE 57, 139 [169].

457 Im einzelnen ergeben sich die Voraussetzungen für die gemeinschaftsrechtliche Zulässigkeit von Umweltschutzbeihilfen aus dem einschlägigen Gemeinschaftsrahmen der Kommission vom 03.02.2001 (ABl. C 37/03).

458 Eingehend hierzu *Westphal*, JuS 2000, S. 339 ff.

als umfassende umweltrechtliche Leitmaxime zu verstehen[459]. Die in Art. 174 EGV enthaltenen Grundprinzipien wollen daher auch der nationalen Umweltpolitik der Mitgliedstaaten als Orientierung dienen. Abgesehen von Art. 174 EGV stellt das Verursacherprinzip aber auch eine zentrale Maxime des nationalen Umweltrechts dar[460], ohne deren Beachtung die von Art. 20a GG geforderte effiziente Bekämpfung von Umweltgefahren kaum bewältigbar sein dürfte; so lautet § 6 Abs. 1 des Kommissionsentwurfs zum Umweltgesetzbuch wie folgt: „Wer erhebliche nachteilige Einwirkungen, Gefahren oder Risiken für die Umwelt oder den Menschen verursacht, ist dafür verantwortlich“[461].

Als Verursacher produktspezifischer Umweltgefahren kommen neben dem Produzenten zwar prinzipiell auch die Verbraucher in Betracht; als Gegenstück zum Gemeinlastprinzip will das Verursacherprinzip allerdings gerade nicht die Allgemeinheit der Steuerzahler belasten, was bei einer Belastung der Verbraucher immer dann der Fall wäre, wenn diese – wie häufig – mit der Allgemeinheit deckungsgleich sind. Im allgemeinen zielt das Verursacherprinzip daher eher auf eine Belastung der Produzenten ab, welche sich auf neue Herausforderungen im Umweltschutz auch in aller Regel am schnellsten bzw. effektivsten einstellen können[462]. Dies entspricht der Intention des Verursacherprinzips, von mehreren (Mit-) Verursachern einer Umweltgefahr stets denjenigen zur Vermeidung bzw. Bekämpfung in die Pflicht zu nehmen, der dieser Aufgabe am effektivsten gerecht wird[463].

---

459 Vgl. *Groeben/Thiesing/Ehlermann,* Kommentar zum EWG-Vertrag, 4. Aufl. (1991), Rdnr. 65.

460 Vgl. etwa *Sanden,* Umweltrecht, 1. Aufl. (1999), § 4, Rdnr. 12 ff. m.w.N.

461 Abgedruckt in: Bundesministerium für Umwelt, Naturschutz und Reaktorsicherheit (Hrsg.), Umweltgesetzbuch (1998).

462 Vgl. *Krämer*, in: *Groeben/Thiesing/Ehlermann*, EWG-Vertrag, 4. Aufl. (1991), Art. 130r, Rdnr. 37 m.w.N.; differenzierend *Frenz,* Europäisches Umweltrecht (1997), Rdnr. 165 f.

463 Vgl. *Himmelmann,* in: Handbuch des Umweltrechts (2000), A 9, Rdnr. 38 f., der aus dem Verursacherprinzip allerdings im Hinblick auf die englische sowie die französische Fassung der Vertragstexte nur eine finanzielle, nicht hingegen eine sachliche Verantwortlichkeit der Verursacher ableiten will; nach der hier vertretenen Auffassung ist demgegenüber von einer prinzipiellen Identität von Indienstnahme- und Finanzierungsverantwortlichkeit auszugehen, da jede Aufsplittung des Verantwortungsbegriffs zu einer noch größeren Rechtsunsicherheit führen würde, als dies nach der gegenwärtigen Rechtsprechung des BVerfG ohnehin schon der Fall ist. Auch dem EG-Vertrag kann - ungeachtet des englischen bzw. französischen Wortlauts - wohl nicht eine entsprechende Einengung des Verursacherprinzips unterstellt werden, da sie gerade im Widerspruch zum Effektivitätsgebot des Verursacherprinzips stünde; dies scheinen auch die europäischen Normgeber so zu sehen, da umweltrechtlich motivierte Indienstnahmen Privater im EG-Sekundärrecht gang und gäbe sind, vgl. etwa die neue

Zur Harmonisierung der diversen im Umweltrecht Beachtung heischenden umwelt-, europa- und verfassungsrechtlichen Zielsetzungen bietet sich somit ein Mittelweg zwischen einem uneingeschränkten Beharren auf dem Erfordernis einer vom Gesetzgeber bereits vorgefundenen Verantwortungsbeziehung des Indienstgenommenen und einem völligen Verzicht auf dieses Kriterium an: Dieser Mittelweg besteht darin, das umweltrechtliche Versucherprinzip als Möglichkeit des Gesetzgebers zu begreifen, neue Verantwortlichkeiten Privater originär zu begründen. Unter Beachtung des Verursacherprinzips kann der Gesetzgeber damit die zunächst bestehende bloße Sachnähe desjenigen, der zur Erledigung einer umweltschützenden Aufgabe am besten geeignet ist, in eine echte Verantwortungsbeziehung umgestalten[464]. Da die gegenwärtig vorkommenden Rücknahme- und Entsorgungspflichten der Industrie den Rahmen dieser besonderen umweltspezifischen Möglichkeit des Gesetzgebers nicht überschreiten, sind sie als mit dem Steuerstaatsprinzip vereinbar anzusehen.

χχ) Verantwortungsbeziehung Privater aus sonstigen Gründen

(1) Historisch bedingte Verantwortlichkeit

Schließlich können, wie das BVerfG für den Fall der Berufsausbildungsabgabe überzeugend ausgeführt hat, auch historische Gründe eine spezifische Verantwortung Privater für öffentliche Aufgaben (mit-)begründen[465]. Eine derart historisch gewachsene Verantwortung ist jedenfalls in den Fällen anzunehmen, in denen die Erfüllung einer öffentlichen Aufgabe durch Private bereits in vorkonstitutioneller Zeit eine gewisse Tradition aufweisen konnte. Diese Überlegung läßt sich darauf stützen, daß Art. 12 Abs. 2 GG die gesetzliche Aktualisierung bzw. Aktivierung bestimmter althergebrachter und in persona zu erbringender Dienstpflichten ausdrücklich zuläßt. Wenn die Verfassung aber unter der Voraussetzung der Herkömmlichkeit selbst die höchstpersönliche Indienstnahme Privater als einschneidenste Form der Rekrutierung privater Ressourcen nicht verbietet, dann muß erst recht auch die Verpflichtung Privater im Rahmen einer nicht-höchstpersönlichen Indienstnahme in Betracht kommen, soweit sie in einer vergleichbaren Tradition steht.

Altauto-Richtlinie, welche die Hersteller zur unentgeltlichen Rücknahme schrottreifer Fahrzeuge aus ihrer Produktion verpflichtet, abgedruckt in ABl. EG Nr. L 269, S. 34 .

464 So auch *Kloepfer*, Umweltrecht, 2. Aufl. (1998), § 4, Rdnr. 29; *ders.*, in: *Achterberg/Püttner/Würtenberger*, Besonderes Verwaltungsrecht, 2. Aufl. (2000), § 6, Rdnr. 86; kritisch dagegen *Müller*, Möglichkeiten und Grenzen der indirekten Verhaltenssteuerung durch Abgaben im Umweltrecht (1994), S. 159 f.

465 Vgl. BVerfGE 55, 274 [306].

Der Begriff der Herkömmlichkeit einer Dienstpflicht ist dabei freilich eng zu verstehen; bezüglich Art. 12 Abs. 2 GG wird hierfür gefordert, daß eine Pflicht bereits in vorkonstitutioneller Zeit seit geraumer Weile bestanden hat und im Hinblick darauf im allgemeinen Rechtsbewußtsein als „traditioneller Bestandteil der Pflichtenordnung“ verankert ist[466]. Dieses strenge Verständnis des Herkömmlichkeitsbegriffs, welches im Hinblick auf den Ausnahmecharakter des Art. 12 Abs. 2 GG in jedem Fall gebotenen ist, macht es naturgemäß schwer, in den gegenwärtig vorkommenden Fällen der Indienstnahme von Wirtschaftsunternehmen ein Beispiel für eine solche historisch bedingte Verantwortungsbeziehung auszumachen. Zwar waren einige charakteristische Dienstpflichten der Unternehmen wie etwa der Lohnsteuerabzug bereits zu Zeiten der Weimarer Republik etabliert, doch wird man kaum so weit gehen können, diesbezüglich von der Akzeptanz einer entsprechenden Verantwortungsbeziehung im allgemeinen Rechtsbewußtsein der Unternehmen auszugehen. Erst recht verbietet sich ein derartiger Schluß für solche öffentlichen Aufgaben, für welche die Unternehmen erst nach Inkrafttreten des Grundgesetzes von sich aus – etwa im Rahmen sogenannter „Selbstverpflichtungen“ - eine gewisse Verantwortung übernommen haben, da dies meist nicht einem allgemeinen Rechtsbewußtsein, sondern häufig allein dem Zweck dient, einer noch belastenderen zwangsweisen Regelung zu entgehen.

Eine rein historisch bedingte Verantwortungsbeziehung der Unternehmen, welche über die bereits dargestellten Verantwortlichkeiten hinausreicht, ist demnach zwar theoretisch denkbar, in der Praxis aber nicht festzustellen.

(2) Keine Verantwortlichkeit aufgrund einer allgemeinen staatsbürgerlichen Grundpflicht

Schließlich entbehrt auch die Behauptung *Waechters*, daß sich eine Verantwortungsbeziehung der Wirtschaft für bestimmte Aufgaben der Verbrechensbekämpfung aus einer „Standespflicht aller Gewerbe“ in Verbindung mit der „erweiterten allgemeinen staatsbürgerlichen Pflicht, nicht die staatliche Strafverfolgung zu vereiteln“[467], konstruieren lasse, jeglicher Grundlage: Das Standesrecht ist eine Besonderheit der freien Berufe und entfaltet im Hinblick auf deren spezifische Traditionen auch keine Ausstrahlungswirkung im Sinne einer vagen Grundpflicht aller Berufe. Auch der Verfassung kann eine solche allgemeine Grundpflicht der freien Gewerbe nicht entnommen werden: Soweit in der Literatur gelegentlich von verfassungsimmanenten

466 Vgl. *Scholz*, in: *Maunz/Dürig/Herzog/Scholz*, Art. 12 GG (1981), Rdnr. 486; ausführlich zum Begriff der Herkömmlichkeit auch *Göppel*, Die Zulässigkeit von Arbeitszwang nach Art. 12 Abs. 2 S. 1 des Grundgesetzes (1967), S. 132 ff.

467 Vgl. *Waechter*, Verw. Arch. 87 (1996), S. 89 f.

Grundpflichten die Rede ist, dürfte damit in aller Regel nichts anderes gemeint sein als die verfassungsimmanenten Schranken der Grundrechte[468]. Darüber hinausgehende, bereits in der Verfassung angelegte echte Verhaltenspflichten der Bürger sind dagegen weder mit dem Wortlaut, noch mit der Funktion der Grundrechte als Abwehrrechte gegenüber dem Staat in Einklang zu bringen und widersprechen allzu deutlich dem grundgesetzlichen Konzept eines Steuerstaates, welcher als Regelfall nicht den persönlichen Einsatz seiner Bürger, sondern lediglich die Partizipation an ihrer Finanzkraft einfordert[469].

Wegen des Fehlens jedweder allgemeinen staatsbürgerlichen Grundpflichten ist auch eine über § 258 StGB hinausgehende Verantwortlichkeit der Privatwirtschaft für die Vereitelung von Straftaten nicht konstruierbar. Die von *Waechter* vorgeschlagene Erweiterung stellt vielmehr geradezu eine Konversion des § 258 StGB im Sinne einer aktiven Verbrechensbekämpfungspflicht Privater dar; gerade die Verbrechensbekämpfung galt indessen schon unter absolutistischer Herrschaft als eine spezifische Obliegenheit des Staates[470], welche derzeit lediglich insoweit mit dem Bürger geteilt wird, als diesem durch § 138 StGB eine Anzeigepflicht bezüglich einiger besonders schwerer Straftaten auferlegt ist.

Eine Verantwortungsbeziehung Privater aufgrund einer allgemeinen staatsbürgerlichen Grundpflicht ist mithin abzulehnen; Indienstnahmen wie die Geldwäschebekämpfung durch Banken oder die Mitwirkung Privater bei der

---

468 Vgl. *Pieroth/Schlink*, Grundrechte, 17. Aufl. (2001), Rdnr. 193. Dies gilt auch und gerade bezüglich der in Art. 14 Abs. 2 GG umschriebenen Sozialbindung des Eigentums; auch sie bedarf – wie sich bereits aus der Unbestimmtheit ihrer Formulierung ergibt – zwingend der Konkretisierung durch den Gesetzgeber. Wie *Peterek*, Eigentumsschutz durch Inhaltbestimmungen (2000), S. 22, zutreffend feststellt, handelt es sich somit bei der Sozialbindung des Eigentums nicht um eine „Grundpflicht", sondern lediglich um einen von der Verfassung vorgegebenen „Grundwert".

469 Vgl. *Isensee*, in: FS *Ipsen* (1977), S. 423; es verwundert daher nicht, daß die Befürworter verfassungsimmanenter Grundpflichten bereits die Prämisse eines primär vom Geld seiner Bürger lebenden Staatswesens wegen der hiermit einhergehenden Entfremdung zwischen Bürger und Staat ablehnen, vgl. *Stober*, in: FS *Scupin* (1983), S. 659 f. Bezeichnend für die Lehre von den verfassungsimmanenten Grundpflichten ist der Beitrag von *Merten*, BayVBl. 1978, S. 554 ff., welcher mit folgenden Zeilen von *Jeremias Gotthelf* überschrieben ist: „Gott der Herr hat die Pflichten zuerst gesetzt. Nach den Pflichten erst kommen die Rechte, Nach dem Säen kommt das Ernten". Dem Grundgesetz ist ein solcher Standpunkt freilich denkbar fremd; so sind Grundrechte nach freiheitlichem Verfassungsverständnis nicht erst vom Staat zu gewähren, sondern lediglich als diesem vorausliegend zu gewähr*leisten*, vgl. *Eckhoff*, Der Grundrechtseingriff (1992), S. 13.

470 Vgl. *Kimminich*, Deutsche Verfassungsgeschichte (1970), S. 247 ff.

Telefon- bzw. der Internetüberwachung zu Strafverfolgungszwecken erfolgen damit eindeutig jenseits des jeweiligen unternehmerischen Verantwortungskreises.

d) Verhältnismäßigkeit von Indienstnahmen

Als letzter Prüfungspunkt im Rahmen der Freiheitsgrundrechte stellt sich schließlich die Frage nach der Verhältnismäßigkeit einer Indienstnahme.

aa) Ausgleichsbedürftigkeit grundsätzlich kein Problem der Verhältnismäßigkeit

Fraglich ist, inwieweit bereits im Rahmen der hierbei vorzunehmenden Abwägung zwischen dem öffentlichen Interesse an der privaten Aufgabenerledigung und der Freiheitseinschränkung des Indienstgenommenen die Entschädigungsproblematik eine Rolle spielt. Im Grundsatz kann insoweit auf das oben zur Erforderlichkeit Gesagte verwiesen und festgestellt werden, daß es hier immer noch allein um die Zulässigkeit der Freiheitseinschränkung geht, deren Zumutbarkeit respektive Unzumutbarkeit von der Gewährung eines finanziellen Ausgleichs prinzipiell nicht tangiert wird[471].

Gleichwohl verortet das BVerfG – und mit ihm Teile der Literatur - in diesem Prüfungspunkt die Frage nach dem Vorliegen einer ausgleichspflichtigen Inhaltsbestimmung des Eigentums, welche sich immer dann stellt, wenn zwar nicht der Regelfall einer abstrakt-generellen Eigentumsbeschränkung, wohl aber deren konkrete Anwendung auf bestimmte Sonderfälle unverhältnismäßig zu werden droht[472]. Die Rechtsfigur der ausgleichspflichtigen Inhaltsbestimmung des Eigentums dient mithin allein der Einzelfallgerechtigkeit und ist damit für die hier zu untersuchende Frage nach den Regelvoraussetzungen für die Zulässigkeit einer Indienstnahme ohne Belang.

bb) Halbteilungsgrundsatz als Verhältnismäßigkeitsgrenze?

Als Streitpunkt im Rahmen der Verhältnismäßigkeit einer Indienstnahme hat sich indessen in der neueren Literatur die Frage herauskristallisiert, inwieweit der vom BVerfG im Jahre 1995 entwickelte Halbteilungsgrundsatz analog auch auf Indienstnahmen angewendet werden kann. Es ist somit zu prüfen, ob die mit einer Indienstnahme verbundenen finanziellen Belastungen zu den vom jeweiligen Bürger zu leistenden Steuern und Abgaben addiert werden

---

471 So auch *Ferger*, Ausgleichsansprüche (1979), S. 145.

472 Vgl. BVerfGE 58, 137 [150 f.]; *Berg*, in: FS *Scupin* (1983), S. 534.

und diese dann als Gesamtheit im Verhältnis zur Privatnützigkeit des Vermögensertrags in der Nähe einer hälftigen Teilung verbleiben müssen[473].

α) Geltung des Halbteilungsgrundsatzes

Angesichts der heftigen Kontroverse, die der Halbteilungsgrundsatz in der Literatur ausgelöst hat, ist zunächst kurz der Frage nach der rechtlichen Stichhaltigkeit des vom BVerfG aufgestellten Postulats einer hälftigen Teilung als maximaler Obergrenze für die Belastung des Vermögensertrags nachzugehen. Wie bereits oben ausgeführt, stehen die einschlägigen Ausführungen des Gerichts nicht im Widerspruch zu dessen bisheriger Judikatur, da das Vermögen nicht als neues Schutzgut des Art. 14 GG anerkannt, sondern lediglich an die objektive Wertentscheidung der verfassungsrechtlichen Eigentumsgarantie angeknüpft wird[474]. Angesichts der für den Gesetzgeber bestehenden Verlockung, den vom Grundgesetz gewährleisteten Eigentumsschutz auf dem Wege immer höherer Vermögensbelastungen zu unterminieren, ist die Festsetzung einer diesbezüglichen Toleranzgrenze auch eindeutig zu begrüßen[475].

Soweit dem BVerfG hinsichtlich der ungefähren Festsetzung dieser Grenze bei der Hälftigkeit ein „extensives Verständnis der Eigentumsgarantie" vorgeworfen wird[476], kann dieser Kritik nicht gefolgt werden. Zum einen impliziert die Forderung nach einer näherungsweise hälftigen Teilung durchaus eine gewisse Flexibilität, zum anderen zeichnet die vom Gericht gewählte Quantifizierung der Belastungsgrenze lediglich eine bereits von der Verfassung vorskizzierte Grenze nach:

So kann die in Art. 14 GG verwendete Formulierung, daß der Eigentumsgebrauch *zugleich* dem Wohle der Allgemeinheit dienen soll, schwerlich als Legitimation für eine überwiegend fremdnützige Ausgestaltung privater Vermögenswerte verstanden werden; ein quantitativ über die Bedeutung „zu gleichen Teilen" hinausgehender Sinngehalt kann dem Wörtchen „zugleich"

---

[473] So für Ertragssteuern BVerfGE 93, 121 [138]; für eine in diesem Sinne analoge Anwendung des Halbteilungsgrundsatzes auf Indienstnahmen *Depenheuer*, Verfassungsrechtliche Probleme der Indienstnahme privater Arbeitgeber für die Auszahlung des Kindergelds (1996), S. 54 ff.; *ders.*, BB 1996, S. 1220; *Peterek*, Eigentumsschutz durch Ausgleichsregelungen (2000), S. 29; ähnlich *Dönneweg*, Der bezahlte Bildungsurlaub (1997), S. 231 f.; dagegen *Schiller*, Sonderabgaben (2000), S. 167 f.

[474] Vgl. dazu oben, 2. Teil, II 1 c bb.

[475] Zustimmend zum BVerfG auch *Leisner*, NJW 1995, S. 2593 ff.; *Arndt/Schumacher*, NJW 1995, S. 2603 ff.

[476] Vgl. etwa *Bull*, NJW 1996, S. 283; kritisch zum Begriffsverständnis des BVerfG auch *Schiller*, Sonderabgaben (2000), S. 167 m.w.N.

in der Tat nicht beigemessen werden, ohne die Verfassungssprache vollends vom allgemeinverständlichen Sprachgebrauch abzuheben[477]. Unerheblich ist schließlich auch, daß die Ausführungen zum Halbteilungsgrundsatz für das konkrete Urteil nicht entscheidungsrelevant waren, mithin ein reines obiter dictum darstellten[478]. Zwar entfaltet der Halbteilungsgrundsatz damit keine Bindungswirkung i.S. des § 31 BVerfGG, doch vermag dies nicht seine objektive Richtigkeit zu beeinträchtigen. Von der Geltung des Halbteilungsgrundsatzes ist daher im folgenden auszugehen.

β) Analogiefähigkeit des Halbteilungsgrundsatzes in bezug auf Indienstnahmen?

Vergegenwärtigt man sich die vom BVerfG mit dem Halbteilungsgrundsatz verfolgte Intention, die Eigentumsgarantie des Art. 14 GG vor einer Aushöhlung zu bewahren, ergibt sich daraus relativ zwanglos die entsprechende Anwendung der Hälftigkeitsgrenze auch auf andere Steuern, welche nicht an das Vermögen, sondern – wie etwa die Gewerbe- oder die Lohnsteuer - an Verhaltensweisen anknüpfen, die dem Schutz des Art. 12 GG unterfallen. Wie *Arndt/Schumacher* zu Recht feststellen, leuchtet es nicht ein, dem Gesetzgeber im Fall der für die wirtschaftliche Selbstbestimmung der breiten Bevölkerungsmehrheit weitaus bedeutenderen Lohnsteuer einen größeren Belastungsspielraum zuzugestehen als im Fall der eher die wohlhabenderen Bürger treffenden Besteuerung des Vermögensertrags; eine Erstreckung des Halbteilungsgrundsatzes auch auf andere Steuern ist daher nicht nur möglich, sondern als konsequente Fortentwicklung der vom BVerfG in den Einheitswert-Beschlüssen angestellten Überlegungen auch verfassungsrechtlich geboten[479].

---

477 Selbstverständlich stellt „zugleich" kein Synonym für „zu gleichen Teilen" dar, vgl. *Schiller*, Sonderabgaben (2000), S. 167 m.w.N., doch steht ein solches Begriffsverständnis auch weder hier, noch in der einschlägigen Entscheidung des BVerfG zur Debatte - anderenfalls wäre der Gesetzgeber zur Vornahme einer hälftigen Teilung nicht nur berechtigt, sondern auch verpflichtet, was ersichtlich nicht der Wille der Verfassung ist. Selbstverständlich ist auch, daß „zugleich" in erster Linie „auch", „neben" bedeutet, doch impliziert der Begriff nach allgemeiner Lesart eben zusätzlich auch den Umstand, daß etwas, das „zugleich" vorliegt, nicht den größeren Teil des Ganzen ausmacht; nur insoweit ist die Begriffsnähe von „zugleich" und „zu gleichen Teilen" von Bedeutung.

478 Hieran entzündet sich insbesondere die Kritik von *Lang*, NJW 2000, S. 457 ff., ablehnend zum Halbteilungsgrundsatz auch BFH NJW 1999, 3798 ff.; eingehend zur Frage der Kompetenzüberschreitung durch das BVerfG auch das Sondervotum von *Böckenförde*, BVerfGE 93, 149 ff.

479 Vgl. *Arndt/Schumacher*, NJW 1995, S. 2605.

Eine noch weitergehende Ausweitung des Halbteilungsgrundsatzes im Sinne einer Erstreckung auch auf nicht-steuerliche Geldleistungspflichten ist dagegen nicht möglich: Dies leuchtet unmittelbar ein für den Fall der Gebühr, da diese ja stets mit einer äquivalenten Gegenleistung des Staates einhergeht, die Belastung des Bürgers mithin sogleich wieder ausgeglichen wird. Auch auf zulässige Sonderabgaben kann der Halbteilungsgrundsatz insoweit keine Anwendung finden, als diese im Gegensatz zur Steuer gerade nicht voraussetzungslos erhoben werden, sondern – wie dargelegt – stets einer bestimmten Gruppenverantwortung entspringen müssen. Diese spezifische Verantwortung würde indessen wieder in Frage gestellt, vermengte man Steuern und Sonderabgaben zu einer vom Halbteilungsgrundsatz beschränkten Einheitsbelastung[480].

Gleiches muß indessen auch für den Fall einer Indienstnahme Privater für öffentliche Aufgaben gelten: Besteht eine Verantwortungsbeziehung des Pflichtigen, so stellt sich die durchzuführende Aufgabe für diesen als primär eigene, wenngleich öffentliche Aufgabe dar. Seine Dispositionsfreiheit ist daher von vornherein belastet mit einer – vom Gesetzgeber jederzeit aktivierbaren – latenten Pflichtigkeit. Ebensowenig wie der Fall der Sonderabgabe ist mithin auch der Fall der Indienstnahme jedenfalls dann nicht mit der voraussetzungslos erhobenen Vermögensertrag- bzw. Einkommensteuer vergleichbar, wenn diese an eine spezifische Verantwortungsbeziehung des Privaten anknüpft.

Auch die Fälle, welche lediglich eine einfache Sachnähe des Privaten zur übertragenen Aufgabe aufweisen, sind indessen nicht sinnvoll durch den Halbteilungsgrundsatz begrenzbar, da es insoweit an einer finanziellen Belastung des Indienstgenommenen fehlt: Im Hinblick darauf, daß in den Fällen bloßer Sachnähe keine Verantwortungsbeziehung und damit auch keine Finanzierungsverantwortlichkeit des Privaten besteht, stellen sich die entsprechenden Indienstnahmen als grundsätzlich entschädigungspflichtig dar[481]; da solche Entschädigungen in der Praxis zumeist nicht vorgesehen sind, stellt sich die Frage, ob dies zur Folge hat, daß die betreffenden Gesetze verfas-

---

[480] Zu diesem Ergebnis gelangt auch *Schiller*, Sonderabgaben (2000), S. 167 f. Fragwürdig ist indessen die Begründung, daß die von einer Sonderabgabe ausgehende Belastung häufig auf Dritte wie insbesondere Lieferanten und Endabnehmer abgewälzt werden kann; richtigerweise darf eine solche Abwälzungsmöglichkeit indessen für die verfassungsrechtliche Zulässigkeit einer Abgabe keine Rolle spielen, da sich der Private anderenfalls selbst um die Realisierung der qua Verfassung vom Staat zu gewährleistenden Herstellung gerechter Lastenverteilung kümmern müßte, vgl. BVerfGE 58, 137 [151 f.]; eingehend hierzu *Peterek*, Eigentumsschutz durch Ausgleichsregelungen (2000), S. 72 f. m.w.N.

[481] Vgl. etwa *Friauf*, in: FS *Jahrreiß* (1974), S. 56.

sungswidrig und nichtig sind oder sich nicht doch durch die Konstruktion eines allgemeinen, einzelfallunabhängigen Entschädigungsanspruchs für Indienstnahmen retten lassen. Ungeachtet dieser im folgenden noch zu untersuchenden Frage läßt sich indessen bereits an dieser Stelle festhalten, daß in beiden Alternativen vom Indienstgenommenen jedenfalls im Ergebnis kein Vermögensopfer zu erbringen ist.

Eine analoge Anwendung des Halbteilungsgrundsatzes auf Indienstnahmen scheidet somit unabhängig davon aus, ob diese in Aktualisierung einer Verantwortungsbeziehung erfolgen oder nicht.

3. Die Indienstnahme Privater für öffentliche Aufgaben im Licht des allgemeinen Gleichheitssatzes des Art. 3 Abs. 1 GG

Im Anschluß an die Prüfung der einschlägigen Freiheitsgrundrechte ist schließlich die Frage nach den gleichheitsrechtlichen Implikationen einer Indienstnahme zu beantworten; zu dieser gelangt man freilich nur dann, wenn die Zulässigkeit der Dienstpflicht als solcher bereits außer Streit steht: Soweit bei der Prüfung der Freiheitsgrundrechte eine tatsächliche Notwendigkeit der Delegation oder sogar eine Verantwortungsbeziehung des Privaten zur übertragenen Aufgabe festgestellt werden konnte, liegt hierin regelmäßig auch ein sachlicher Grund i.S. des Art. 3 Abs. 1 GG für die Belastung mit der Dienstpflicht; soweit andererseits bereits die Prüfung der Freiheitsgrundrechte zur Feststellung der Verfassungswidrigkeit der Dienstpflicht geführt hat, kann dieses Ergebnis auch nicht wieder auf dem Wege einer finanziellen Kompensation korrigiert werden, da die Verfassung dem Staat gerade nicht die Möglichkeit gewährt, mittels Entschädigungsregelungen einen Dispens von seinen grundrechtlichen Bindungen zu erwirken[482]. Im Rahmen des Art. 3 Abs. 1 GG geht es mithin ausschließlich um die Frage nach der finanziellen Kompensation einer im Grundsatz bereits für zulässig befundenen öffentlichen Dienstpflicht.

a) Notwendigkeit eines finanziellen Ausgleichs bei fehlender Verantwortungsbeziehung des Privaten

Da nach der hier vertretenen Terminologie die Verantwortungsbeziehung Privater zur Durchführung einer öffentlichen Aufgabe deckungsgleich mit der entsprechenden Finanzierungsverantwortung ist, stellt sich die Frage nach einer Entschädigung nur in den Fällen, in denen nach dem oben Gesagten gerade keine Verantwortungsbeziehung Privater zur übertragenen öffentlichen Aufgabe festgestellt werden konnte. Soweit eine solche fehlt, gebietet

---

[482] Vgl. Peterek, Eigentumsschutz durch Ausgleichsregelungen (2000), S. 75.

indessen der Grundsatz der staatsbürgerlichen Lastengleichheit zwingend eine finanzielle Kompensation, da dem Indienstgenommenen anderenfalls neben seinem nach Leistungsfähigkeit bemessenen steuerlichen Beitrag zur Finanzierung öffentlicher Aufgaben zusätzlich noch eine systemfremde Sonderlast aufgebürdet würde[483]. Entscheidend für die Vereinbarkeit der einschlägigen Indienstnahmen mit dem allgemeinen Gleichheitssatz ist mithin die Frage, ob das geltende Recht eine normative Grundlage für die gebotene Entschädigung des Pflichtigen bereithält.

b) Rechtsgrundlage für einen Ausgleichsanspruch bei fehlender Verantwortungsbeziehung

aa) Ausgleichsregelungen unmittelbar im Indienstnahmegesetz selbst

In einigen Indienstnahmegesetzen wie etwa in den §§ 59 ff. SchwbG, welche die Verpflichtung der Nahverkehrsbetriebe zur unentgeltlichen Beförderung von Schwerbehinderten regeln, sind bereits unmittelbar Regelungen über einen finanziellen Ausgleich enthalten. Solche Ausgleichsregelungen sind, wie *Peterek* zutreffend feststellt, prinzipiell zu begrüßen, da durch sie eine private Dienstpflicht in den vom Steuerstaatsprinzip und den Freiheitsgrundrechten abgesteckten Grenzen legitimiert und vom Gesetzgeber auf diesem Weg zwingenden öffentlichen Bedürfnissen sinnvoll und flexibel Rechnung getragen werden kann[484].

bb) Ungeschriebene allgemeine Ausgleichsregelungen für Indienstnahmen?

Viel zahlreicher sind allerdings diejenigen Indienstnahmegesetze, die gerade keinen finanziellen Ausgleich vorsehen; unter Zugrundelegung des Steuerstaatsprinzips scheint in diesen Fällen alles für die Verfassungswidrigkeit der genannten Gesetze zu sprechen. Gleichwohl wurden seit *Ipsens* erstmaliger Verwendung des Indienstnahmebegriffs im Jahre 1950 eine Vielzahl an Theorien entwickelt, welche mit unterschiedlichen Begründungen von der Existenz eines allgemeinen Ausgleichsanspruchs für Indienstnahmen ausgehen und die in Frage stehenden Indienstnahmegesetze so vor dem Verdikt der Verfassungswidrigkeit bewahren wollen.

Im folgenden sollen diese unterschiedlichen Lösungswege auf ihre Stichhaltigkeit untersucht werden, wobei nach dem Grundsatz vom Anwendungsvor-

---

483 Vgl. *Friauf*, in: FS *Jahrreiß* (1974), S. 56.

484 Vgl. *Peterek*, Eigentumsschutz durch Ausgleichsregelungen (2000), S. 75; ebenso *Ossenbühl*, VVDStRL 29 (1971), S. 182.

rang der rangniedrigeren Norm zunächst im einfachen (Gewohnheits-)Recht nach Ausgleichsansprüchen gesucht werden soll.

α) Öffentlich-rechtlicher Erstattungsanspruch

Als mögliche Rechtsgrundlage für die Abgeltung einer Indienstnahme wird zunächst der allgemeine öffentlich-rechtliche Erstattungsanspruch genannt[485], welcher aus dem Grundsatz der Gesetzmäßigkeit der Verwaltung folgt und – parallel zu den zivilrechtlichen Ansprüchen aus ungerechtfertigter Bereicherung gemäß §§ 812 ff. BGB - auf die Abschöpfung eines zu Unrecht erlangten Vermögensvorteils gerichtet ist[486]. Da der öffentlich-rechtliche Erstattungsanspruch aufgrund dieser Parallelen zum Bereicherungsrecht stets die Rechtswidrigkeit der staatlichen Bereicherung voraussetzt, ist er zwar durchaus geeignet, die finanziellen Folgen eines verfassungswidrigen Indienstnahmegesetzes zu korrigieren, nicht aber dazu, eine Indienstnahme gerade vor der Verfassungswidrigkeit zu bewahren.

β) Auftragsrecht

Als weitere Möglichkeit wird vereinzelt erwogen, dem jenseits einer besonderen Verantwortungsbeziehung Indienstgenommenen einen Aufwendungsersatzanspruch gegen den Staat aus einer entsprechenden Anwendung der §§ 670 ff. BGB zuzubilligen[487]. Insofern fehlt es allerdings bereits an der grundsätzlichen Vergleichbarkeit von Auftrag und Indienstnahme, da letzterer, wie *Ferger* zutreffend ausführt, stets ein Zwangselement innewohnt, die Annahme eines „Zwangsauftrags" aber mit dem das Zivilrecht beherrschenden Prinzip der Privatautonomie nicht vereinbar ist[488]. Selbst wenn man aber eine grundsätzliche Analogiefähigkeit des § 670 BGB für den Fall der Indienstnahme annähme, zielte ein entsprechender Aufwendungsersatzanspruch des Privaten regelmäßig ins Leere, da § 670 BGB nach ganz herrschender Meinung auf den Ersatz freiwillig erbrachter Vermögensopfer beschränkt ist[489] und auch diese grundsätzlich nur insoweit erfaßt, als sie über die Arbeitskraft bzw. den Verdienstausfall des Beauftragten hinausgehen[490]; gerade der letztgenannte Bereich dürfte indessen bei vielen Indienstnahmen (etwa bei Bevorratungspflichten) einen Großteil der Kosten ausmachen.

---

485 Vgl. etwa *Sorge*, Kostentragung für den Schutz vor Anschlägen (1991), S. 160 f.

486 Vgl. *Weber*, Der Erstattungsanspruch (1970), S. 17 ff.

487 Vgl. etwa *Heinze*, Autonome und heteronome Verteilung (1970), S. 100.

488 Vgl. *Ferger*, Ausgleichsansprüche bei der Indienstnahme Privater für Verwaltungsaufgaben (1979), S. 151.

489 Vgl. *Schellhammer*, Zivilrecht nach Anspruchsgrundlagen (1994), Rdnr. 584 m.w.N.

490 Vgl. *Palandt-Sprau*, 60. Aufl. (2001), § 670 BGB, Rdnr. 3.

Diese Bedenken würden sich freilich dann nicht stellen, wenn man die Indienstnahme rechtskonstruktiv als Geschäftsführung ohne Auftrag i.S. der §§ 677 ff. BGB auffassen könnte, da Rechtsprechung und herrschende Literatur hier den Aufwendungsersatzanspruch aus §§ 683, 677 BGB durch eine analoge Anwendung des § 1835 Abs. 3 BGB modifizieren wollen[491]. Eine sich im Rahmen der gewerblichen Tätigkeit des Pflichtigen abspielende Indienstnahme könnte unter dieser Prämisse regelmäßig abgegolten werden[492]. Allerdings ist die Indienstnahme Privater für öffentliche Aufgaben schon ihrem Wortlaut nach nicht unter § 677 BGB subsumierbar: Während der Geschäftsführer ohne Auftrag gerade keine Weisungen befolgt, sondern lediglich im *mutmaßlichen* Interesse des Geschäftsherrn tätig wird, ist der Indienstgenommene zwar nicht durch einen Auftrag, dafür aber durch eine noch viel striktere Weisung in Gestalt eines befehlenden Gesetzes gebunden; es versteht sich von selbst, daß diese Verpflichtung auch eine Berechtigung i.S. des § 677 BGB impliziert, eine GoA mithin schon tatbestandlich nicht vorliegt[493].

Auch dem Auftragsrecht des BGB ist damit keine taugliche Anspruchsgrundlage für den finanziellen Ausgleich einer Indienstnahme zu entnehmen.

χ) Aufopferungsanspruch

Da vorrangige einfach-gesetzliche Regelungen bezüglich einer Entschädigung des Indienstgenommenen mithin nicht bestehen, ist als Anspruchsgrundlage schließlich an den allgemeinen Entschädigungsanspruch aus Aufopferung für das gemeine Wohl zu denken, welcher den §§ 74 und 75 der Einleitung zum Allgemeinen Preußischen Landrecht von 1794 entstammt[494]

---

491 Allerdings haben zahlreiche Indienstnahmen – wie gezeigt – auch die Durchführung von Aufgaben zum Gegenstand, die gerade nicht zur gewerblichen Tätigkeit des Pflichtigen gehören; hierfür könnte nach den Regeln der GoA nur dann ein Aufwendungsersatz gewährt werden, wenn man mit einer Mindermeinung die Unentgeltlichkeit der GoA als Redaktionsversehen des Gesetzgebers begreift und vor diesem Hintergrund eine grundlegend korrigierende Auslegung der §§ 683, 670 BGB vornimmt, so etwa *MünchKomm-Seiler*, 3. Aufl. (1997), § 683 BGB, Rdnr. 25; *Wollschläger*, Die Geschäftsführung ohne Auftrag (1976), S. 316; ausführlich zum Meinungsstand in der Literatur *Köhler*, JZ 1985, S. 361 ff.

492 Vgl. BGHZ 65, 384 [390]; *Erman-Ehmann*, Bürgerliches Gesetzbuch, 10. Aufl. (2000), § 683, Rdnr. 8.

493 So auch schon *Ipsen*, in: FS *Kaufmann* (1950), S. 154; *Ferger*, Ausgleichsansprüche bei der Indienstnahme Privater für Verwaltungsaufgaben (1979), S. 150; *Sorge*, Kostentragung für den Schutz vor Anschlägen (1991), S. 162 m.w.N.

494 Eingehend dazu *Rüfner*, in: *Erichsen*, Allgemeines Verwaltungsrecht, 11. Aufl. (1998), § 48, Rdnr. 1 ff.

und dessen Fortgeltung als bundesdeutsches Gewohnheitsrecht allgemein anerkannt ist[495].

Voraussetzung dieses Anspruchs ist zunächst ein hoheitlicher Eingriff in subjektive Rechte des Bürgers, welche nicht bereits anderweitig abschließend geschützt sind. Soweit ein Teil der Literatur den Anwendungsbereich des Aufopferungsanspruchs dagegen ausschließlich auf Eingriffe in Art. 2 Abs. 2 GG beschränken will[496], ist dies zu eng, da es im Hinblick auf die gemeinsamen Wurzeln von enteignungsgleichem Eingriff und Aufopferungsanspruch nicht einleuchtet, weshalb ein Entschädigungsanspruch im Fall der rechtswidrigen oder als unbeabsichtigte Nebenfolge eintretenden Entziehung des Eigentums grundsätzlich bestehen, für den Fall einer rechtswidrigen Beeinträchtigung etwa der Berufsfreiheit dagegen verwehrt sein soll[497].

Als problematisch stellt sich im Fall der Indienstnahme dagegen die zweite Voraussetzung des allgemeinen Aufopferungsanspruchs, das Sonderopfer des Betroffenen, dar. Zwar fällt es nach dem zum Steuerstaatsprinzip Ausgeführten nicht schwer, eine Sonderbelastung des Indienstgenommenen gegenüber der Allgemeinheit zu konstatieren, doch sind als Vergleichsgruppe im Rahmen des Aufopferungsanspruchs lediglich die sonstigen Adressaten des konkreten hoheitlichen Eingriffs heranzuziehen. Im Fall der Indienstnahme kommt es damit allein darauf an, ob der einzelne Pflichtige nach dem konkreten Normzweck ein Sonderopfer gegenüber den anderen Pflichtigen erbringt[498]. Der Aufopferungsanspruch dient damit nicht der Durchsetzung der allgemeinen staatsbürgerlichen Lastengleichheit, sondern allein der Gewährleistung von Einzelfallgerechtigkeit; er führt mithin immer dann nicht weiter, wenn sich eine Belastung in ihrer Intensität nicht als Nebenfolge, sondern gerade als Primärziel einer gesetzlichen Regelung ergibt, wie dies bei Indienstnahmen regelmäßig der Fall ist.

Soweit ein Teil der Literatur gleichwohl auch im Falle einer gerade vom Normzweck gedeckten Belastung des Bürgers einen Aufopferungsanspruch für möglich hält[499], ist dieser Auffassung entgegenzuhalten, daß eine solche Ausweitung des Aufopferungsgedankens nicht mehr dem Gewohnheitsrecht entspricht: Zwar kennt das geltende Recht durchaus auch generelle Vergü-

---

495 Vgl. etwa BVerwGE 4, 6 [15]; *Giemulla/Jaworsky/Müller-Uri*, Verwaltungsrecht, 6. Aufl. (1998), Rdnr. 25; *Wolff/Bachof/ Stober*, Verwaltungsrecht, Bd. 1, 11. Aufl. (1999), § 25, Rdnr. 16 m.w.N. aus der Rechtsprechung.

496 Vgl. etwa *Stangl*, JA 1998, S. 480.

497 So zutreffend *Schenke*, NJW 1991, S. 1781 f.

498 Vgl. *Stangl*, JA 1998, S. 480; *Peterek*, Eigentumsschutz durch Ausgleichsregelungen (2000), S. 66.

499 Vgl. etwa *Sorge*, Kostentragung für den Schutz vor Anschlägen (1991), S. 163.

tungsnormen zur Wiederherstellung der staatsbürgerlichen Lastengleichheit[500], doch läßt sich hieraus kein allgemeiner Grundsatz deduzieren, demzufolge im Grundsatz zulässige, aber systemfremde Belastungen des Bürgers grundsätzlich zu entschädigen sind. Obgleich auf der Grundlage der hier vertretenen Auffassung zur Zulässigkeit nichtsteuerlicher Belastungen eine solche Entschädigung zwingend geboten ist, belegt die Widersprüchlichkeit der Rechtsprechung zu Reichweite und Konsequenzen des Steuerstaatsprinzips sowie die nicht unbeachtliche Ablehnung, auf welche dieses in Teilen der Literatur stößt, nur allzu deutlich, daß das für die Annahme von Gewohnheitsrecht allein relevante allgemeine Rechtsempfinden nicht von der Geltung eines allgemeinen Entschädigungsgrundsatzes für Indienstnahmen ausgeht.

Auch aus dem allgemeinen Aufopferungsgrundsatz ergibt sich daher keine Entschädigungsnorm, welche die von der jenseits einer besonderen Verantwortungsbeziehung erfolgenden Indienstnahme ausgehende Verzerrung der Belastungsgleichheit wirksam ausgleichen könnte.

δ) **Anspruch sui generis**

Aus den dargestellten Schwierigkeiten, einen Entschädigungsanspruch für Indienstnahmen aus dem Kanon der herkömmlichen einfach-gesetzlichen Ausgleichsnormen zu gewinnen, hat *Ipsen* in einem Aufsatz aus dem Jahre 1965 den Schluß gezogen, daß der gesuchte Anspruch eigenständiger Natur und dem Rechtsinstitut der Indienstnahme immer dann „immanent" sei, wenn er die Erledigung von Aufgaben zum Gegenstand hat, „die an sich dem Staat obliegen"[501]. Da alle anderen Anspruchsgrundlagen nicht weiterführten[502], sei diese Annahme insoweit zwingend, als anderenfalls die Verfassungswidrigkeit des konkreten Indienstnahmegesetzes drohe[503].

Für sich betrachtet, scheint freilich die Feststellung, daß ein Entschädigungsanspruch sui generis bestehen *müsse*, da die einschlägigen Indienstnahmen sonst verfassungswidrig wären, nur eine petitio principii darzustellen. Die

---

[500] Das bekannteste Beispiel hierfür dürfte die in den Polizeigesetzen der Länder vorgesehene Entschädigung für die polizeiliche Inanspruchnahme des Nichtstörers darstellen, wie sie etwa in § 55 PolG BW geregelt ist; daneben haben Vergütungs- bzw. Entschädigungsregeln aber auch in einer Reihe anderer Indienstnahmegesetze Tradition, vgl. oben, b aa sowie die Beispiele bei *Ipsen*, AöR 1965, S. 413 f.

[501] Vgl. *Ipsen*, AöR 1965, S. 428.

[502] Dieses Zwischenergebnis zeichnet sich bereits in der ersten Abhandlung *Ipsens* zur Indienstnahmeproblematik aus dem Jahre 1950 ab, vgl. *Ipsen*, in: FS *Kaufmann* (1950), S. 141 ff.

[503] Vgl. *Ipsen*, AöR 1965, S. 428.

Schlüssigkeit von *Ipsens* Argumentation folgt indessen daraus, daß seine Untersuchung ohnehin nur die Übertragung solcher Aufgaben zum Gegenstand hat, die der Staat anderenfalls mit eigenen Mitteln durchzuführen *verpflichtet* ist[504]. Dezidiert der Frage nachzugehen, welchen Aufgaben sich der Staat anzunehmen verpflichtet ist bzw. in welchen Fällen ihm diesbezüglich ein Entscheidungsspielraum verbleibt, würde den Rahmen dieser Untersuchung sprengen. Gleichwohl leuchtet es ein, daß immer dann, wenn den Staat eine Rechtspflicht zur Durchführung einer öffentlichen Aufgabe trifft, er diese aber mit eigenen Mitteln nicht (effizient) durchführen kann, die Indienstnahme Privater schlicht nicht wegen Verstoßes gegen Art. 3 GG verfassungswidrig sein *kann*[505]. Der Staat hat in einem derart zugespitzten Fall gar keine andere Wahl als die Überwälzung der konkreten Aufgabe auf Private. Wegen des Steuerstaatsprinzips als Ausfluß des Grundsatzes staatsbürgerlicher Lastengleichheit hat er aber auch keine Alternative zur Entschädigung, so daß sein Handlungsspielraum von der Verfassung hinreichend eingeschränkt ist, um einen Entschädigungsanspruch unmittelbar aus den betroffenen Verfassungsgrundsätzen abzuleiten.

Zwar faßt die vorliegende Untersuchung den Indienstnahmebegriff etwas weiter als seinerzeit *Ipsen*, da im Gegensatz zu diesem hier nicht zur Voraussetzung gemacht wird, daß die Erledigung der jeweils in Frage stehenden öffentlichen Aufgabe zwingend i.S. einer „Pflichtaufgabe" vom Staat zu veranlassen ist. Die Voraussetzungen für eine Indienstnahme jenseits einer bestehenden Verantwortungsbeziehung des betroffenen Privaten sind nach den oben entwickelten Grundsätzen aber dennoch so eng, daß sich eine Anlehnung an die Argumentation *Ipsens* anbietet.

So verliert die zentrale Gefahr ungeschriebener Entschädigungsansprüche, welche darin besteht, daß dem Gesetzgeber auf diesem Weg nicht vorhergesehene haushaltliche Belastungen aufgezwungen werden können, im Fall der Indienstnahme regelmäßig seine Überzeugungskraft: Anders als im Fall des Art. 14 Abs. 3 GG bedarf der Gesetzgeber einer der Junktimklausel vergleichbaren Warnung vor unliebsamen Vermögensopfern der öffentlichen Hand[506] weder im Fall einer „Pflichtaufgabe", deren alternative Nichtbewältigung nicht zur Debatte steht, noch im Fall einer durch Kostenersparnis legitimierten Indienstnahme, da hier die Delegation an Private ohnehin die preiswerteste Variante der Aufgabenerfüllung darstellt. Auch den verbleiben-

504 Vgl. *Ipsen*, in: FS *Kaufmann* (1950), S. 144.

505 In diesem Sinne wohl auch *Sorge*, Kostentragung für den Schutz vor Anschlägen (1991), S. 151.

506 Eingehend zu dieser Funktion der Junktimklausel *Sieber*, Die Junktim-Klausel in Artikel 14 des Grundgesetzes (1968), S. 18 ff.; *Wulf*, Die Junktimklausel (1968), S. 76 ff.

den Fällen, in welchen eine öffentliche Aufgabe dem Gesetzgeber ein solches Anliegen ist, daß er sie unbedingt – und sei es aus Mangel an eigenen Kapazitäten auf dem Weg der Indienstnahme - wahrgenommen wissen möchte, liegt regelmäßig eine derart gewichtige Motivation zugrunde, daß sich die Frage eines gänzlichen Untätigbleibens wohl auch hier – und sei es auch nur aus politischen Gründen – so gut wie nie stellt[507].

Da eine an den Gesetzgeber gerichtete Warnung vor den aus der Entschädigung der Indienstgenommenen resultierenden Kosten somit weitgehend entbehrlich ist, wäre es mithin nicht sachgerecht, über eine Fülle an Indienstnahmegesetzen das Verdikt der Verfassungswidrigkeit auszusprechen, obgleich absehbar wäre, daß praktisch sämtliche dieser Gesetze – ergänzt um eine Entschädigungsregelung – in der gleichen Form gerade wieder erlassen werden würden. Für den von *Ipsen* postulierten Entschädigungsanspruch sui generis streitet daher insbesondere der Gesichtspunkt der Effizienz, wenngleich nicht zu verhehlen ist, daß die dogmatische Grundlage eines solchen Anspruchs etwas schwammig bleibt. Sollte *Ipsen* mit seinem Verweis auf die Kompensationsmechanismen im Reichsleistungsgesetz (RLG)[508] die Annahme eines entsprechenden Gewohnheitsrechts im Auge gehabt haben[509], so ist dem vor dem Hintergrund der zwischenzeitlichen Gesetzesentwicklung eine klare Absage zu erteilen.

Eine – wenngleich fragmentarische – normative Verankerung eines generellen Entschädigungsanspruchs für Indienstnahmen jenseits privater Verantwortlichkeiten erschließt sich indessen aus einer Zusammenschau der für die Indienstnahmeproblematik maßgeblichen Verfassungsprinzipien, namentlich des Gleichheitsgrundsatzes und des Steuerstaatsprinzips auf der einen sowie der staatlichen Handlungspflichten und des Gebots der staatlichen Handlungsfähigkeit bezüglich der Bewältigung sozialer wie ökonomischer Aufgaben auf der anderen Seite. Da die Harmonisierung dieser unterschiedlichen Interessen nur unter Einbeziehung einer angemessenen Entschädigung des Indienstgenommenen gelingen kann, ist somit mit *Ipsen* davon auszugehen, daß ein Entschädigungsanspruch des nicht im Rahmen einer spezifischen Verantwortungsbeziehung Indienstgenommenen von der Verfassung als den

507 Die etwa von *Friauf*, in: FS *Jahrreiß* (1974), S. 66 für den Fall der generellen Anerkennung eines ungeschriebenen Entschädigungsanspruchs angesprochene Gefahr einer unzulässigen Einengung des gesetzgeberischen Entschließungsspielraums ist mithin als denkbar gering einzustufen.

508 Vgl. *Ipsen*, AöR 1965, S. 428.

509 In diesem Sinne interpretierend *Ferger*, Ausgleichsansprüche bei der Indienstnahme Privater für Verwaltungsaufgaben (1979), S. 136.

entsprechenden gesetzlichen Dienstpflichten wesensnotwendig vorausgesetzt wird.

Aufgrund dieses immanenten Entschädigungsanspruchs als Spezifikum der Indienstnahme verstoßen daher auch all diejenigen Indienstnahmegesetze nicht gegen Art. 3 Abs. 1 GG, welche keine Aussage über eine finanzielle Kompensation des Pflichtigen treffen, obgleich dieser zu der durchzuführenden Aufgabe in keiner spezifischen Verantwortungsbeziehung steht.

Zusammenfassung

1. Das Phänomen der Indienstnahme Privater umfaßt nach der hier zugrundegelegten Definition nicht nur die Verpflichtung von Grundrechtsträgern zur Erledigung „fremder" und damit eigentlich dem Staat obliegender, sondern auch der Bewältigung primär „eigener" Aufgaben, soweit diese nur einen hinreichenden Gemeinwohlbezug aufweisen und somit nicht ausschließlich der Verfolgung privater Interessen dienen.
2. Indienstnahmen in diesem Sinne finden sich in den verschiedensten Rechtsbereichen, wie insbesondere dem Steuer-, Arbeits-, Wirtschaftsverwaltungs-, Umwelt- und Gefahrenabwehrrecht.
3. Im Hinblick auf die Strukturgleichheit von Indienstnahmen und nichtsteuerlichen Abgaben als Sonderbelastungen jenseits der Finanzverfassung wird die Frage nach der verfassungsrechtlichen Zulässigkeit von Indienstnahmen entscheidend durch die Frage präjudiziert, ob bzw. inwieweit die Art. 104a ff. GG ein geschlossenes System darstellen, welches die Steuer zum Regelfall eines Finanzierungsinstruments für öffentliche Aufgaben erhebt, welches Durchbrechungen nur in Ausnahmefällen zuläßt.
4. Von einem solchen Vorrang der mit Verfassungsrang ist das BVerfG erstmals in seiner Grundsatzentscheidung zur Berufsausbildungsabgabe vom 10.12.1980 ausgegangen. Es statuierte in dieser Entscheidung für die Zulässigkeit von Sonderabgaben strenge Kriterien wie insbesondere das Bestehen einer Gruppenverantwortung der Abgabepflichtigen bezüglich der finanzierten Aufgabe.
5. Die strengen Zulässigkeitsvoraussetzungen für Sonderabgaben wurden von der Rechtsprechung aber nicht auf andere nicht-steuerliche Finanzierungsinstrumente erstreckt. Insbesondere im Gebührenrecht wurden dem Gesetzgeber weite Freiräume belassen, innerhalb derer er – wie die UMTS-Lizenzversteigerung als jüngstes Beispiel eindrucksvoll zeigt – beachtliche neue Finanzquellen jenseits der Finanzverfassung erschließen kann.
6. Auch die Indienstnahme Privater für öffentliche Aufgaben stößt in der Rechtsprechung des BVerfG auf keine der Sonderabgabenproblematik vergleichbaren steuerstaatlichen Bedenken. Mit dem Kriterium der „Verantwortungsbeziehung" des Privaten zur übertragenen Aufgabe wurde zwar terminologisch eine Annäherung zur Sonderabgabenrechtsprechung vollzogen, gleichzeitig aber eine analoge Anwendung der entsprechenden Zulässigkeitskriterien ausdrücklich abgelehnt.
7. Eine einheitlich konsequente Durchdringung hat das Steuerstaatsprinzip in der Rechtsprechung somit (noch) nicht gefunden.
8. Hinzu kommt, daß insbesondere in der jüngeren Literatur immer mehr Autoren am normativen Gehalt des Steuerstaatsprinzips insgesamt zweifeln,

diesem vielmehr lediglich eine deskriptive bzw. deklaratorische Bedeutung zugestehen.

9. Entgegen dieser Kritik gelangt eine historische Analyse der Finanzverfassung eindeutig zu dem Schluß, daß der Verfassungsgeber vom Vorrang der Steuer nicht nur als selbstverständlich ausgegangen ist, sondern diesen auch als Grundlage der Finanzverfassung betrachtete, ohne welchen das komplizierte Gefüge der in Art. 105 ff. GG geregelten Steuererhebungs- und Steuerertragskompetenzen aus dem Gleichgewicht geriete.

10. Auch bundesstaatliche Bedenken angesichts der klar vom Bund dominierten Steuergesetzgebung bzw. ein Verständnis des Steuerstaatsprinzips als eine die Länder benachteiligende Beschneidung ihrer finanzpolitischen Autonomie, vermögen nicht zu überzeugen: Sowohl der Wille des Parlamentarischen Rates zur Schaffung einer primär zentralistischen Finanzverfassung, als auch der dem Länderfinanzausgleich zugrundeliegende Gedanke bündischer Solidarität sprechen klar gegen eine freie abgabenrechtliche Konkurrenz zwischen Bund und Ländern.

11. Nicht zu überzeugen vermögen schließlich auch zwei weitere Argumente, die gegen das Steuerstaatsprinzip ins Feld geführt werden. So kann weder Art. 106 Abs. 4 bzw. Abs. 5 GG eine weitgehende Öffnung der Finanzverfassung für nicht-steuerliche Abgaben entnommen werden, da diese Bestimmung dem Gesetzgeber lediglich im steuerlichen Bereich eine gewisse Flexibilisierung bezüglich der Verteilung des Aufkommens gestattet, noch spricht das im Kommunalrecht anerkannte Prinzip der Subsidiarität der Steuer gegen deren gesamtstaatlichen Vorrang, da dies allein der Besonderheit der von den Gemeinden zu bewältigenden Aufgaben entspringt.

12. Für das Steuerstaatsprinzip spricht schließlich auch der aus Art. 3 Abs. 1 GG ableitbare Grundsatz der staatsbürgerlichen Belastungsgleichheit, da diesem auch das Gebot der Systemgerechtigkeit innewohnt. Entscheidet sich der Gesetzgeber demnach – wie im bundesdeutschen Abgabenrecht geschehen und durch den im Grundsatz abschließenden Steuerkatalog des Art. 106 GG verfassungsrechtlich determiniert – im Grundsatz für ein Konzept, welches sich an der Leistungsfähigkeit der Abgabepflichtigen orientiert, so ist es ihm verwehrt, dieses Konzept durch die beliebige Festsetzung alternativer Belastungsmodelle zu konterkarieren.

13. Als Zwischenergebnis ist daher festzuhalten, daß das Steuerstaatsprinzip nicht nur einen Programmsatz, sondern ein Rechtsprinzip mit Verfassungsrang darstellt.

14. Aus Gründen der effektiven Gewährleistung der finanzverfassungsrechtlichen Balance ist dem Steuerstaatsprinzip nicht nur eine qualitative Komponente immanent, welche materiell-rechtliche Restriktionen für nicht-steuerliche Abgaben beinhaltet, sondern darüber hinaus auch ein quantitatives Element, welches dem verhältnismäßigen Anteil nicht-steuerlicher Abga-

ben bzw. sonstiger nicht-steuerlicher Einnahmen an der Gesamtfinanzierung der staatlichen Haushalte eine absolute Schranke setzt.

15. Wegen der Strukturgleichheit von nicht-steuerlichen Abgaben und Indienstnahmen, welche beide jenseits der Finanzverfassung und damit unter Umgehung der sich aus dieser ergebenden Kompetenzverteilung dem Staat Vermögenswerte zuführen, gelten sowohl die qualitativen, als auch die quantitativen Implikationen des Steuerstaatsprinzips auch für Indienstnahmen.

16. Obgleich der Anteil nicht-steuerlicher Einnahmen (nicht-steuerliche Abgaben und sonstige) an der Finanzierung der öffentlichen Haushalte derzeit auch ohne Berücksichtigung der Sozialversicherungsbeiträge mit 23% durchaus beachtlich ist, folgt hieraus angesichts einer tendenziell ansteigenden Steuerquote und der grundsätzlichen finanziellen Kompensierbarkeit von Indienstnahmen noch keine Erschöpfung der aus Art. 70 ff. GG resultierenden Gesetzgebungskompetenzen zum Erlaß neuer Indienstnahmegesetze.

17. Für bestehende und neue Indienstnahmegesetze steht damit allein deren materielle Verfassungsmäßigkeit in Frage, welche sich in erster Linie an den einschlägigen Freiheitsgrundrechten aus Art. 12 und 14 GG bemißt; bereits im Rahmen dieser Freiheitsgrundrechte ist der Frage nachzugehen, ob bei der Auswahl der Adressaten einer Indienstnahme den besonderen Restriktionen des Steuerstaatsprinzips hinreichend Rechnung getragen wurde.

18. Art. 12 Abs. 2 GG scheidet dagegen als Prüfungsmaßstab jedenfalls im hier schwerpunktmäßig interessierenden Fall der Indienstnahme eines Wirtschaftsunternehmens schon vom Schutzbereich her aus, da sich im Hinblick auf Wortlaut und Entstehungsgeschichte des Art. 12 Abs. 2 GG dessen Anwendbarkeit auf juristische Personen verbietet.

19. Entgegen einer in der Literatur vereinzelt vertretenen Auffassung sind Indienstnahmen dagegen regelmäßig auch dann an der allgemeinen Berufsfreiheit des Art. 12 Abs. 1 GG zu messen, wenn die übertragene öffentliche Aufgabe nicht unmittelbar zur beruflichen Tätigkeit des Indienstgenommenen gerechnet werden kann; hinreichend für die vom BVerfG in ständiger Rechtsprechung geforderte „berufsregelnde Tendenz" der in Frage stehenden Regelung ist vielmehr stets, daß eine Indienstnahme sich konkret an die Angehörigen eines bestimmten Berufs richtet.

20. Auch der Schutzbereich des Art. 14 Abs. 1 GG ist im Fall einer Indienstnahme privater Wirtschaftsunternehmen regelmäßig insoweit eröffnet, als es um den Schutz des eingerichteten und ausgeübten Gewerbebetriebs geht. Nicht zu überzeugen vermag dagegen eine im Vordringen befindliche Literaturmeinung, welche Indienstnahmen auch insoweit von Art. 14 Abs. 1 GG erfaßt sehen will, als durch sie allein das Vermögen des Indienstgenommenen beeinträchtigt ist, da das Eigentumsgrundrecht durch eine derart umfassende Schutzbereichausweitung seine spezifischen Konturen verlieren würde, so

daß langfristig nicht eine Stärkung, sondern eine Schwächung des verfassungsrechtlichen Eigentumsschutzes zu befürchten wäre.
21. Zentraler Prüfungspunkt für die Rechtfertigung eines Eingriffs in die bezeichneten Grundrechte stellt im Fall der Indienstnahme die Frage nach deren Erforderlichkeit dar, während die Fragen nach der Legitimität des vom Gesetzgeber verfolgten Zwecks bzw. der Geeignetheit des Mittels gegenüber einer herkömmlichen Grundrechtsprüfung regelmäßig keine Besonderheiten aufweisen.
22. Unzulässig ist im Rahmen der Erforderlichkeit die Frage nach einer finanziellen Kompensation, da sich Belastungen gegen Entschädigung *immer* als milder darstellen als im Fall ihrer Entschädigungslosigkeit, die prinzipielle Unzulässigkeit entschädigungsloser Belastungen indessen vom Verfassungsgeber ersichtlich nicht gewollt war und darüber hinaus auch praktisch zu einer weitgehenden Handlungsunfähigkeit des Staates führen würde.
23. Wohl ergibt sich indessen aus dem Steuerstaatsprinzip, daß der Staat gehalten ist, öffentliche Aufgaben, die nicht bereits freiwillig von Privaten wahrgenommen werden, primär selbst durchzuführen und durch Steuern zu finanzieren.
24. Erforderlich ist die Übertragung einer Aufgabe auf Private daher zunächst nur, wenn der Staat aus tatsächlichen Gründen gehindert ist, selbst tätig zu werden.
25. Im Hinblick darauf, daß Private etwa aufgrund ihres Fachwissens bzw. ihrer Ausrüstung häufig in der Lage sind, eine Aufgabe deutlich besser und vielfach auch billiger zu erledigen als der Staat, ist – insbesondere im Hinblick auf den haushaltsrechtlichen Grundsatz, mit öffentlichen Mitteln sparsam umzugehen – auch in den Fällen einer erhöhten Effizienz der privaten Aufgabenwahrnehmung von der Erforderlichkeit einer Indienstnahme auszugehen.
26. Schließlich kann die Übertragung einer öffentlichen Aufgabe auf Private aber auch insoweit erforderlich sein, als diese eine besondere Verantwortlichkeit zur Aufgabenwahrnehmung trifft, so daß es ungerecht erschiene, wenn der aus den Steuermitteln der Allgemeinheit finanzierte Staat tätig würde.
27. Zur Ermittlung einer dergestalt erhöhten privaten Verantwortlichkeit, welche von bloßer Sachnähe als qualitativ höherrangig zu unterscheiden ist, ist auf materielle Kriterien zurückzugreifen, welche vom Gesetzgeber bereits vorzufinden und nicht erst originär neu zu postulieren sind. Das zur Zulässigkeit von Sonderabgaben entwickelte Kriterium der „Gruppenverantwortung“ ist damit ohne Einschränkungen analog auf Indienstnahmen anzuwenden. Die Kriterien der Gruppenhomogenität bzw. Gruppennützigkeit lassen sich dagegen aufgrund der Besonderheit der Indienstnahme nicht auf dieses Rechtsinstitut übertragen.

28. Es überzeugt demgegenüber nicht, wenn ein Teil der Literatur das Kriterium der Gruppenverantwortung nur insoweit auf Indienstnahmen übertragen will, wie diese nicht bereits als zulässige Ausgestaltung der Sozialbindung des Eigentums qualifiziert werden können; vielmehr wird die Sozialbindung stets durch das Steuerstaatsprinzip begrenzt und ist im Fall ihrer zulässigen Ausgestaltung gerade als identisch mit dem Vorliegen einer konkreten Verantwortungsbeziehung anzusehen.

29. Eine derartige Verantwortungsbeziehung Privater i.S. einer „Gruppenverantwortung" ist in folgenden Fällen begründet:

- Beim Vorliegen einer spezifischen Fürsorgepflicht des Arbeitgebers für seine Beschäftigten, welche indessen stets einen spezifischen Bezug zur jeweiligen beruflichen Tätigkeit voraussetzt.
- Bei einer vorangegangenen spezifischen Gefahrschaffung durch Private; Voraussetzung hierfür ist allerdings regelmäßig die Unmittelbarkeit dieser Gefahrschaffung, so daß eine Verantwortlichkeit für eine Gefahrverursachung durch Dritte nur dann besteht, wenn der Ersthandlung bereits eine besondere Gefährlichkeit anhaftet.
- Bei einer Zuweisung durch höherrangiges Recht. Die wichtigsten Beispiele hierfür stellen einerseits die Diskriminierungsverbote des Art. 3 Abs. 3 GG i.V.m. den einschlägigen Gleichbehandlungsrichtlinien der Europäischen Gemeinschaften dar, welche eine Verantwortungsbeziehung der Arbeitgeber für eine diskriminierungsfreie Auswahl ihrer Beschäftigten begründen, andererseits das in Art. 174 Abs. 2 S. 2 EGV normierte und von Art. 20a GG vorausgesetzte umweltrechtliche Verursacherprinzip, welches dem Gesetzgeber im Umweltrecht die Möglichkeit zur Schaffung originär neuer, produktbezogener Verantwortlichkeiten Privater eröffnet.

30. Grundsätzlich keine Verantwortungsbeziehung Privater besteht dagegen,

- wenn Arbeitgeber zugunsten ihrer Beschäftigten mit Schutzpflichten belastet werden, die nicht der Bewältigung betriebsspezifischer Probleme, sondern primär der Erreichung allgemeiner sozialer Ziele dienen.
- wenn eine Indienstnahme lediglich an mittelbare Gefahrverursachungszusammenhänge anknüpft.

31. Mit dem geltenden Verfassungsrecht unvereinbar ist schließlich auch eine Teilmeinung in der Literatur, welche von der Existenz allgemeiner „Grundpflichten" als Kehrseite der Grundrechte ausgeht. Aus dem Grundgesetz selbst sind vielmehr gerade keine Verhaltenspflichten Privater ableitbar.

32. Im Rahmen eines Erst-Recht-Schlusses zu Art. 12 Abs. 2 GG ist eine Verantwortungsbeziehung Privater aufgrund der „Herkömmlichkeit" der in Frage stehenden Dienstpflicht zwar theoretisch denkbar; in der Praxis wird diese Voraussetzung gleichwohl von keinem Indienstnahmegesetz erfüllt.

33. Wenn nach dem oben Gesagten keine Verantwortungsbeziehung des indienstgenommenen Privaten festgestellt werden kann, gebietet das Steuerstaatsprinzip eine finanzielle Kompensation.
34. Soweit eine solche nicht bereits im jeweiligen Indienstnahmegesetz geregelt ist, folgt ein Ausgleichsanspruch mangels Einschlägigkeit anderer Rechtsinstitute wie namentlich der GoA und des allgemeinen Aufopferungsanspruchs unmittelbar aus der Verfassung. Aus diesem Grund verstoßen Indienstnahmen jenseits einer Verantwortungsbeziehung auch dann nicht gegen den allgemeinen Gleichheitssatz, wenn sie keine ausdrückliche Entschädigungsregelung enthalten.

Literaturverzeichnis

Anschütz, Gerhard: Die Verfassung des Deutschen Reichs vom 11. August 1919, 14. Auflage, Bad Homburg/Berlin/Zürich 1933, Nachdruck 1968.

Apelt, Willibalt: Geschichte der Weimarer Verfassung, München 1964.

Arndt, Hans-Wolfgang: Steuerliche Leistungsfähigkeit und Verfassungsrecht, in: Festschrift für *Otto Mühl*, Stuttgart/Berlin/Köln/Mainz 1981.

Ders.: Steuern, Sonderabgaben und Zwangsanleihen: Zur Abgabenerfindungskompetenz des Bundesgesetzgebers, Köln 1983.

Ders.: Gleichheit im Steuerrecht, NVwZ 1988, S. 787 ff.

Ders.: Europarecht, 5. Auflage, Heidelberg 2001.

Ders.: Umweltrecht, in: *Steiner, Udo:* Besonderes Verwaltungsrecht, 6. Auflage, Heidelberg 1999.

Ders.: Wirtschaftsverwaltungsrecht, in: *Steiner, Udo:* Besonderes Verwaltungsrecht, 6. Auflage, Heidelberg 1999.

Ders.: Versteigerung der UMTS-Lizenzen: Plädoyer für die verfassungsrechtliche Unzulässigkeit, Telekommunikation & Recht 2001, S. 23 ff.

Ders.: Steuerrecht, 2. Auflage, Heidelberg 2001.

Ders./Fischer, Kristian: Das Zwangspfand auf Getränkeverpackungen – Vereinbarkeit mit Grundgesetz und Europäischem Gemeinschaftsrecht, BB 2001, S. 1909 ff.

Ders./Schumacher, Andreas: Die verfassungsrechtlich zulässige Höhe der Steuerlast – Fingerzeig des BVerfG an den Gesetzgeber?, NJW 1995, S. 260 ff.

Badura, Peter: Der Eigentumsschutz des eingerichteten und ausgeübten Gewerbebetriebes, AöR 98 (1973), S. 153 ff.

Beil, Johannes: Der Belastungsgrund des steuerlichen Synallagmas – Zur Zulässigkeit des Welteinkommensprinzips im deutschen internationalen Einkommensteuerrecht, Frankfurt am Main 2001.

Bender, Bernd/Sparwasser, Reinhard/Engel, Rüdiger: Umweltrecht – Grundzüge des öffentlichen Umweltschutzrechts, 4. Auflage, Heidelberg 2000.

Berg, Wilfried: Hilfsdienste der Wirtschaft für den Staat. Neuere Aspekte der Arbeitsteilung zwischen Staat und Wirtschaft, in: Recht und Staat im sozialen Wandel, Festschrift für *Hans Ulrich Scupin*, Berlin 1983, S. 519 ff.

Birk, Dieter: Steuerrecht, 3. Auflage, Heidelberg 2000.

Bleckmann, Albert/Eckhoff, Rolf: Der „mittelbare" Grundrechtseingriff, DVBl. 1988, S. 373 ff.

Bodenheim, D. G., Zur verfassungsdogmatischen Reformulierung des Steuergerechtigkeitsproblems, Der Staat, Bd. 17 (1978), S. 481 ff.

Böckenförde, Ernst-Wolfgang: Die Organisationsgewalt im Bereich der Regierung, Berlin 1964.

Böhmer, Werner: Grundfragen der verfassungsrechtlichen Gewährleistung des Eigentums in der Rechtsprechung des Bundesverfassungsgerichts, NJW 1988, S. 2561 ff.

Börner, Christian: Umweltabgaben und Finanzverfassung – Schwerpunkt Steuern, in: *Jakob, Wolfgang/Zugmaier, Oliver*: Rechtliche Probleme von Umweltabgaben, Augsburg 1996.

Breuer, Rüdiger: Freiheit des Berufs, in: *Isensee, Josef/Kirchhof, Paul:* Handbuch des Staatsrechts der Bundesrepublik Deutschland, Bd. VI – Freiheitsrechte, Heidelberg 1989.

Britz, Gabriele: Verfassungsmäßigkeit des Wasserpfennigs, JuS 1997, S. 404 ff.

Bryde, Brun-Otto: Kommentierung zu Art. 14 u. 15 GG, in: *Münch, Ingo von/Kunig, Philip:* Grundgesetz-Kommentar, Bd. 1, 5. Auflage, München 2000.

Buchner, Herbert: Konsolidierung des deliktsrechtlichen Unternehmensschutzes, DB 1979, S. 1079 ff.

Bull, Hans Peter: Die Staatsaufgaben nach dem Grundgesetz, 2. Auflage, Kronberg (Taunus) 1977.

Ders.: Vom Eigentums- zum Vermögensschutz – ein Irrweg. Zur Bewertung der Einheitswert-Beschlüsse des Bundesverfassungsgerichts, NJW 1996, S. 281 ff.

Bundesministerium der Finanzen: Volks- und Finanzwirtschaftliche Berichte, Bundeshaushalt 2001, www.bundesfinanzministerium.de/Anlage 1333/Bundeshaushalt-2001.pdf.

Bundesministerium für Umwelt, Naturschutz und Reaktorsicherheit: Dosenpfand kommt ab 1. Januar 2003, Internetmitteilung Nr. 68/02, www.bmu.de//fset 1024.php.

Bundesministerium für Umwelt, Naturschutz und Reaktorsicherheit, Umweltgesetzbuch (UGB – KomE), Berlin 1998.

Dahm, Joachim: Banken im Spannungsfeld zwischen Staat und Kunden – Der Versuch einer Standortbestimmung am Beispiel der Weitergabe von Daten an staatliche Stellen, WM 1996, S. 1285 ff.

Dederer, Hans-Georg/Schneller, Christian: Garantierte Stromeinspeisungs-Vergütung versus Zertifikats-Handelsmodell – Fördermodelle der ökologischen Stromerzeugung auf dem Prüfstand des Verfassungs- und Europarechts, RdE 2000, S. 214 ff.

Depenheuer. Otto: Verfassungsrechtliche Probleme der Indienstnahme privater Arbeitgeber für die Auszahlung des Kindergelds –Rechtsgutachten, Bonn 1996, zusammengefaßt in:

Ders.: Arbeitgeber als Zahlstelle des Sozialstaates. Zur Indienstnahme privater Arbeitgeber zur Auszahlung des Kindergeldes, BB 1996, S. 1218 ff.

Ders.: Kommentierung zu Art. 14 GG, in: *Mangoldt, Hermann von/Klein, Friedrich/Starck, Christian:* Das Bonner Grundgesetz – Kommentar, Band 1, 9. Auflage, München 2000.

Dönneweg, Markus: Der bezahlte Bildungsurlaub, Schnittstelle zwischen Arbeits- und Abgabenrecht, 1. Auflage, Baden-Baden 1997 [abgekürzt: *Dönneweg,* Der bezahlte Bildungsurlaub].

Draschka, Heribert: Steuergesetzgebende Staatsgewalt und Grundrechtsschutz des Eigentums, Heidelberg 1982.

Drömann, Dietrich: Nichtsteuerliche Abgaben im Steuerstaat: ein Beitrag zur dogmatischen Bewältigung von Verleihungsgebühren, Berlin 2000.

Dürig, Günter: Kommentierung zu Art. 3 GG, in: *Maunz, Theodor/Dürig, Günter/Herzog, Roman/Scholz, Rupert:* Grundgesetz – Kommentar, Band I, München 1996.

Eckhardt, Gerd: Staatliche Finanzierung der Wahrnehmung übertragener Verwaltungsaufgaben durch Private, Münster 1974.

Eckhoff, Rolf: Der Grundrechtseingriff, München 1992.

Ehmann, Horst: Kommentierung zu § 683 BGB, in: *Erman, Walter,* Bürgerliches Gesetzbuch – Handkommentar, Band I, 10. Auflage, Münster/Köln 2000.

Engel, Christoph: Eigentumsschutz für Unternehmen, AöR 118 (1993), S. 169 ff.

Erichsen, Hans Uwe: Das Verwaltungshandeln, in: *Ders.:* Allgemeines Verwaltungsrecht, 11. Auflage, Berlin/New York 1998.

Ders.: Steuern, Gebühren, Beiträge, Sonderabgaben, Jura 1995, S. 47 ff.

Färber, Gisela: Finanzverfassung, in: 50 Jahre Herrenchiemseer Verfassungskonvent – Zur Struktur des deutschen Födera-lismus / Tagungsband zum wissenschaftlichen Symposium vom 19. bis 21. August 1998 im Kloster Seeon, Bonn 1999.

Ferger, Herbert: Ausgleichsansprüche bei der Indienstnahme Privater für Verwaltungsaufgaben, Köln 1979.

Fikentscher, Wolfgang: Schuldrecht, 9. Auflage, Berlin/New York 1997.

Fischer, Hans Georg: Europarecht: eine Einführung in das europäische Gemeinschaftsrecht und seine Verbindungen zum deutschen Staats- und Verwaltungsrecht, 2. Auflage, München 1997.

Forsthoff, Ernst: Begriff und Wesen des sozialen Rechtsstaates, in: VVDStRL 12 (1954), S. 8 ff.

Ders.: Der Entwurf eines Zweiten Vermögensbildungsgesetzes. Eine verfassungsrechtliche Würdigung, BB 1965, S. 381 ff.

Ders.: Lehrbuch des Verwaltungsrechts, Bd. 1, Allgemeiner Teil, 10. Auflage, München 1973.

Frenz, Walter: Europäisches Umweltrecht, München 1997.

Friauf, Karl Heinrich: Öffentliche Sonderlasten und Gleichheit der Steuerbürger, in: Festschrift für *Hermann Jahrreiß*, Köln 1974, S. 45 ff.

Ders.: Zur Zulässigkeit von außersteuerlichen Sonderabgaben, in: Festschrift für *Willy Haubrichs*, Bad Wörishofen 1976, S. 103 ff.

Ders.: Eigentumsgarantie und Steuerrecht, DÖV 1980, S. 480 ff.

Ders.: „Verleihungsgebühren" als Finanzierungsinstrument für öffentliche Aufgaben?, in: Festschrift der Rechtswissenschaftlichen Fakultät zur 600-Jahr-Feier der Universität zu Köln, Köln/Berlin/Bonn/München 1988, S. 679 ff.

Ders.: Arbeitnehmerweiterbildung und gewerkschaftliche Schulung – Zur Anwendung des nordrhein-westfälischen Arbeitnehmerweiterbildungsgesetzes aus verfassungsrechtlicher Sicht, DB 1989, Beilage 2.

Gallwas, Hans-Ullrich: Grundrechte, 2. Auflage, Neuwied/Kriftel/Berlin 1995.

Gawel, Erik: Das Steuerstaatsgebot des Grundgesetzes, Der Staat, Bd. 39 (2000), S. 209 ff.

Gersdorf, Hubertus: Öffentliche Unternehmen im Spannungsfeld zwischen Demokratie- und Wirtschaftlichkeitsprinzip: eine Studie zur verfassungsrechtlichen Legitimation der wirtschaftlichen Betätigung der öffentlichen Hand, Berlin 2000.

Geurts, Matthias: Private als Erfüllungsgehilfen des Staats am Beispiel des Freistellungsauftrags, DB 1997, S. 1997 ff.

Giemulla, Elmar/Jaworsky, Nikolaus/Müller-Uri, Rolf: Verwaltungsrecht: Ein Basisbuch, 6. Auflage, Köln/Berlin/Bonn/ München 1998.

Göppel, Helmut: Die Zulässigkeit von Arbeitszwang nach Art. 12 Abs. 2 S. 1 des Grundgesetzes, München 1967.

Götz, Volkmar: Die Entwicklung des allgemeinen Polizei- und Ordnungsrechts (1987–1989), NVwZ 1990, S. 725 ff.

Ders.: Allgemeines Polizei- und Ordnungsrecht, 13. Auflage, Göttingen 2001.

Goldscheid, Rudolf: Staatssozialismus und Staatskapitalismus. Ein finanzsoziologischer Beitrag zur Lösung des Staatsschulden-Problems, Wien/Leipzig 1917.

Gramm, Christof: Vom Steuerstaat zum gebührenfinanzierten Dienstleistungsstaat, in: Der Staat 36 (1997), S. 267 ff.

Grossekettler, Heinz: Steuerstaat versus Gebührenstaat: Vor- und Nachteile, in: *Sacksofsky, Ute/Wieland, Joachim*: Vom Steuerstaat zum Gebührenstaat, 1. Auflage, Baden-Baden 2000, S. 24 ff.

Gubelt, Manfred: Kommentierung zu Art. 12 GG, in: *Münch, Ingo von/Kunig, Philip*, Grundgesetz-Kommentar, Band 1, Präambel. Art. 1 - 19, 5. Auflage, München 2000.

Gusy, Christoph: Arbeitszwang – Zwangsarbeit – Strafvollzug – BVerfGE 74, 102, JuS 1989, S. 710 ff.

Ders.: Polizeirecht, 4. Auflage, Tübingen 2000.

Haas-Traeger, Evelyn: Die Ablieferung von Pflichtexemplaren im Lichte der Eigentumsgarantie, DÖV 1980, S. 16 ff.

Häde, Ulrich: Finanzausgleich, Tübingen 1996.

Hall, Karl-Heinrich: Rückzahlbarer Konjunkturzuschlag und Steuergesetz, NJW 1970, S. 2189 ff.

Halldorn, Sven: Der Unternehmer als Erfüllungsgehilfe des Staates: Einsparpotentiale im internationalen Vergleich, Mainz 1996.

Hansjürgens, Bernd: Umweltabgaben im Steuersystem: Zu den Möglichkeiten einer Einfügung von Umweltabgaben in das Steuer- und Abgabensystem der Bundesrepublik Deutschland, 1. Auflage, Baden-Baden 1992.

Heilbock, Jürgen A.: UMTS – Die dritte Mobilfunkgeneration aus rechtlicher Sicht, MMR 1999, S. 23 ff.

Heimburg, Sibylle von: Verwaltungsaufgaben und Private – Funktionen und Typen der Beteiligung Privater an öffentlichen Aufgaben unter besonderer Berücksichtigung des Baurechts, Berlin 1982.

Heinze, Christian: Autonome und heteronome Verteilung: Rechtsordnung staatlicher Lenkung von Produktion und Verteilung, Berlin 1970.

Helbig, Petra: Soziale Staffelung von Gebühren, in: *Sacksofsky, Ute/Wieland, Joachim:* Vom Steuerstaat zum Gebührenstaat, 1. Auflage, Baden-Baden 2000, S. 85 ff.

Hendel, Harald: Die Belastung der Arbeitgeber durch die Lohnsteuer, Bonn 1997.

Hendler, Reinhard: Gebührenstaat statt Steuerstaat?, DÖV 1999, S. 749 ff.

Ders.: Umweltabgaben und Steuerstaatsdoktrin, AöR 115 (1990), S. 577 ff.

Henneke, Hans-Günter: Öffentliches Finanzwesen, Finanzverfassung, 2. Auflage, Heidelberg 2000.

Henseler, Paul: Begriffsmerkmale und Legitimation von Sonderabgaben, 1. Auflage, Baden-Baden 1984.

Hetzer, Wolfgang: Geldwäsche und Steuerhinterziehung, WM 1999, S. 1306 ff.

Heuermann, Bernd: Der Arbeitgeber als Beliehener – Zugleich einige Bemerkungen zu *Gerhard A. Winter*: Der Arbeitgeber im Lohnsteuerrecht, ThürVBl. 1999, S. 153 ff.

Heun, Werner: Die Entwicklung des Steuerstaatskonzepts in theoretischer und tatsächlicher Hinsicht, in: *Sacksofsky, Ute/Wieland, Joachim:* Vom Steuerstaat zum Gebührenstaat, 1. Auflage, Baden-Baden 2000, S. 10 ff.

Ders.: Kommentierung zu Art. 3 GG, in: *Dreier, Horst:* Grundgesetz – Kommentar, Tübingen 1996.

Ders.: Die Sonderabgaben als verfassungsrechtlicher Abgabentypus, DVBl. 1990, S. 666 ff.

Himmelmann, Steffen: Umweltschutz in der Europäischen Union, in: *Ders./Pohl, Andreas/Tünnesen-Harmes, Christian/Büge, Dirk:* Handbuch des Umweltrechts, München 2000.

Hoepker-Aschoff, Hermann: Das Finanzsystem des Bonner Grundgesetzes, AöR 75 (1949), S. 306 ff.

Hoffmann, Martin: Staatliche Wirtschaftsregulierung und grundrechtlicher Schutz der Unternehmensfreiheit durch Art. 12 Abs. 1 GG und Art. 2 Abs. 1 GG, BB 1995, S. 53 ff.

Hofmann, Ralf: Der baden-württembergische Wasserpfennig, VBlBW 1988, S. 426 ff.

Ipsen, Hans Peter: Gesetzliche Indienstnahme Privater für Verwaltungsaufgaben, in: Festschrift für *Erich Kaufmann*, Stuttgart/Köln 1950.

Ders.: Gesetzliche Bevorratungsverpflichtung Privater – Erläutert am Modell des Gesetzes über Mindestvorräte an Erdölerzeugnissen vom 9. September 1965 (BGBl. I S. 1217), AöR 90 (1965), S. 393 ff.

Ipsen, Jörn: Staatsrecht II (Grundrechte), 2. Auflage, Neuwied/Kriftel 1998.

Isensee, Josef: Umverteilung durch Sozialversicherungs-beiträge. Eine finanzverfassungsrechtliche Studie über den Solidarausgleich in der Gesetzlichen Krankenversicherung, Berlin 1973.

Ders.: Steuerstaat als Staatsform, in: Festschrift für *Hans Peter Ipsen*, Tübingen 1977, S. 409 ff.

Ders.: Gemeinwohl und Staatsaufgaben im Verfassungsstaat, in.: *Ders./Kirchhof, Paul:* Handbuch des Staatsrechts der Bundesrepublik Deutschland, Bd. III – Das Handeln des Staates, Heidelberg 1996, S. 3 ff.

Jahndorf, Christian: Alternative Finanzierungsformen des Staates, NVwZ 2001, S. 620 ff.

Jakob, Wolfgang: Sonderabgaben – Fremdkörper im Steuerstaat?, in: Festschrift für *Franz Klein,* Köln 1994, S. 663 ff.

Jarass, Hans: Verfassungsrechtliche Grenzen für die Erhebung nichtsteuerlicher Abgaben, DÖV 1989, S. 1013 ff.

Ders./Pieroth, Bodo: Grundgesetz für die Bundesrepublik Deutschland – Kommentar, 5. Auflage, München 2000.

Jenzen, Holger: Energiesteuern im nationalen und internationalen Recht: eine verfassungs-, europa- und welthandelsrechtliche Untersuchung, Frankfurt 1998.

Kanzler, Hans-Joachim: Die sog. Arbeitgeberlösung bei Auszahlung des Kindergelds. Einige Gedanken zum Problem der Inpflichtnahme privater Arbeitgeber zur Kindergeldauszahlung, FR 1996, S. 473 ff.

Karpen, Ulrich: Urteilsanmerkung, JZ 1989, S. 898 ff.

Katz, Alfred: Staatsrecht – Grundkurs im öffentlichen Recht, 14. Auflage, Heidelberg 1999.

Kieser, Timo: Sonderabgaben als Steuern, Frankfurt am Main 2000.

Kimminich, Otto: Deutsche Verfassungsgeschichte, Frankfurt am Main 1970.

Ders.: Kommentierung zu Art. 14 GG, in: Bonner Kommentar zum Grundgesetz, Band 2, 67. Lieferung, Heidelberg 1992.

Kirchhof, Ferdinand: Vom Steuerstaat zum Abgabenstaat, Die Verwaltung, Bd. 21 (1988), S. 137 ff.

Ders.: Der Baden-Württembergische „Wasserpfennig“, NVwZ 1987, S. 1031 ff.

Ders.: Die Tauglichkeit von Abgaben zur Lenkung des Verhaltens, DVBl. 2000, S. 1166 ff.

Ders.: Grundriß des Steuer- und Abgabenrechts, 2. Aufl., Heidelberg 2001.

Kirchhof, Paul: Die Finanzierung des Leistungsstaates. Die verfassungsrechtlichen Grenzen staatlicher Abgabenhoheit, Jura 1983, S. 505 ff.

Ders.: Besteuerung im Verfassungsstaat, Tübingen 2000.

Kirmer, Petra: Der Begriff der öffentlichen Aufgabe in der Rechtsprechung des Bundesverfassungsgerichts, München 1995.

Klein, Hans H.: Zum Begriff der öffentlichen Aufgabe, DÖV 1965, S. 755 ff.

Kloepfer, Michael: Umweltrecht, in: *Achterberg, Norbert/ Püttner, Günter/Würtenberger, Thomas:* Besonderes Verwaltungsrecht – Ein Lehr- und Handbuch, Band I, 2. Auflage, Heidelberg 2000.

Kloubert, Franz Peter: Rechtliche Stellung des Arbeitgebers beim Lohnsteuerabzug, Köln 1988.

Knemeyer, Franz-Ludwig: Polizei- und Ordnungsrecht, 8. Auflage, München 2000.

Knies, Wolfgang: Steuerzweck und Steuerbegriff, München 1976.

Köck, Wolfgang: Umweltsteuern als Verfassungsproblem, JZ 1991, S. 692 ff.

Köhler, Helmut: Arbeitsleistungen als „Aufwendungen"?, JZ 1985, S. 359 ff.

Koch, Hans-Joachim/Roßnagel, Alexander: Neue Energiepolitik und Ausstieg aus der Kernenergie, NVwZ 2000, S. 1 ff.

Korioth, Stefan: Der Finanzausgleich zwischen Bund und Ländern, Tübingen 1997.

Krämer, Ludwig: Kommentierung zu Art. 130r EGV, in: *Groeben, Hans von der/Thiesing, Jochen/Ehlermann, Claus-Dieter:* Kommentierung zum EWG-Vertrag, 4. Auflage, Baden-Baden 1991.

Krautzberger, Michael: Die Erfüllung öffentlicher Aufgaben durch Private – Zum Begriff des staatlichen Bereichs, Berlin 1971.

Krohn, Günter: Zulässigkeit und Grenzen der Überwälzung von Steuerabführungspflichten auf private Unternehmer, BB 1969, S. 1233 ff.

Krüger, Ralf: Verfassungsrechtliche Aspekte einer gesetzlichen Pflicht zur Eigensicherung von Betrieben, DÖV 1977, S. 263 ff.

Kunze, Richard/Bronner, Otto/Katz, Alfred u.a.: Gemeindeordnung für Baden-Württemberg, 11. Ergänzungslieferung, Stuttgart/Berlin/Köln 2000.

Lang, Joachim: Wider Halbteilungsgrundsatz und BVerfG, NJW 2000, S. 457 ff.

Langer, Stefan: Strukturfragen der Berufsfreiheit, JuS 1993, S. 203 ff.

Leisner, Walter: Sozialversicherung und Privatversicherung, Berlin 1974.

Ders.: Der Gleichheitsstaat – Macht durch Nivellierung, Berlin 1980.

Ders: Eigentum, in: *Isensee, Josef/Kirchhof, Paul:* Handbuch des Staatsrechts der Bundesrepublik Deutschland, Bd. VI – Heidelberg 1989.

Ders.: Steuer- und Eigentumswende – die Einheitswert-Beschlüsse des Bundesverfassungsgerichts, NJW 1995, S. 2591 ff.

Lerche, Peter: Die „nicht-erlaubte“ Betätigung und das Grundrecht der Berufsfreiheit – Zusammenspiel von Verfassungsrecht und allgemeiner Rechtsordnung?, in: Festschrift für *Wolfgang Fikentscher,* Tübingen 1998, S. 541 ff.

Löwer, Wolfgang: Der Staat als Wirtschaftssubjekt und Auftraggeber, VVDStRL 60 (2001), S. 416 ff.

Lücke, Jörg: Die Berufsfreiheit: eine Rückbesinnung auf den Text des Art. 12 Abs. 1 GG, Heidelberg 1994.

Ders.: Der additive Grundrechtseingriff sowie das Verbot der übermäßigen Gesamtbelastung des Bürgers, DVBl. 2001, S. 1469 ff.

Luhmann, Hans Jochen: Das Ende der Doktrin vom Steuerstaat – Steuerstaat versus gebührenfinanzierter Dienstleistungsstaat, in: Das Parlament, Nr. 11/2001, S. 15.

Maaß, Rainald: Die neuere Rechtsprechung des BVerfG zum allgemeinen Gleichheitssatz – Ein Neuansatz?, NVwZ 1988, S. 14 ff.

Manssen, Gerrit: Kommentierung zu Art. 12 Abs. 2 und 3 GG, in: *Mangoldt, Hermann von/Klein, Friedrich/Starck, Christian*: Das Bonner Grundgesetz – Kommentar, Band 1, 4. Auflage, München 1999.

Martens, Wolfgang: Öffentlich als Rechtsbegriff, Bad Homburg/Berlin/Zürich 1969.

Maunz, Theodor/Zippelius, Reinhold: Deutsches Staatsrecht, 30. Auflage, München 1998.

Maurer, Hartmut: Staatsrecht, 2. Auflage, München 2001.

Medicus, Dieter: Bürgerliches Recht, 18. Auflage, Köln/Berlin/Bonn/München 1999.

Ders.: Schuldrecht II. Besonderer Teil, 10. Auflage, München 2000.

Merten, Detlef: Grundpflichten im Verfassungssystem der Bundesrepublik Deutschland, BayVBl. 1978, S. 554 f.

Meyer, Susanne: Die Gebühr als finanzverfassungsrechtliches Instrument zur Erhebung von Umweltabgaben, NVwZ 2000, S. 1000 ff.

Morgenthaler, Gerd: Umweltschutz im Abgaben- und Steuerrecht – Resümee, in: *Kirchhof, Paul:* Umweltschutz im Abgaben- und Steuerrecht, Köln 1993.

Müller, Christian: Möglichkeiten und Grenzen der indirekten Verhaltenssteuerung durch Abgaben im Umweltrecht, Köln/Berlin/Bonn/München 1994.

Müller, Georg: Der Gleichheitssatz, in: VVDStRL 47 (1989), S. 37 ff.

Münch, Ingo von: Staatsrecht 1, Bd. 1, 6. Auflage, Stuttgart 2000.

Murswiek, Dietrich: Ein Schritt in Richtung auf ein ökologisches Recht. Zum „Wasserpfennig"-Beschluß des BVerfG, NVwZ 1996, S. 417 ff.

Mußgnug, Reinhard: Verfassungsrechtlicher und gesetzlicher Schutz vor konfiskatorischen Steuern, JZ 1991, S. 993 ff.

Ossenbühl, Fritz: Die Erfüllung von Verwaltungsaufgaben durch Private, in: VVDStRL 29 (1971), S. 137 ff.

Ders.: Eigensicherung und hoheitliche Gefahrenabwehr: Rechtsgutachten zum 9. Änderungsgesetz des Luftverkehrsgesetzes vom 18. Sept. 1980 (BGBl. I 1729); erstattet für die ÖTV im Juni 1981, Stuttgart 1981.

Ohne Verfasserangabe: Handelsblatt vom 12./13.01.2001: MobilCom forciert Einstieg ins Bankgeschäft.

Ohne Verfasserangabe: Handelsblatt vom 31.01.2001, S. 6: UMTS-Milliarden: Südländer drohen Eichel mit Gang nach Karlsruhe.

Ohne Verfasserangabe: VIAG-Interkom klagt über „Erpressung", SPIEGEL-online vom 25.10.2000, www.spiegel.de/wirtschaft/0,1518,99810,00.html.

Ohne Verfasserangabe: Süddeutsche Zeitung vom 22.09.2000, S. 25: UMTS-Klage der MobilCom bleibt Alleingang.

Papier, Hans-Jürgen: Die Weiterentwicklung der Rechtsprechung zur Eigentumsgarantie des Art. 14 GG, DVBl. 2000, S. 1398 ff.

Ders.: Kommentierung zu Art. 14 GG, in: *Maunz, Theodor/Dürig, Günter/Herzog, Scholz/Scholz, Rupert*: Grundgesetz – Kommentar, Band II, 31. Lieferung, München 1994.

Patzig, Werner: Steuern – Gebühren – Beiträge und „Sonder-abgaben", DÖV 1981, S. 729 ff.

Pelka, Jürgen/Balmes, Frank: Kindergeldauszahlungspflicht durch die Arbeitgeber, DStR 1997, S. 1309 ff.

Peterek, Frank Karl: Eigentumsschutz durch Ausgleichs-regelungen – Zur verfassungsrechtlichen Grundlage von Ausgleichsnormen im Eigentumsrecht, Aachen 2000.

Schenke, Ralf P.: Präventive Überwachung der Telekommunikation, AöR 125 (2000), S. 1 ff.

Schenke, Wolf-Rüdiger: Polizeirecht, in: *Steiner, Udo:* Besonderes Verwaltungsrecht, 6. Auflage, Heidelberg 1999.

Ders.: Staatshaftung und Aufopferung – Der Anwendungsbereich des Aufopferungsanspruchs, NJW 1991, S. 1777 ff.

Ders.: Urteilsanmerkung, DVBl. 1986, S. 363 ff.

Ders.: Die Verfassungsorgantreue, Berlin 1977.

Schick, Walter: Steuerschuld und Steuerhaftung im Lohnsteuerverfahren, BB 1983, S. 1041 ff.

Schiller, Gernot: Sonderabgaben mit einer wirtschaftslenkenden Antriebs- und Sanktionsfunktion in der Wirtschafts- und Finanzverfassung des Grundgesetzes, München 2000.

Schliesky, Utz: Öffentliches Wirtschaftsrecht, Heidelberg 2000.

Schlömp, Jürgen: Arbeitnehmerweiterbildung in Nordrhein-Westfalen. Zur Verfassungsrechtlichen Kontrolle des gesetzgeberischen Gestaltungs- und Beurteilungsermessens, NZA 1986, S. 814 ff.

Schmehl, Arndt: Darf der Staat die Luft versteigern?, Süddeutsche Zeitung vom 07.09.2000, S. 28.

Schmidt, Ludwig: Einkommensteuergesetz: Kommentar, 20. Auflage, München 2001.

Schmidt, Reiner: Wirtschaftspolitik, Wirtschaftsverwaltungsorganisation, Wirtschaftsförderung, in: *Achterberg, Norbert/Püttner, Günter/Würtenberger, Thomas:* Besonderes Verwaltungsrecht, Bd. I – Wirtschafts-, Umwelt-, Bau-, Kultusrecht, 2. Auflage, Heidelberg 2000.

Schmidt-Bleibtreu, Bruno/Schäfer, Hans-Jürgen: Besteuerung und Eigentum, DÖV 1980, S. 489 ff.

Schneider, Hans-Peter/Berlit, Uwe: Die bundesstaatliche Finanzverteilung zwischen Rationalität, Transparenz und Politik – Das Urteil des BVerfG zum Länderfinanzausgleich, JuS 2000, S. 841 ff.

Scholz, Rupert: Zur Kostenerstattungspflicht des Staates für gesetzliche Maßnahmen der Telefonüberwachung, Archiv PT 1995, S. 169 ff.

Ders.: Kommentierung zu Art. 12 GG, in: *Maunz, Theodor/Dürig, Günter/Herzog, Roman/Scholz, Rupert u.a.:* Grundgesetz – Kommentar, Band II, 19. Lieferung, München 1981.

Schorkopf, Frank: Die „vereinbarte" Novellierung des Atomgesetzes, NVwZ 2000, S. 1111 ff.

Schumacher, Kai: Versteigerungserlöse nach § 11 TKG als Verleihungsgebühr? – Zur Rechtmäßigkeit der Bundeshaushaltssanierung mittels UMTS-Frequenzversteigerung, NJW 2000, S. 3096 ff.

Schumpeter, Joseph: Die Krise des Steuerstaats, Graz/Leipzig 1918.

Schuppert, Gunnar Folke: Nichtsteuerliche Abgaben, intermediäre Finanzgewalten und Verwaltungsorganisation. Nichtsteuerliche Abgaben als abgabenrechtliche Entsprechung einer Binnendifferenzierung von Verwaltung und Staatswirtschaft, in: Festschrift für *Werner Thieme,* Köln/Berlin/Bonn/München 1993.

Seewald, Otfried: Kommunalrecht, in: *Steiner, Udo:* Besonderes Verwaltungsrecht, 6. Auflage, Heidelberg 1998.

Seiler, Hans-Hermann: Kommentierung zu § 683 BGB, in: Münchener Kommentar zum Bürgerlichen Gesetzbuch, Band 4, 3. Auflage, München 1997.

Selmer, Peter: Steuerinterventionismus und Verfassungsrecht, Frankfurt am Main 1972.

Ders.: Sonderabfallabgaben und Verfassungsrecht: ein Beitrag zum Umweltschutz durch Sonderabgaben und Steuern, Berlin 1996.

Ders./Brodersen, Carsten: Die Verfolgung ökonomischer, ökologischer und anderer öffentlicher Zwecke durch Instrumente des Abgabenrechts – Verfassungsrechtliche Grundfragen, DVBl. 2000, S. 1153 ff.

Sieber, Horst-Ludwig: Die Junktim-Klausel in Artikel 14 des Grundgesetzes, Heidelberg 1968.

Siekmann, Helmut: Kommentierung in: *Sachs, Michael*, Grundgesetz - Kommentar, 2. Auflage, München 1999.

Sorge, Stefan: Kostentragung für den Schutz von Anschlägen: zugleich ein Beitrag zum verfassungsrechtlichen System der Legitimation von Sonderlasten bei der Finanzierung von Staatsaufgaben, München 1991.

Sprau, Hartwig: Kommentierung zu § 670 BGB, in: *Palandt, Otto:* Bürgerliches Gesetzbuch, 60. Auflage, München 2001.

Stangl, Josef: Der Aufopferungsanspruch, JA 1998, S. 479 ff.

Statistisches Bundesamt, Statistisches Jahrbuch für die Bundesrepublik Deutschland, Jahrgangs-CD-ROM 2001, Wiesbaden 2001.

Stein, Lorenz von: Lehrbuch der Finanzwissenschaft, Zweiter Theil, 5. Auflage, Leipzig 1885/86.

Steiner, Udo: Öffentliche Verwaltung durch Private. Allgemeine Lehren, Hamburg 1975.

Ders.: Öffentliche Verwaltung durch Private, DÖV 1970, S. 526 ff,

Stober, Rolf: Entwicklung und Wandel der Grundpflichten, in: Recht und Staat im sozialen Wandel, Festschrift für *Hans Ulrich Scupin*, Berlin 1983.

Strauß, Franz Josef: Die Finanzverfassung, München/Wien 1969.

Taucher, Bernd/Vartian, Claudine: Die Vergabe von Frequenzen für Mobilfunksysteme der 3. Generation (UMTS), Medien und Recht 1999, S. 247 ff.

Tettinger, Peter J.: Kommentierung zu Art. 12 GG in: *Sachs, Michael,* Grundgesetz - Kommentar, 2. Auflage, München 1999.

Ders.: Besonderes Verwaltungsrecht/1. Kommunalrecht, Polizei- und Ordnungsrecht, 6. Auflage , Heidelberg 2001.

Thomas, Heinz: Kommentierung zu § 823 BGB, in: *Palandt, Otto:* Bürgerliches Gesetzbuch, 60. Auflage, München 2001.

Tipke, Klaus: Die Steuerrechtsordnung, Band I: Wissenschaftsorganisatorische, systematische und grundrechtlich-rechtsstaatliche Grundlagen, 2. Auflage, Köln 2000.

Ders.: Besteuerungsmoral und Steuermoral, Wiesbaden 2000.

Ders.: Über die Einheit der Steuerrechtsordnung, in: Festschrift für *Karl Heinrich Friauf*, Heidelberg 1996.

Ders./Lang, Joachim: Steuerrecht, 16. Auflage, Köln 1998.

Trzaskalik, Christoph: Die Steuererhebungspflichten Privater, DStJG 1989, S. 157 ff.

Uber, Giesbert: Arbeitszwang, Zwangsarbeit, Dienstpflichten, in: Hamburger Festschrift für *Friedrich Schack*, Hamburg 1966, S. 167 ff.

Ulsenheimer, Klaus: Untersuchungen zum Begriff „Finanzverfassung“, Stuttgart 1969.

Vogel, Klaus: Grundzüge des Finanzrechts des Grundgesetzes, in: *Isensee, Josef/Kirchhof, Paul:* Handbuch des Staatsrechts für die Bundesrepublik Deutschland, Bd. IV – Finanzverfassung – Bundesstaatliche Ordnung, Heidelberg 1990.

Ders.: Vom Eigentums- zum Vermögensschutz – eine Erwiderung, NJW 1996, S. 1257 ff.

Ders./Waldhoff, Christian: Vorbemerkung zu Art. 104a – 115 GG, in: Bonner Kommentar zum Grundgesetz, Band 10, 81. Lieferung, Heidelberg 1997.

Waechter, Kay: Bereitstellungspflicht für Fernmeldeanlagenbetreiber, Verw.Arch. 87 (1996), S. 68 ff.

Weber, Eckart: Der Erstattungsanspruch. Die ungerechtfertigte Bereicherung im öffentlichen Recht, Berlin 1970.

Weber-Dürler, Beatrice: Der Grundrechtseingriff, in: VVDStRL 57 (1998), S. 53 ff.

Wendt, Rudolf: Der Gleichheitssatz, NVwZ 1988, S. 778 ff.

Ders.: Kommentierung zu Art. 14 GG, in: *Sachs, Michael:* Grundgesetz – Kommentar, 2. Auflage, München 1999.

Westphal, Simone: Art. 20a GG – Staatsziel „Umweltschutz", JuS 2000, S. 339 ff.

Wieland, Joachim: Die Konzessionsabgaben: Zur Belastung wirtschaftsverwaltungsrechtlicher Erlaubnisse mit Abgaben, Berlin 1991.

Ders.: Kommentierung zu Art. 12 und 14 GG, in: *Dreier, Horst*: Grundgesetz – Kommentar, Band I, Art. 1 – 19, Tübingen 1996.

Wilms, Heiner: Die abgabenrechtliche Qualifizierung des „Kohlepfennigs", NVwZ 1995, S. 550 ff.

Winands, Günter: Das Steuerfindungsrecht der Gemeinde, JuS 1986, S. 942 ff.

Winter, Gerhard A.: Der Arbeitgeber im Lohnsteuerrecht, Frankfurt am Main 1998.

Wolff, Hans J./Bachof, Otto/Stober, Rolf: Verwaltungsrecht: ein Studienbuch, Band 1, 11. Auflage, München 1999.

Wollschläger, Christian: Die Geschäftsführung ohne Auftrag: Theorie u. Rechtsprechung, 1. Auflage, Berlin 1976.

Wulf, Hartmut: Die Junktimklausel (Art. 14 Abs. III S. 2 GG), Hamburg 1968.

Zeidler, Karl: Schranken nichthoheitlicher Verwaltung, in: VVDStRL 19 (1961), S. 208 ff.

Zimmermann, Gebhard: Die Steuerung der öffentlichen Aufgabenerfüllung durch finanzielle Mittel in Zeiten der Finanznot, in: *Ders.:* Neue Finanzierungsinstrumente für öffentliche Aufgaben, 1. Auflage, Baden-Baden 1997.

Mannheimer Beiträge zum Öffentlichen Recht und Steuerrecht

Herausgegeben von Hans-Wolfgang Arndt

Band 1 Hans-Wolfgang Arndt/Klaus Fischer/Klaus Richrath/Hanns-Stephan Wüst: Umwelterhaltung und Umweltgestaltung im kommunalen Bereich. Das Umweltstatut Alsenz-Obermoschel. 1994.

Band 2 Helmuth Beck: Die Differenzierung von Rechtspflichten in den Beziehungen zwischen Industrie- und Entwicklungsländern. Eine völkerrechtliche Untersuchung für die Bereiche des internationalen Wirtschafts-, Arbeits- und Umweltrechts. 1994.

Band 3 Michael Riotte: Die ertragsteuerliche Behandlung der Spaltung von Unternehmen. Eine steuersystematische Analyse der zugrundeliegenden Gewinnrealisierungstatbestände. 1994.

Band 4 Andreas Birk: Die Besteuerung der Grundstücksnutzung in Deutschland. Eine steuersystematische Analyse unter besonderer Berücksichtigung der Verhältnisse in Frankreich. 1994.

Band 5 Bettina Kempka: Gewinnrealisierung bei der Überführung von Wirtschaftsgütern zwischen Stammhaus und Betriebsstätte. Eine Analyse der systemkonformen steuerlichen Behandlung stiller Reserven. 1995.

Band 6 Hans-Wolfgang Arndt: Rechtsfragen einer deutschen CO_2-/Energiesteuer entwickelt am Beispiel des DIW-Vorschlages. 1995.

Band 7 Roland Mörsdorf: Das belgische Bundesstaatsmodell im Vergleich zum deutschen Bundesstaat des Grundgesetzes. 1996.

Band 8 Christian Göbes: Die Unternehmensbesteuerung in Deutschland und Großbritannien vor dem Hintergrund des europäischen Integrationsprozesses. Eine qualitative und quantitative Analyse unter besonderer Berücksichtigung der steuerlichen Gewinnermittlung. 1996.

Band 9 Andreas Schumacher: Erträge aus privaten Kapitalforderungen im Einkommensteuerrecht. 1996.

Band 10 Gerhard Schmidt: Die Rechnungslegung nach der Equity-Methode im konsolidierten Abschluß. Ein Beitrag zur Entstehung, Anwendung und Ausgestaltung des Verfahrens vor dem Hintergrund der Bestimmungen in der Europäischen Union und der Verlautbarungen internationaler Organisationen. 1996.

Band 11 Jürgen Haun: Hybride Finanzierungsinstrumente im deutschen und US-amerikanischen Steuerrecht. Eine Analyse ihres grenzüberschreitenden Einsatzes aus steuersystematischer und ökonomischer Sicht. 1996.

Band 12 Horst Schaefer: Der verfassungsrechtliche Steuerbegriff. 1997.

Band 13 Arno Probst: Die Behandlung der Anteile von Minderheitsgesellschaftern innerhalb der Besteuerung der Konzernunternehmung. Eine steuersystematische Analyse konzerninduzierter betriebswirtschaftlicher Interessenvielfalt. 1997.

Band 14 Marion Winkelmann: Steuerumgehung durch die Einschaltung ausländischer Kapitalgesellschaften. Eine Untersuchung des Normenkonkurrenzverhältnisses zwischen § 42 AO und den §§ 7 ff. AStG sowie § 50 d Abs. 1 a EStG. 1997.

Band 15 Karin Brodhag: Vergleich der Besteuerung deutscher und französischer Kapitalgesellschaften unter besonderer Berücksichtigung der ertragsunabhängigen Besteuerung. 1997.

Band 16 Stefan Jeß: Die Übertragung privaten Grundbesitzes im Wege vorweggenommener Erbfolge. Eine Analyse der steuerlichen Folgen verschiedener Gestaltungsformen vor und nach der Reform des Erbschaftsteuer- und Schenkungsteuergesetzes 1996. 1997.

Band 17 Kirsten Kaltenhäuser: Möglichkeiten und Perspektiven einer Reform der Organisation der Wirtschaftsverwaltung – eine rechtshistorische, rechtsvergleichende und rechtspolitische Betrachtung des Industrie- und Handelskammerwesens. 1998.

Band 18 Hans-Christian Bärtels: Die erbschaft- und schenkungsteuerliche Behandlung der deutsch-französischen Unternehmensnachfolge. 1998.

Band 19 Michaela Boll: Die Gebührenpflicht des Nichtstörers für polizeiliche Maßnahmen. Zur Zulässigkeit der Erhebung staatlicher Schutzgebühren. 1998.

Band 20 Holger Jenzen: Energiesteuern im nationalen und internationalen Recht. Eine verfassungs-, europa- und welthandelsrechtliche Untersuchung. 1998.

Band 21 Michael R. Wiesbrock: Die Verlustrückstellung im Steuer- und Verfassungsrecht. 1999.

Band 22 Matthias Leist: Verfassungsrechtliche Schranken des steuerlichen Auskunfts- und Informationsverkehrs. 2000.

Band 23 Timo Kieser: Sonderabgaben als Steuern. 2000.

Band 24 Thomas Fetzer: Die Besteuerung des Electronic Commerce im Internet. 2000.

Band 25 Johannes Beil: Der Belastungsgrund des steuerstaatlichen Synallagmas. Zur Zulässigkeit des Welteinkommensprinzips im deutschen internationalen Einkommensteuerrecht. 2001.

Band 26 Monika Reimer: Die steuerliche Erfassung privater Veräußerungsgewinne. Reformüberlegungen für die deutsche Besteuerung unter Berücksichtigung der Rechtslage in Österreich, Großbritannien und den USA. 2001.

Band 27 Andreas Schirra: Die Indienstnahme Privater im Lichte des Steuerstaatsprinzips. 2002.

Kolibri 360 GmbH
Ferdinand-Jühlke-Straße 7
99095 Erfurt, Deutschland
produktsicherheit@kolibri360.de

Druck:
CPI Druckdienstleistungen GmbH
im Auftrag der
Kolibri 360 GmbH
Ferdinand-Jühlke-Str. 7
99095 Erfurt